AF596453

Alain Forget

Wie man diese Welt **LEBEND** verlässt

Das ultimative Handbuch zur Verwirklichung des Selbst

Solange es den Tod gibt, gibt es die Angst.
Erst mit dem Sieg über den Tod stirbt die Angst.

Übertragung aus dem Englischen: Christine Pfützner
Satz und Gestaltung: Ruth Höflich

Titel der Originalausgabe:
HOW TO GET OUT OF THIS WOLRD ALIVE
The Ultimate Self-Empowerment Handbook

ISBN 978-2-493612-08-3

Für meine Lehrer René Ropars und Jean Tissier.
Sie halfen mir viele Jahre, vorwärts zu gehen,
und erlaubten mir zu straucheln, aber nie zu fallen.

Für Terence Gray (Wei Wu Wei).
Zeitgenössischer Ch'an-Meister,
durch dessen Schriften das Erwachen geschah.

INHALT

Teil III – Anhang

Biographien und ausgewählte Texte

Bibliographie

Danksagung

Ich danke Dr. Leon Schlamm, Dr. Richard Dixey, Geoffrey Russell, Catherine Phillips, Mark Lloyd-Fox, Barry Tomalin, Mary Tomalin, Michael Laznicka und dem verstorbenen Colin Morley für ihre unschätzbaren Beiträge zur Überarbeitung dieses Buches.

Ich möchte auch Dr. Donald Wilson, Jacques Renault, Victoria Ritchie, Monique Sims und Alex Tschyrkow meine Anerkennung für ihre kritische Durchsicht des Buches aussprechen.

Außerdem danke ich für die Hilfe, die im Lauf der Jahre bei der Entwicklung der Lehre von Gérard Galbois, Laurence Kirschel, Micha Benoliel, John Cummins, Dr. Jérome Bilet, Dr. Elisabeth Doeskeland, Isabelle Clerc, Mattie Silman, David Lorimer, Dr. Peter Fenwick, Elisabeth Fenwick und Viviane Auberton geleistet wurde.

Und schließlich bin ich dankbar für die Kommentare und Anregungen von Dr. Mark Collins, Charlie Savill und meinem Übersetzer und engen Mitarbeiter Dr. Antoine Laurent.

Vorwort von Dr. Mark Collins

Ich traf Alain Forget zum ersten Mal im Jahr 2003, ohne zu ahnen, dass diese Begegnung mein Leben tiefgreifend verändern würde. Damals war ich, wie auch heute noch, ein vielbeschäftigter Psychiater mit eigener Praxis in London. Zu meiner täglichen Arbeit gehört es, Menschen zuzuhören, die über sich selbst sprechen, über ihre Ängste, ihre Schuldgefühle und all die Dinge, die sie belasten. Dadurch können sie Abhängigkeiten, gestörte Beziehungen, nicht verheilte Wunden aus der Vergangenheit oder andere Faktoren identifizieren, die dazu geführt haben, dass sie in einem ständigen Kreislauf von Leid stecken geblieben sind. Ich arbeite mit den konventionellen Methoden der Psychiatrie und versuche, den Menschen durch Therapien, Medikamente und manchmal auch durch einen Klinikaufenthalt zu helfen.

Ich war schon immer offen für einen eher ganzheitlichen Ansatz und arbeite auch gerne mit einigen Heilpraktikern zusammen, aber die „spirituelle" Sichtweise war selten eine Option, die ich für eine Therapie in Betracht gezogen hatte. Erst in jüngerer Zeit habe ich erkannt, dass meine Patienten und die Mönche in ihren Höhlen im Himalaya im Wesentlichen dasselbe suchen.

Zu meinem eigenen Hintergrund gehört eine relativ konventionelle englische Erziehung; mein Vater war Geistlicher und betonte immer, dass sein christlicher Glaube auf Zweifel basierte, denn sonst wäre es ja kein Glaube, sondern Gewissheit. Als Teenager in den 1960er Jahren kam ich mit östlichen Religionen und Philosophien in Berührung und reiste ein Jahr lang durch Indien. Es schien dort etwas Lebendigeres zu geben, das eine tiefe Resonanz in mir auslöste, die durch das, was ich in eher dilettantischer Weise las und studierte, noch verstärkt wurde. Metaphysische Fragen stellten sich dabei zwar auch, wurden dann aber verdrängt, weil mein Ego damit beschäftigt war, seine Existenz klarer zu definieren.

Die nächsten Jahrzehnte brachten das übliche Auf und Ab an Ereignissen mit sich – glückliche und traurige Erfahrungen, Erfolge und Misserfolge, neue Beziehungen, gescheiterte Beziehungen –, die meine Lebensgeschichte ausmachten. Von Zeit zu Zeit tauchten die metaphysischen Fragen von früher zwar wieder auf, vor allem nach schmerzhaften Erfahrungen, wurden jedoch bald wieder vergessen, weil ich unbewusst immer dieselben alten Muster wiederholte.

Gelegentlich erkannte ich in klaren Momenten, dass ich mich innerlich seit meiner Kindheit eigentlich nicht mehr wesentlich verändert hatte und dass verschiedene grundlegende Emotionen wie Angst mein eigentlicher Antrieb waren.

Vor diesem Hintergrund traf ich Alain Forget. Etwas widerwillig und ohne zu wissen, was mich erwartete, besuchte ich einem Freund zuliebe einen seiner Vorträge. Er enthielt eine Zusammenfassung seines Buches und beschäftigte mich nicht nur gedanklich, denn gleichzeitig spürte ich eine Erregung durch die Klarheit, Einfachheit und Tiefe dessen, was ich hörte. Parallel dazu verlief ein kritischer Dialog in meinem Kopf über die Inhalte, mit denen ich nicht einverstanden war oder die ich für Unsinn hielt. Je mehr es mit „meinem“ Gebiet der Psychologie zu tun hatte, desto mehr stellte ich das Gehörte in Frage.

Andererseits reagierte ich stark auf nonverbaler Ebene: Während einer Phase seines Vortrags, in der Alain schweigend dasaß, erlebte ich zusammen mit den etwa dreißig anderen Zuhörern im Raum etwas Überraschendes, nämlich eine Reihe von außergewöhnlichen sensorischen Phänomenen, vor allem visueller Art. Sie lösten in mir eine heftige emotionale Kettenreaktion aus, vor allem, weil ich damit überhaupt nicht gerechnet hatte und ich mich aber gleichzeitig dabei beobachten konnte. Später erfuhr ich, dass meine Erfahrung durchaus nicht ungewöhnlich war, und Alain beschreibt diese Phänomene in seinem Buch sehr sachlich. Zweifellos hat dieser Abend den weiteren Verlauf meines Lebens unwiderruflich verändert.

Seither habe ich versucht, Alain jeden Monat zu treffen, wenn er in London war, und seinen Ratschlägen zu folgen. Das brachte äußerst interessante Erfahrungen mit sich, nicht zuletzt im Hinblick auf meine Beobachtung der Methoden, mit denen ich mich gegen Veränderungen wehre. Eine frühere Version dieses Buches mit dem einfachen Titel „Die Vier D“ habe ich aufmerksam gelesen und einer kritischen Analyse unterzogen. Vielleicht, so dachte ich, könnte ich Alain in Bezug auf die offensichtlicheren Fehler in den psychologischen Erklärungen seines Buches korrigieren. Ich bin einigermaßen intelligent und stolz auf mein außergewöhnlich gutes Gedächtnis. Deshalb war ich umso überraschter, dass ich mich bei keinem Treffen mit Alain daran erinnern konnte, wofür die Vier D standen. Normalerweise schaffte ich drei, aber nie alle vier, selbst wenn ich sie kurz vor dem Treffen nochmal schnell nachschaute.

Als ich ihm schließlich von meinen Gedächtnislücken erzählte, brach Alain in schallendes Gelächter aus und meinte, dass es seinen französischen Schülern, die er schon wesentlich länger unterrichtete, oft genauso erging. Ich hatte zum ersten Mal die ungeheure Selbstverteidigungskraft des Ego erlebt, wenn es angegriffen wird. Nicht umsonst besagt Alains Nachname im Englischen das, was das Ego tut, nämlich forget (vergessen)!

Außerdem hatte ich ein großes Problem damit, dass Alain die Entstehung von Schuldgefühlen mit dem Geburtsschmerz in Verbindung bringt. Ich las die entsprechenden Passagen immer wieder, wurde von Monat zu Monat ungehaltener, stritt mich darüber mit Alain und kam schließlich zu dem Punkt, an dem ich ernsthaft erwog, den Kontakt zu ihm abzubrechen. Aber dann konnte ich in einem Moment der Katharsis klar erkennen, dass meine Widerstände auf der Verleugnung meiner tiefsten Schuldgefühle beruhten. Dieser Ablauf hat sich seither noch oft wiederholt, aber zum Glück ist Alain ein geduldiger Lehrer.

Manche Menschen hatten in ihrer Schulzeit das Glück eines inspirierten Lehrers, der ein Thema lebendig darstellen konnte. Meiner Erfahrung nach besitzt Alain Forget genau diese Fähigkeit bei dem wichtigsten Thema überhaupt, nämlich unserer Existenz oder vielmehr ihrer Abwesenheit. Indem ich die Vier D gemäß den Vorschlägen und meinem Verständnis der im Buch beschriebenen Methoden praktiziert habe, bin ich weiter und schneller vorangekommen, als es mir im Lauf der Jahre bei meiner konventionellen Therapie gelungen ist. Auch die Art und Weise, wie ich in meinem Beruf mit anderen Menschen arbeite, hat sich seither verändert.

Dieses Buch ist, wie Alain sagt, eine Landkarte mit klaren Anweisungen, was zu tun ist und wohin die Reise gehen soll. Es wieder und wieder zu lesen war eine erhellende Erfahrung, von der ich hoffe, dass sie anderen ebenso viel Freude und Wachstum bringen möge wie mir.

Mark Collins
MA MB BS MRCP MRCPsych
London

Vorwort von Dr. Peter Fenwick

Seit Jahrtausenden versuchen die Menschen herauszufinden, wer sie sind, welchen Platz sie im Universum einnehmen und wie sie ihr jeweiliges Potenzial voll ausschöpfen können. Einige Lehrer haben das vollständige Erwachen als ein Ziel ihrer spirituellen Entwicklung erreicht.

Alain Forget ist einer der führenden Köpfe einer neuen Welle von Philosophen, die durch die Arbeit an sich selbst, unter Verwendung der Werkzeuge, die uns von den alten Meistern hinterlassen wurden, einen Durchbruch in ihrer Erfahrung des Bewusstseins erreicht haben.

Ein Lehrer kann nur einen Stoff unterrichten, den er versteht. Die Entwicklung eines höheren Bewusstseinszustandes ist jedoch nicht etwas, das sich mit dem Verstand erfassen lässt. Man erfährt ihn erst nach Jahren der Übung und harter Arbeit an sich selbst.

Viele Lehrer aus der Vergangenheit haben die gleichen Ziele verfolgt wie Alain – ein erwachtes Bewusstsein –, ihre Lehren stammen jedoch aus verschiedenen Kulturen, und ihre Worte haben unterschiedliche und oft subtile Bedeutungsnuancen, die ihren Übersetzern und uns Menschen aus dem Westen oft nur schwer zugänglich sind. Alains Verdienst besteht darin, in der Sprache von heute eine psychologische Methode formuliert zu haben, die uns sofort anspricht, leicht verständlich und sehr wirksam ist. Sie ist praxisnah und besteht aus einer Reihe von Strategien, die aufeinander aufbauen und bei ernsthaftem Üben zum Verständnis und schließlich zur Auflösung des Ego führen.

Er weist darauf hin, dass das Ego mechanisch ist und das Einzige, was wir tun können, darin besteht, einen Teil des Ego so zu trainieren, dass es am Ego arbeitet.

Und er erinnert uns daran, dass alles, was wir tun, sagen oder denken, eine Manifestation des Ego ist.

Das Ziel ist das Ego-lose Sein. Er betont, dass dieses Ziel durch tiefes metaphysisches Hinterfragen in Verbindung mit psychologischer Introspektion erreicht werden kann.

Alain Forgets System der Vier D ist eine Methode für das 21. Jahrhundert. Sie ist leicht zu verstehen und einfach anzuwenden:

Distanzieren – nicht-reaktive Aufmerksamkeit
Durchdringen – psychologische Introspektion
Desidentifizieren – Loslassen als Ergebnis der ersten beiden D
Differenzieren – intensive metaphysische Selbstbefragung.

Diese vier Stufen müssen bewältigt werden, um das Ego loszulassen und ihm schließlich klarzumachen, dass es gar nicht existiert.

Ich kann diese Methode nur wärmstens empfehlen. Sie erfordert keinen Guru, sondern nur zunehmendes Verstehen und regelmäßige Praxis. Jeder Gedanke, der einem in den Sinn kommt, ist eine Gelegenheit zum Wachsen.

Dr. Peter Fenwick
MB Bsc BChir FRCPsych
London

Eine kurze Beschreibung meiner Reise

Das Erwachen geschah an einem Winternachmittag 1977/78 im Dämmerlicht der Kathedrale von Chartres. Damals fuhr ich jeden Tag von Paris aus etwa eine Stunde in diese schöne mittelalterliche Stadt und setzte mich in die gotische Kathedrale aus dem zwölften Jahrhundert, um bestimmte metaphysische Texte zu lesen. Danach meditierte ich dort eine Stunde und kehrte wieder nach Hause zurück.

Nach drei Monaten regelmäßiger Praxis katapultierte mich eines Tages, während ich der Stille saß, eine kraftvolle Frage in einen Bereich jenseits meines Verstandes. Plötzlich sah ich, dass ich weder meine Gedanken, noch meine Gefühle, noch meine Persönlichkeit war. Zum ersten Mal hatte ich unmittelbar erfahren, was die klassischen Texte beschrieben hatten.

Dieses Ereignis zeigte mir, dass Erwachtsein nichts anderes ist als unsere wahre Natur, die immer vorhanden ist, aber von unserer Persönlichkeit überdeckt wird. Ein Erwachter nimmt Menschen und Dinge wahr wie jeder andere auch, aber er hat seine Konditionierung verloren und einen Zustand erreicht, der eins mit dem Leben ist. Nur dieser Zustand ist frei von Angst.

Das System, das in diesem Buch erklärt wird, ist aus der Arbeit an mir selbst entstanden und das Ergebnis einer Reise, die ich Ihnen beschreiben möchte.

Im Alter von 20 Jahren ermutigten mich die metaphysischen Fragen, die mich seit meiner Jugendzeit beschäftigt hatten, zu weiteren Forschungen. Schließlich gelangte ich zu der Überzeugung, dass es Parallelen zwischen den großen spirituellen, religiösen und philosophischen Traditionen gibt.

Zwei Jahre später traf ich meinen ersten Lehrer, einen homöopathischen Arzt, der ein Schüler von Gurdjieff gewesen war. Von da an verwandte ich den größten Teil meiner freien Zeit darauf, die Philosophie der Non-Dualität besser kennen zu lernen: Advaita Vedanta, die Meister des Ch'an-Buddhismus, die Sufis und die christlichen Mystiker.

Mit 25 Jahren hatte ich dann mein erstes Erwachen in Chartres und in den nächsten Jahren wurde meine Arbeit immer intensiver. Ich saß schweigend an so außergewöhnlichen Plätzen wie in Notre Dame in Paris oder der Basilika in Santiago de Compostela und an der Klagemauer in Jerusalem.

Mit 34 Jahren traf ich meinen zweiten Lehrer, einen älteren Franzosen, der von einem tibetischen Mönch erzogen worden war. Die Techniken, die er mir beibrachte, beschleunigten die Entwicklung meiner Seele noch zusätzlich.

Mit 39 Jahren intensivierten sich die Prozesse dieser inneren Entwicklung schließlich so sehr, dass die Verschmelzung mit den Zuständen von Einheit oder Erwachtsein immer häufiger geschah. Nachdem ich diese Erweiterung des Bewusstseins selbst erfahren hatte, wurde mir klar, dass Philosophen und Mystiker nicht als Vertreter ihres jeweiligen Glaubenssystems betrachtet werden sollten, sondern als Wissenschaftler, die die höheren Bewusstseinsebenen erforscht und für sich integriert haben. Sie sind die Kundschafter unserer möglichen Evolution.

In den folgenden Jahren begann ich, mir Notizen von den Techniken zu machen, mit deren Hilfe das Erwachen gelungen war. Meine ersten Schüler kamen aus meinem Freundes- und Bekanntenkreis. Sie halfen mir, das System zu perfektionieren, das ich die „Philosophie der Vier D" nenne – eine praktische Anleitung, die auf meinen eigenen Erfahrungen im Einklang mit denen der Mystiker beruht.

Bald bildeten sich Gruppen von Interessierten in London und New York, mit denen ich mich regelmäßig treffe. Im Lauf der Jahre stellte sich heraus, dass ich ihnen helfen konnte, einen Bewusstseinszustand zu erreichen, der Zeit und Raum transzendiert, und dass ich ihnen Energie übermitteln konnte, die ihre Entwicklung beschleunigt. Außerdem zeigte sich, dass meine Schüler bei Anwendung der richtigen Techniken eine neue Seite in sich entwickeln konnten, die ihnen zu einem viel glücklicheren und erfolgreicheren Leben verhalf.

Monaco, im Januar 2012

Wie dieses Buch zu seinem Titel kam

Ursprünglich sollte das Buch „Die Philosophie der Vier D“ heißen, aber das fand ich etwas trocken. Als ich dann eines Tages einen Song von Hank Williams hörte, kam mir plötzlich die Idee für einen besseren Titel.

In seinem Lied, das zugleich lustig und melancholisch ist, erzählt Hank, dass er diese Welt niemals lebend verlassen wird. Meine eigene Erfahrung führte mich zu der gegenteiligen Schlussfolgerung, weshalb ich meinem Buch den Titel „Wie man diese Welt lebend verlässt“ gegeben habe. Sein Hauptthema besteht darin, die nächste Stufe unserer Bewusstseinsentwicklung zu erreichen, einen Körper aus Licht und Energie zu erschaffen und zu erwachen.

Das Buch beschreibt Schritt für Schritt, auf welche Weise wir ein klares Verständnis davon bekommen, wie wir funktionieren und wie wir uns in der Welt effektiver bewegen können.

Es freut mich daher, sagen zu können, dass Hank Williams sich geirrt hat und dass wir diese Welt sehr wohl lebend verlassen können, wenn wir nur „immer strebend uns bemühen“.

Einleitung

Dieses Buch wird Ihnen helfen, Ihre Fähigkeit des Hinterfragens zu schärfen. Indem Sie sich Schlüsselfragen wie „Wer bin ich?“, „Was ist der Sinn des Lebens?“ oder „Was ist der Ursprung des Universums?“ stellen, werden Sie sich bereits lebendiger fühlen.

Um diese Welt lebend zu verlassen, ist es erforderlich, besser verstehen zu lernen, wer Sie überhaupt sind. Die einzigen Hilfsmittel, die Ihnen dafür zur Verfügung stehen, sind Ihre Gedanken, Ihre Gefühle, Ihre Sinneswahrnehmungen und Ihre Träume. Wenn Sie sie richtig einsetzen, wird sich Ihr Leben verändern.

Diese innere Reise verläuft in vier Stufen.

Die erste Stufe ist das **Distanzieren***. Es ermöglicht Ihnen, sich der vielen Tausend Gedanken und Gefühle bewusst zu werden, die jeden Tag in uns auftauchen, und bedient sich dafür gezielt der körperlichen Empfindungen. Es ist eine Technik, die wie alle Techniken eine Zeit des Lernens und Übens erfordert. Das Distanzieren zeigt Ihnen, wie mechanisch Sie sind, indem Sie die automatischen Verhaltensmuster erkennen, die Sie beherrschen, und verstehen, wie sehr die dem Muster zugrunde liegenden Gedanken und Gefühle von Angst bestimmt werden. Es erlaubt Ihnen auch wahrzunehmen, in welchem Ausmaß Sie die immer gleichen Muster und Szenarien wiederholen – ein Vorgang, den wir zwar bei anderen leicht erkennen können, bei uns selbst aber viel schwerer bemerken.

Das zweite D ist das **Durchdringen***, eine Methode der Introspektion, mit der Sie in Ihre unterdrückten unbewussten Schichten vordringen und Ihre alten Traumata abbauen können. Bald werden Sie durch die Anwendung der ersten beiden D einen Sucher* in sich erschaffen, der ständig für Sie arbeitet. In dieser Phase beginnt sich Ihr Leben zu verändern, weil Sie sich immer weniger mit Angst und Schuld identifizieren. Von da an werden Sie bessere Entscheidungen treffen, die einer anderen Logik folgen. Sobald Sie anfangen zu verstehen, wie Sie funktionieren, werden allmählich unbewusste Fehlentscheidungen durch bewusste vorteilhafte Entscheidungen abgelöst.

Wenn Sie zum dritten D kommen, dem **Desidentifizieren***, beschleunigt sich Ihre Entwicklung spürbar. Indem Sie Ihre alten Muster loslassen, erfahren Sie eine tiefe innere Stille. Wenn Sie dann weiterhin konsequent Introspektion und Schweigen praktizieren, wie es viele Traditionen lehren, entsteht in Ihnen ein feinstofflicher Körper jenseits des Denkens und der Erinnerungen. Nun eröffnen sich Ihnen andere Welten. Angst- und Schuldgefühle sind zwar immer noch da, wirken jetzt aber nicht mehr so stark. Indem Sie sich oberhalb Ihres Schattens bewegen – oberhalb Ihrer verborgenen, verdrängten, angstbesetzten Aspekte –, verbindet sich dieser neue Körper aus Licht und Energie mit anderen Dimensionen.

Das vierte D, das **Differenzieren***, hilft Ihnen, die letzten Identifikationen aufzugeben: Ihre grundlegende Konditionierung als Person, die Sie Ihr ganzes Leben lang aufrechterhalten haben. Sie unterscheiden jetzt zwischen dem, was Sie künftig verkörpern werden – die Wahrheit, das Absolute, das Bewusstsein* des Lebens selbst, das Göttliche –, und dem, was Sie im Begriff sind, aufzugeben: Ihren Schatten*, Ihren unterdrückten Emotionalkörper*, den Sie durch die Anwendung der ersten beiden D weitgehend verstanden und abgebaut haben. Sie hinterfragen jetzt den Kern der menschlichen Existenz: das Sein („Wer bin ich?") und die Wahrnehmung („Wer nimmt wahr?"). Wenn Sie erst einmal Geschmack an diesem intensiven metaphysischen Hinterfragen gefunden haben, wird Sie eine dieser Fragen in einem bestimmten Moment zu Ihrer eigenen Abwesenheit, zu Ihrem Leersein führen. Dieses Verschwinden der mechanischen Natur nennen die Buddhisten die Leere, die Christen den „Tod des alten Menschen". Sich dieser Leere zu öffnen, den Tod des alten Menschen herbeizuführen, ist das Mittel, durch das wir zum Erwachen*, zur Erleuchtung, zur Wahrheit, zum Himmelreich geboren werden können. Das Erreichen dieser Dimension bedeutet, die Freiheit zu erfahren, die Sie suchen.

Nicht umsonst enthält dieses Buch zahlreiche Zitate spiritueller Lehrer, denn sie sind die wahren Pioniere des Bewusstseins. Dabei geht es nicht um die Religionen, denen sie angehören oder die sie gegründet haben, weil Religionen lediglich Glaubenssysteme sind, die den Menschen einen Rahmen bieten. Diese Lehrer sind jedoch mit ihrem Bewusstsein weit über all das hinausgegangen, womit man sich so bereitwillig identifiziert. Durch ihr Bestreben, dieses Bewusstsein auch anderen Menschen zu vermitteln, haben sie allerdings oft den jeweiligen gesellschaftlichen Konsens gestört und wie Jesus, Al-Hallaj oder Sokrates mit ihrem Leben dafür bezahlt.

Ist es nicht bemerkenswert, dass trotz der Jahrtausende und der Kontinente, die sie voneinander trennen, Christen wie Meister Eckhart, Sufis wie Al-Hallaj, Hinduisten wie Shankara, Taoisten wie Liezi oder Ch'an-Lehrer wie Huang Po ganz ähnliche Inhalte vermitteln und auf eine Freiheit jenseits von kulturellem Kontext und aller Konditionierung hinweisen – eine Freiheit, in der sich der Beobachter im Beobachteten auflöst? Spirituelle Lehrer sollten deshalb nicht als Repräsentanten von Glaubenssystemen betrachtet werden, sondern als Wissenschaftler und Erforscher der höchsten Bewusstseinsebenen. Als solche sind sie die Kundschafter der äußersten Grenzen des Menschen. Ist es nicht erstaunlich, was uns die heutige Quantenphysik zeigt, nämlich dass der Vorgang des Beobachtens das Wesen des Beobachteten verändert? Und ist es nicht merkwürdig, dass sowohl die Kabbala als auch Laotse und Jesus betonen, wie wichtig es ist, die männliche und weibliche Seite in sich ins Gleichgewicht zu bringen? Was die Psychologie und die Physik entdeckt und uns zugänglich gemacht haben, hatten sie schon vor Jahrhunderten, wenn nicht Jahrtausenden formuliert.

Diejenigen, die nach Weisheit streben, werden bald ein Gespür dafür entwickeln, dass das Eine, das Absolute, der Ursprung aller Erscheinungen ist. Dieses Gefühl der Einheit muss der Ausgangspunkt für Ihre Suche sein.

Die Vier D, deren Prinzipien je nach spiritueller Tradition unterschiedliche Bezeichnungen tragen, umfassen eine Methode der Selbsterforschung. Mit ihrer Hilfe werden Sie sich für Ihre wahre Natur öffnen, die eines Tages ganz unerwartet erscheinen wird – jenseits der Zwänge unserer polaren Gegensätze von Groß und Klein, Vergnügen und Schmerz, Himmel und Erde, Sein und Nicht-Sein. Sie ist das, was Sie in Wirklichkeit sind. Wenn Sie dies erkennen, können Sie die Welt eines Tages lebend verlassen – als reines Bewusstsein jenseits der Polarität von bewusst und unbewusst.

Wer diesen Weg ernsthaft beschreitet, wird schnell Ergebnisse erzielen, wobei der Fortschritt von vier Faktoren abhängt: dem Maß an Bewusstheit, Willenskraft, Mut und intellektueller Aufrichtigkeit. Je intensiver Sie üben und je bewusster Sie werden, desto positiver wird die Resonanz in Ihrem täglichen Leben sein.

Sie können erst dann frei sein, wenn Sie sich selbst kennen. Um dies zu erreichen, müssen Sie die Disziplin und den Mut aufbringen, Ihre Fundamente zu erforschen. Wenn Sie die richtigen Techniken anwenden, werden Sie den Widerstand, der Ihre Ängste und Schuldgefühle überdeckt, zuerst mit dem Verstand erfassen, dann unmittelbar sehen und schließlich loslassen können.

Die Mythen und Märchen erzählen oft die gleiche Geschichte: Ein Ritter in seiner Rüstung – dem Ego* – reitet tief in den dunklen Wald, das Unbewusste. Seine Aufgabe ist es, Drachen und Dämonen zu bezwingen – seine Schuldgefühle, Ängste und Konflikte. Dann betritt er das Schloss, legt seine Rüstung ab und umarmt das schlafende Dornröschen, das dadurch augenblicklich erwacht – ein Symbol für die Vereinigung mit unserer wahren Natur.

Dieses Buch ist eine Anleitung, die Sie durch das Leben begleitet, bis hin zu seiner höchsten Bewusstseinsstufe, dem Erwachen. Es soll Sie dazu ermutigen, Ihre Beweggründe und Mechanismen, mit anderen Worten sich selbst zu hinterfragen. Damit das auch gelingt, sind zwei Vorbedingungen unumgänglich:

• Sie müssen den echten Wunsch haben, Ihr Leben zu ändern.

• Sie müssen einsehen, dass alles, was Ihnen widerfährt, Ihretwegen geschieht.

Wenn Sie diese Bedingungen nicht ernst nehmen, werden Sie auch nicht die Disziplin für die kontinuierliche Arbeit an sich selbst aufbringen, sondern werden anderen – Ihren Eltern, Ihrer Umgebung, der Gesellschaft oder Gott – die Schuld für die Schwierigkeiten geben, denen Sie begegnen. Infolgedessen werden Sie weder tief genug graben, um Ihre eigenen Konditionierungen zu erforschen, noch werden Sie Ihre Angst- und Schuldgefühle – die Wurzeln Ihres Handelns – abbauen können. Außerdem sind Logik und Vernunft erforderlich: Obwohl Sie viele Ereignisse selbst auslösen, die Ihnen widerfahren, sind Sie zum Beispiel für ein Unglück, das Sie trifft, nicht verantwortlich, sondern nur für Ihren Umgang damit.

Für dieses Buch wurde die Weisheit der Philosophen und Mystiker der großen Traditionen zusammengefasst und an die heutige Zeit angepasst.

Sie werden zum Beispiel entdecken, dass das Konzept der Subpersönlichkeiten erstmals von Kaiser Marc Aurel im zweiten Jahrhundert entwickelt wurde. Sie werden einer einfachen Methode der psychologischen Introspektion begegnen, deren Wurzeln im Hinduismus liegen. Und Sie werden lernen, Ihre Träume mit Hilfe eines altbewährten präzisen Verfahrens zu interpretieren, um Ihre Entwicklung zu beschleunigen.

Dieses Buch gibt Ihnen eine genaue Beschreibung der Mechanismen von Angst und Schuld, die Ihr Leben bestimmen, und erklärt, wie Sie sich davon befreien können. Es besteht aus drei Abschnitten:

- Im ersten Teil wird erklärt, wie wir funktionieren, und das System der Vier D vorgestellt.
- Der zweite Teil enthält Fragen und Antworten aus einer Reihe von Vorträgen, die zwischen 2005 und 2012 in London und New York gehalten wurden.
- Der dritte Teil ist eine Zusammenstellung von non-dualistischer* Literatur mit Zitaten von Lehrern der wichtigsten Traditionen, die Ihr Hinterfragen schärfen sollen.
- Am Ende finden Sie ein Glossar der wichtigsten Grundbegriffe – sie sind jeweils mit einem Stern* markiert –, außerdem eine umfangreiche Bibliographie und eine Sammlung von Aphorismen.

TEIL I – DIE VIER D

KAPITEL I

Zwei Schlüssel und vier Landkarten

Bevor wir mit der praktischen Arbeit der Selbsterforschung beginnen, sollten wir zuerst verstehen, womit wir es zu tun haben. Zu diesem Zweck werden wir uns der Hilfe von zwei Schlüsseln und vier Landkarten bedienen. Je besser wir die beiden Schlüssel – Identifikation und Dualität – nutzen, desto größer ist die Chance, mit ihnen die Türen zu öffnen, die zur Freiheit führen. Die Landkarten werden uns dabei helfen, uns auf der inneren Reise zurechtzufinden.

Der erste Schlüssel: Identifikation

Wir identifizieren uns ständig: mit unserem Geschlecht – Mann oder Frau; mit unserem Aussehen – groß oder klein, schlank oder dick; mit unserer körperlichen Verfassung – gesund oder krank; mit unserem sozialen Status – reich oder arm; mit unserem Land, mit Herkunft, Beruf oder Glaubenssystem und so weiter. Diese Identifikation mit dem, was wir zu sein glauben, prägt uns als Persönlichkeit, als psychologische Einheit. Wir sind durchdrungen von unbewussten Identifikationen, die unseren Erfolg oder Misserfolg steuern, die uns stärken oder schwächen. Um unser Bewusstseinsniveau anzuheben, ist es jedoch nötig, sich nach und nach von ihnen allen zu lösen.In dem Maß, wie wir diese Identifikationen reduzieren, die uns nicht glücklich machen und verhindern, dass wir unser Potenzial voll ausschöpfen, wird sich unser Leben von allein viel positiver gestalten.

Der zweite Schlüssel: Dualität

Die Dualität entsteht durch die Aufspaltung in Gegensätze – groß und klein, warm und kalt, gut und böse. Wir leben in der Dualität, denn wir unterscheiden zwischen dem, was wir sind, und dem, was wir nicht sind.

Das Ego, die Persönlichkeit, kann nur dann existieren, wenn es Sie auf der einen Seite gibt und die Welt auf der anderen Seite. Diese Dualität festigt sich durch Identifikation: Ich bin dies, ich bin jenes. Als Person werden Sie alles daransetzen, die Dualität aufrechtzuerhalten, die Sie ausmacht. Dies geschieht ganz mechanisch durch Identifikation mit dem Denken, den Wünschen, Emotionen und Sinneswahrnehmungen.

Ein gutes Beispiel für das Prinzip der Dualität ist das Bild von der Welle und dem Ozean. Stellen Sie sich vor, Sie wären eine Welle. Hier sind Sie, die Welle, warm oder kalt, groß oder klein, und dort ist der Ozean. In dem Moment, in dem Sie erkennen, dass Sie gar keine Welle, sondern nur eine Bewegung des Ozeans sind, lassen Sie die Dualität hinter sich.

Die Arbeit an sich selbst besteht darin, alle Identifikationen loszulassen, bis sich Ihr Ego in der Einheit auflöst, so wie sich die Welle im Ozean auflöst. Erst dann werden Sie die Dualität überwinden und diese Welt lebend verlassen.

„Dualität ist die Wurzel allen Leidens."

Ashtavakra Gita, 5. Jh. v. Chr.

Die erste Landkarte: Angst und Schuld

Wie sie zusammenhängen und warum sie unser Leben bestimmen

Alles beginnt mit der Geburt.

Das ungeborene Kind im Mutterleib ist eins mit seiner Umgebung, es schwimmt friedlich im Fruchtwasser und kennt nichts anderes.

Durch den Schock der Geburt wird es plötzlich aus dieser vertrauten Umgebung herausgerissen und erfährt dabei körperlichen Schmerz.

Aus diesem Schock und diesem Schmerz heraus entsteht die erste Unterscheidung zwischen sich selbst und der Welt: auf der einen Seite das Kind, auf der anderen Seite seine neue Umgebung in Verbindung mit den Schmerzen der Geburt.

Aus diesem ersten Schmerz erwächst der Mechanismus der Identifikation: Indem sich das Kind mit dem Schmerz identifiziert, wird es zum verletzlichen Kind* – der Same für Angst* und Schuld* ist gelegt.

Aus dem Mechanismus dieser Identifikation entsteht allmählich das Ego, dessen Aufgabe es sein wird, das verletzliche Kind zu schützen. Der Geburtsschmerz, die erste Erfahrung unseres Lebens, ist der Ursprung von Angst und diese Angst wird zum Nährboden für Schuldgefühle.

Das Konzept von Angst und Schuld erklärt wohl am plausibelsten, warum diese Identifikation mit dem Schmerz der Geburt so gravierende Folgen für unser Leben hat. Erst wenn wir ein tiefes Verständnis dafür entwickeln, wie diese beiden Kräfte uns bestimmen, können wir damit beginnen, an uns selbst zu arbeiten, und dann wird sich unser Leben grundlegend zum Besseren wenden.

Angst und Schuld sind eng miteinander verbunden. Wie bei allen Säugetieren gehört die Angst zu unserem genetischen Programm, aber die Kombination aus Angst und Schuld ist nur dem Menschen eigen. Wir sind uns unserer Ängste zwar mehr oder weniger bewusst und haben Wege gefunden, mit ihnen einigermaßen umzugehen. Schuldgefühle sind uns jedoch viel weniger präsent, da sie sich in den Tiefen unseres Unbewussten verstecken. Wenn man allerdings die Glaubenssysteme betrachtet, die der Mensch entwickelt hat, lässt sich das Konzept der Schuld darin sehr gut erkennen.

Die jüdische, christliche und islamische Religion beruhen alle auf demselben Mythos. Im Alten Testament warnt Gott Adam: „Du sollst nicht vom Baum der Erkenntnis des Guten und des Bösen essen, denn an dem Tag, an dem du von ihm isst, wirst du sterben." Diese Religionen sind auf der Schuld aufgebaut, die verbotene Frucht gegessen zu haben. Aber die Erkenntnis von Gut und Böse bedeutet, sich in die Dualität zu begeben, in der sich das Subjekt mit dem Objekt identifiziert, der Beobachter mit dem Beobachteten – und das allererste Objekt der Erkenntnis ist der Schmerz der Geburt. Das Konzept der christlichen Erbsünde wie auch des jüdischen Sündenfalls hat demnach seinen Ursprung in dem ersten Schmerz, der uns widerfährt und mit dem wir uns identifizieren.

In den Gesellschaften der großen monotheistischen Glaubenssysteme – Judentum, Christentum und Islam – wird die Schuld im Unbewussten durch das Konzept eines jenseitigen Gottes, der uns durch Himmel und Hölle belohnt oder bestraft, noch verstärkt. Dieser fordernde Gott übermittelt uns Seine Gesetze durch Seine Propheten, Seinen einzigen Sohn, den Er als Opfer gesandt hat, um unsere Sünden zu erlösen, oder durch Seinen Letzten Propheten: Gesetze, die von jedem Menschen mehr oder weniger ständig gebrochen werden. Diese Glaubenssysteme wirken als allgemein gültige moralische Instanz, die unsere Identifikation mit der Schuld bestärkt und wie jede Identifizierung versucht, sich selbst zu erhalten.

Angst und Schuld nähren sich gegenseitig – eine Verbindung, die die etablierten Religionen jahrhundertelang genutzt haben, um sich an der Macht zu halten. Das Schuldprinzip taucht aber auch in den asiatischen Glaubenssystemen des Hinduismus und Buddhismus im Konzept des Karma auf. Es besagt, dass alles Negative im Leben die Folge eigener schädlicher Taten aus unseren vergangenen Leben ist.

Durch unsere Erziehung erfahren wir Grenzen und Einschränkungen, wodurch die Schuldgefühle zum ersten Mal Gestalt annehmen und ins Bewusstsein rücken. Die ersten Auswirkungen dieser durch Identifikation entstandenen Schuldgefühle zeigen sich schon bei zwei- bis dreijährigen Kindern, die sich mit einem negativen Ereignis in ihrer Umgebung identifizieren, an dem sie nicht beteiligt sind: Wenn zum Beispiel ein anderes Kind in der Nähe weint, fangen sie häufig ebenfalls an zu weinen, oder wenn etwas ohne ihr Zutun kaputt geht, beteuern sie, es nicht gewesen zu sein. Auch in späteren Jahren fühlen sich Kinder oft automatisch schuldig, wenn die Eltern sich streiten. Und kommt es dann zu einer Scheidung, gibt sich das Kind meist selbst die Schuld dafür und nimmt damit eine schwere Last auf sich.

Sowohl die mit dem Geburtsschmerz verbundene Angst als auch die sich entwickelnden Schuldgefühle werden vom Unbewussten so tief wie möglich vergraben, denn das ist seine Funktion. Schuld und Angst bilden das Fundament, auf dem sich das Unbewusste aufbaut. Seine Aufgabe besteht darin, das verletzliche Kind zu schützen, das bei der Geburt den Schock des ersten Atemzugs erfährt, der in den Lungen brennt, und des grellen Lichts, das die Augen blendet. – Krishnamurti ist sich dieser Tatsache völlig bewusst, wenn er sagt:

„Aber dahinter verbirgt sich unvermeidliches Leid. Man kann es verdrängen, versuchen, es zu vergessen, aber es ist immer da. Man kann es auch nicht leugnen, und es bleibt eine tiefe Wunde, die anscheinend durch nichts zu heilen ist."

Zum Schutz vor diesem Leid bildet das Unbewusste einen Panzer aus vielen Schichten, die dadurch verstärkt werden, dass wir immer wieder den gleichen Identifikationen in Form von Gedanken, Wünschen, Emotionen und Wahrnehmungen folgen. Dies sind unsere Haltepunkte*.

Das erklärt, warum wir im Laufe unseres Lebens immer wieder die gleichen Situationen herbeiführen, denn die verschiedenen Schichten unseres Panzers tauchen immer wieder in unserem Bewusstsein auf und stärken so ihre Identifikationen. Dieser eingefahrene Mechanismus blendet die Gegenwart aus und lässt uns die immer gleichen Erfolge oder Misserfolge erfahren, sei es in unserem Gefühlsleben oder in Geldangelegenheiten. Diese Interaktion zwischen Bewusstem und Unbewusstem verläuft dabei völlig mechanisch. Dass wir an Minderwertigkeitsgefühlen, Einsamkeit, Ablehnung und ständig wiederkehrenden Misserfolgen leiden, dient lediglich zur Aufrechterhaltung der Schuld- und Angstgefühle in uns. Schuld ist die Wurzel des sich wiederholenden Musters aus Selbstbeschränkung und Selbstzerstörung, das sich durch unser ganzes Leben zieht. Dazu gehört auch der Alkohol- und Drogenmissbrauch, der unweigerlich Fehlentscheidungen mit sich bringt.

Der Erfolg bei einem Vorhaben ist immer das Resultat eines gelungenen Ausgleichs, das heißt, wir sind innerlich mit diesem Projekt so eng verbunden, dass es uns gelingt, uns über unsere Ängste und Schuldgefühle zu erheben. In diesem Fall haben die unbewussten Fehlentscheidungen, die aus den sich selbst sabotierenden Schichten unseres Panzers stammen, keine Macht über uns.

Die Beobachtung und Auflösung unserer automatischen Verhaltensmuster ist der Kern der Arbeit an uns selbst.

Das Ego existiert nur in der Dualität und muss die Subjekt-Objekt-Dynamik aufrechterhalten, damit es seine Identifikationen behält. Diese Haltepunkte sind überlebenswichtig, und wenn es sie zu verlieren droht, muss es um jeden Preis neue erschaffen – so wie die Hydra, das Ungeheuer aus der griechischen Mythologie, der sofort zwei neue Köpfe nachwachsen, wenn ihr einer abgeschlagen wird. Sie ist ein Sinnbild für das Ego und seinen sich selbst erhaltenden Identifikationsmechanismus.

Erst wenn uns die Selbstbeobachtung einigermaßen gelingt, können wir die Schuldgefühle hinter den unbewussten Schichten wahrnehmen, denn sie lassen sich gut anhand unserer häufig widersinnigen Reaktionen auf Situationen erkennen. Dazu gehört zum Beispiel das Phänomen der vermeintlichen Schuld von Überlebenden, wenn sich die Geretteten bei einer Katastrophe schuldig fühlen, anstatt im Gegenteil froh und dankbar zu sein, dass sie noch am Leben sind. Viele erinnern sich bestimmt noch an den New Yorker Feuerwehrmann vom 11. September 2001, der sich schuldig fühlte, weil viele seiner Kollegen dabei umgekommen waren.

Aber warum fühlen sie sich schuldig? Weil die traumatische Erfahrung – Tsunami, Auschwitz, Kriegsgräuel – einen Teil ihrer Identifikationen zerstört hat. Dann treten die vergrabenen Schuldgefühle automatisch ins Bewusstsein, um die von Auflösung bedrohte Egostruktur wieder zu stabilisieren. **Denn es ist die Aufgabe des Ego, seine Identifikationen niemals aufzugeben.** Es muss um jeden Preis die Dualität schützen, von der sein Überleben abhängt, indem es die Subjekt-Objekt-Dynamik aufrechterhält. Zu diesem Zweck wird das Ego Schuldgefühle nutzen, um Identifikationen zu verstärken oder zu ersetzen, sobald diese ihre Wirkung verlieren – so wie die mythologische Hydra ihre Köpfe nachwachsen lässt, um zu überleben.

Bei genauer Betrachtung können wir diese Schuldgefühle hinter unseren unbewussten Schichten spüren, wenn sie irrationale Ängste erzeugen, die nichts mit der jeweiligen Situation zu tun haben. Wir alle kennen Menschen, die zu solchen Ängsten neigen. Das können wir nutzen, um durch Beobachtung den Ursprung ihrer Ängste zu verstehen. Dann werden wir sehen, dass sie einen Schuldmechanismus etabliert haben, der die Ängste sowohl stärkt als auch auslöst. Angst verstärkt immer Schuldgefühle, und Schuldgefühle aktivieren die Angst. In dem Maß, wie wir unsere Schuldgefühle wahrnehmen und sie als solche erkennen, wird auch die Angst abnehmen.

Zusammenfassung

- Unser Ego besteht aus Identifikationen.
- Die erste Identifikation ist der Schmerz bei der Geburt
- Das sinnvollste Modell, mit dem sich die Auswirkungen dieser ersten Identifikation auf unser Leben erklären lässt, ist das Zusammenspiel von Angst und Schuld.
- Schuldgefühle entstehen durch den Druck der Erziehung.
- Schuldgefühle erhalten sich durch unsere Glaubenssysteme.
- Schuldgefühle sind die Ursache für die unterdrückte Energie, die unseren Fehlentscheidungen zugrunde liegt.
- Schuldgefühle äußern sich durch mechanische und widersprüchliche Handlungen, die unsere bedrohten Haltepunkte stabilisieren sollen.
- Schuldgefühle kann man daran erkennen, dass sie Angst auslösen.
- Angst und Schuldgefühle verstärken sich gegenseitig.

Die zweite Landkarte: Die Grundstruktur des Ego
oder: Wie wir mechanisch handeln

Das Ego – unsere Persönlichkeit, unsere psychologische Einheit – ist ein Ergebnis der menschlichen Evolution und besteht aus bewussten und unbewussten Anteilen. Um seine Identifikationen zu steuern, bedient es sich auf rein mechanische Weise dreier Programme.

Auf der untersten Ebene des Ego befindet sich die erste Identifikation mit dem Schmerz der Geburt, die sich später in Angst und dann in Schuldgefühlen ausdrückt. Sie ist das Fundament des Ego, auf dem alle anderen Schichten aufbauen. Sie bildet die Grundlage des Unbewussten und hält unsere psychologische Identität aufrecht. Die Hauptaufgabe dieser Identität besteht darin, das verletzliche Kind zu schützen, damit es mit seinen grundlegenden Konflikten zurechtkommen kann. Das Ego ist der Panzer, der uns vor der Gewalt der Welt schützt.

Innerhalb dieser ersten Schicht hat die Evolution ein Programm entwickelt, dessen Aufgabe darin besteht, die Identifikationen niemals loszulassen, denn die Dualität muss um jeden Preis erhalten bleiben. Zu diesem Zweck wird die Persönlichkeit auch immer Identifikationen hervorbringen, die Angst und Schuldgefühle nähren.

Am Schnittpunkt von Bewusstem und Unbewusstem gibt es ein weiteres Programm, das wir mit allen Säugetieren gemeinsam haben und dessen Funktion darin besteht, stets das Angenehme zu suchen und das Unangenehme zu meiden. Aufgrund dieses Programms fällt es uns sehr schwer, uns selbst innerlich herauszufordern, weil wir dies immer als unangenehm empfinden. Es ist auch der Grund für unser häufiges kompensatorisches Verhalten, bei dem wir uns in angenehme Situationen flüchten. Nicht umsonst leben wir heute in der modernen Konsumgesellschaft mit ihren schier unendlichen Kompensationsangeboten.

Diese beiden Programme erfüllen gegensätzliche Aufgaben. Das erste schützt unser Fundament aus Angst und Schuld, während das zweite dazu dient, an der Oberfläche das Angenehme zu suchen und das Unangenehme zu meiden.

Angesichts dieses Widerspruchs hat sich ein weiteres Programm entwickelt – eine Art Kompromiss, der ein Gleichgewicht zwischen den beiden anderen schafft: die Wahl des geringsten Übels*. Es soll dazu dienen, uns entsprechend den Mechanismen zu schützen, die unserer persönlichen Geschichte entstammen. Auf dieser Ebene stecken wir alle fest, sei es in unserem Liebesleben oder in unserer Beziehung zum Geld, denn wir neigen dazu, die immer gleichen alten Muster zu wiederholen, die uns als das geringste Übel erscheinen.

Durch die Wahl des geringsten Übels entsteht ein roter Faden aus sich wiederholenden Situationen, der sich durch unser ganzes Leben zieht: Erfolg und Misserfolg, Gesundheit und Krankheit, Wohlstand und Armut.

Nehmen wir das Beispiel von John, einem 35-jährigen allein stehenden Mann, dessen Schüchternheit ihn immer wieder blockiert, sobald er eine Beziehung mit einer Frau eingehen will. Er findet ständig Gründe, warum er gerade die Frauen nicht anspricht, die er anziehend findet. Seine Schüchternheit entspricht seiner Wahl des geringsten Übels, denn sie verhindert, dass er seine Angst vor einer möglichen Zurückweisung spürt. Sobald er diesen Mechanismus verstanden hat, wird die Angst vor Ablehnung zu seiner neuen Wahl des geringsten Übels. Dadurch nimmt seine Schüchternheit ab, denn indem eine untere Ebene aufgedeckt wird, verliert die darüber liegende unweigerlich ihre Macht. Die Frage, die John sich jetzt stellen sollte, lautet: „Was steckt hinter meiner Angst vor Ablehnung?“ Wenn er genau hinschaut, wird er auf sein geringes Selbstwertgefühl stoßen. Sobald er sich dessen bewusst wird, kann er mit einer Frau, die er attraktiv findet, freier sprechen. Und wenn er sich weitere Fragen stellt, wird er hinter seinem geringen Selbstwertgefühl auch seine Schuldgefühle entdecken.

Der erste Nutzen der Arbeit an sich selbst besteht darin, dass wir unser Niveau des geringsten Übels anheben. Indem wir verändern, was in unserem Bewusstsein erscheint, öffnen wir uns für zusätzliche Wahlmöglichkeiten.

Unser Ego besteht aus Schichten, die unseren Panzer bilden. Jede Schicht hat die Aufgabe, die darunter liegende Schicht zu schützen. Indem John mit der Selbsterforschung begann, konnte er seine Schüchternheit und die Angst vor Zurückweisung weitgehend ablegen.

Zusammenfassung

- Unser Ego ist die Rüstung, mit der wir der Welt entgegentreten.
- Diese Rüstung wird von drei Verteidigungsprogrammen gesteuert, die unserem Selbstschutz dienen:
    - Das Fundament: Niemals die eigenen Identifikationen loslassen.
    - Die Oberfläche: Das Angenehme suchen und das Unangenehme meiden.
    - Das dritte Programm als Mittler zwischen den beiden anderen: Die Wahl des geringsten Übels.
- Die Wahl des geringsten Übels ist der Grund, warum wir verschiedene Situationen in unserem Leben immer wiederholen.
- Indem wir die Wahl des geringsten Übels ändern, verändern wir auch unser Leben.

Der Mensch ist die gewalttätigste Spezies auf diesem Planeten in Bezug auf sich selbst und alle anderen Lebewesen – deshalb beherrscht er ihn. Keine andere Art wendet sich so sehr gegen sich selbst wie der Mensch. Um mit dieser Gewalt zurechtzukommen und unser verletzliches Kind zu schützen, brauchen wir einen Panzer. Dieser Panzer, unser Ego, setzt sich aus mehreren Schichten zusammen, die von drei Programmen gesteuert werden.

Je mehr Mut wir aufbringen, den Ursachen unserer Verhaltensmuster auf den Grund zu gehen, desto mehr hebt sich unser Bewusstseinsniveau, was wiederum eine andere Wahl des geringsten Übels zur Folge hat. Um unser Leben zu verändern, müssen wir die Ursachen entdecken, die unseren Entscheidungen zugrunde liegen. Sobald wir die Ursachen erkannt haben, verlieren sie ihre Macht über uns.

Die dritte Landkarte: Der Ursprung der Subpersönlichkeiten

oder: Wie unsere Subpersönlichkeiten entstehen

Wie wir gesehen haben, löst die erste Identifikation mit dem Geburtsschmerz Angst und Schuldgefühle aus. Unsere Verhaltensmuster werden weitgehend von diesem Geburtstrauma und den frühkindlichen Erfahrungen geprägt. Eingefahrene negative Verhaltensmuster lassen sich meist auf Ereignisse zurückführen, die schon sehr früh in unserer Entwicklung stattgefunden haben. Inzwischen ist bekannt, dass das kindliche Gehirn keine vorgegebene feste Struktur besitzt, sondern sich erst in der Auseinandersetzung mit seiner Umwelt entwickelt.

Eine treffende Analogie ist zum Beispiel eine Eiche: Obwohl in der Eichel schon alle wesentlichen Eigenschaften des künftigen Baums angelegt sind, wird seine endgültige Gestalt erst durch das Zusammenspiel von Sonne, Wind und Boden bestimmt, die alle Einfluss auf sein Wachstum haben.

Das Gehirn, das aus Milliarden von Zellen und deren neuronalen Verbindungen besteht, wächst ähnlich wie ein Baum und verzweigt sich auch wie dieser. Dabei kommen immer wieder neue Äste hinzu, wobei manche besonders kräftig werden, während andere verkümmern.

Die Ereignisse zu Beginn des Lebens beeinflussen die Anzahl der Neurotransmitter im Gehirn, dessen Struktur und neuronale Verbindungen erst durch die Erfahrungen des Kindes unwiderruflich geprägt werden.

Die moderne Entwicklungspsychologie hat dabei viele verschiedene Einflüsse untersucht: Während manche Fachleute vor allem die Mutter-Kind-Beziehung betonen, stehen für andere eher die frühkindlichen Schlüsselerfahrungen im Vordergrund, egal ob positiv oder negativ, die den Gehirnstoffwechsel und das emotionale Gedächtnis prägen.

Dabei sollte man allerdings nicht vergessen, dass diese Theorien lediglich Modelle sind, die sich erst in der Praxis bewähren müssen. Ihr Grundkonsens besteht jedoch in der Erkenntnis, dass wir schon sehr früh – wenn nicht sogar bereits im Mutterleib – sowohl angenehme als auch unangenehme Erfahrungen machen, deren Auswirkungen wir noch als Erwachsene spüren. Diese ersten Erfahrungen werden das Kind dazu bringen, seine eigene Logik bei der Wahl des geringsten Übels zu entwickeln, die es dann den Erfordernissen der jeweiligen Situation entsprechend immer wieder anwendet.

Diese Wiederholungen führen zur Bildung von deutlich unterscheidbaren Aspekten unserer Gesamtpersönlichkeit – den Subpersönlichkeiten* –, deren Entstehung von der Wahl des geringsten Übels bestimmt wird. Einige von ihnen sind ausgeprägter als andere, aber alle sind miteinander verbunden, und selbst die schwächeren Subpersönlichkeiten werden einen gewissen Einfluss auf die stärkeren ausüben.

Jede dieser Subpersönlichkeiten besteht aus einer Reihe von mehr oder weniger wesentlichen Gedanken, Emotionen und Glaubenssätzen, die ein stimmiges Gesamtbild ergeben.

Die Subpersönlichkeiten bestimmen den Charakter der Situationen und Beziehungen, denen wir während unseres Lebens begegnen, und werden im Lauf der Jahre stärker oder schwächer. Ihre Wechselbeziehungen untereinander lassen sich am besten anhand der folgenden letzten Landkarte beschreiben.

Wir funktionieren weitgehend mechanisch: Unsere Gedanken durchlaufen die immer gleichen neuronalen Schaltkreise und lösen die immer gleichen Emotionen aus. Daraus formieren sich unterschiedliche Subpersönlichkeiten mit sich wiederholenden Verhaltensmustern, die unser Leben immer wieder in ähnliche Bahnen lenken.

Die vierte Landkarte: Das Amphitheater
oder: Wie unsere Subpersönlichkeiten miteinander wetteifern

Stellen Sie sich ein Amphitheater mit tausend Plätzen und einer zentralen Bühne vor, auf der ein Mikrofon steht. Direkt davor sind die Sitzplätze für drei Stars reserviert, die nächsten beiden Reihen bleiben zwanzig VIPs vorbehalten. Auf den übrigen neunhundertsiebenundsiebzig Plätzen verteilt sich das gewöhnliche Publikum.

Die drei Stars stehen für die drei grundlegenden Verteidigungsprogramme: das erste, dessen Aufgabe darin besteht, unsere früheste Identifikation mit dem Schmerz der Geburt niemals loszulassen; das zweite, das uns das Angenehme suchen und das Unangenehme meiden lässt; und schließlich noch das Programm der Wahl des geringsten Übels.

Diese drei Stars führen Regie bei dem Schauspiel unseres Lebens. Sie sind durch bestimmte Ereignisse geprägt wie Geburtsschmerz, frühkindliche Erfahrungen, genetische Veranlagung und einschneidende Kindheitstraumata, zum Beispiel der Verlust eines Elternteils – oder aber durch eine glückliche Kindheit. Dafür gibt es keine festen Regeln.

Die VIPs wiederum sind unsere sich wiederholenden kompensatorischen Verhaltensmuster. Schaut man genau hin, erkennt man, dass die VIPs sich untereinander um das Mikrofon streiten. Dieses Mikrofon steht für unser Bewusstsein, und der Zugang dazu ist die einzige Möglichkeit für die VIPs, an Macht zu gewinnen. Je länger sich einer von ihnen am Mikrofon halten kann, desto mehr Energie bezieht er daraus – aber desto mehr kämpfen auch die anderen darum, ihn zu verdrängen, um ihrerseits Energie zu erhalten.

Wenn jemand beispielsweise Angstzustände erlebt, greift eine süchtige Subpersönlichkeit, vielleicht entstanden in einer Zeit fehlender mütterlicher Zuwendung, zum Mikrofon und zündet sich eine Zigarette an. Als nächstes betritt eine selbstkritische Subpersönlichkeit die Bühne. Sie hat sich möglicherweise durch die frühkindliche Erfahrung einer unnahbaren, strengen Vaterfigur entwickelt und wird alles daransetzen, der süchtigen Subpersönlichkeit das Mikrofon zu entreißen. Dazu holt sie sich Unterstützung bei der Essstörung, die ihrerseits das Mikrofon packt und den Kühlschrank plündert.

Die restlichen neunhundertsiebenundsiebzig Anwesenden im Amphitheater repräsentieren unsere Erinnerungen, das heißt unsere sämtlichen bisherigen Identifikationen. So sieht man zum Beispiel während einer Autofahrt plötzlich ein Plakat mit einem Mädchen in einem roten Kleid. Und schon taucht im nächsten Moment die Erinnerung an das Mädchen im roten Kleid auf, zu dem man sich vor Jahren hingezogen gefühlt hatte, und greift zum Mikrofon. Da diese Erinnerung aber schon etwas älter ist, fehlt es ihr an Kraft, um sich lange am Mikrofon zu halten, und so wird sie schon bald durch eine andere Erinnerung, Wahrnehmung oder Emotion ersetzt, die mit der gleichen oder einer anderen Subpersönlichkeit verbunden ist, und immer so weiter.

Wenn wir das Amphitheater genauer beobachten, stellen wir fest, dass hier erhebliche Konflikte zwischen den verschiedenen Subpersönlichkeiten ausgetragen werden. Sie kämpfen ständig miteinander um das Mikrofon und versuchen es möglichst lange zu behalten.

Das erklärt, warum uns sprachliche, visuelle oder auditive Fehlleistungen unterlaufen, indem sich zum Beispiel beim Lesen zwei Worte überlagern. Um bei unserer Geschichte mit dem Mädchen im roten Kleid zu bleiben: Kurz nachdem wir das Plakat gesehen haben, fällt unser Blick auf eine Anzeige in der Zeitung: „Belohnung: Wir suchen unseren Hund Rex!“ Und was lesen wir stattdessen? Das Wort Sex.

Das Amphitheater ist ein Schlachtfeld ohne Regeln, wo Allianzen gebildet werden, damit die eine oder andere Gruppe Zugriff auf das Mikrofon bekommt, und wo Intrigen an der Tagesordnung sind. Aus dieser brodelnden Gemengelage bilden sich mehrere dominierende Gruppen – unsere Subpersönlichkeiten. Sie sind in ständigem Wandel begriffen und ihre Energie kann variieren, aber ihr Kern ist immer gleich strukturiert: unterdrückter Schmerz, der dann überkompensiert wurde. Gemeinsam bilden sie unsere psychologische Identität.

Wenn wir das Wesen dieses ständigen Wetteiferns unserer unbewussten Strukturen verstanden haben, stellt sich als Nächstes die Frage, wie wir damit umgehen können. Bei genauer Betrachtung bleibt uns dann letztlich nur die Möglichkeit, die Fähigkeit zur Selbstbeobachtung zu entwickeln.

Die beiden Schlüssel und die vier Landkarten unserer Konditionierung, die in diesem ersten Kapitel vorgestellt werden, sollen uns auf unserem Weg helfen. Wir können mit der Selbsterkenntnis und in der Folge mit unserer Dekonditionierung nur dann vorankommen, wenn wir das Wesen derjenigen Faktoren verstehen, die unsere Persönlichkeit dominieren. Wir sollten allerdings nicht vergessen, dass eine Karte, so gut sie auch sein mag, immer nur ein Abbild der Realität sein kann. Sie lädt uns ein, auf die Reise zu gehen, und zeigt, welchen Weg wir jeweils nehmen können, aber sie ist nie der Weg selbst.

Vorbemerkungen zur psychologischen Arbeit

Mit den in diesem Buch beschriebenen Techniken werden Sie eine Reise zu sich selbst antreten, die schnelle Ergebnisse bringen und Ihr Leben schon in wenigen Monaten verändern kann. Je intensiver Sie an sich arbeiten und je besser Sie die Techniken beherrschen, desto mehr wird der Sucher in Ihnen wachsen.

In dem Maß, wie Ihr Verständnis von Identifikation und Dualität zunimmt, werden Sie die beiden Schlüssel sinnvoll nutzen können. Die vier Landkarten zeigen außerdem, wie unsere Mechanismen funktionieren: Die erste Karte erklärt den Zusammenhang zwischen Angst und Schuld. Die zweite hilft zu durchschauen, welche Entscheidungen für uns die Wahl des geringsten Übels sind. Die dritte Karte beschreibt die Entstehung unserer verschiedenen Subpersönlichkeiten, und die vierte zeigt, wie sie jeweils an die Macht gelangen.

Das grundlegende Thema, an dem Sie arbeiten werden, ist die Angst, denn Ihre Persönlichkeit ist nur deshalb entstanden, um mit Angst umzugehen. Dabei ist wichtig zu wissen, dass Angst zwei Gesichter hat: Die erste, instinktive Angst haben wir mit allen Säugetieren gemeinsam; sie schaltet sich ein, wenn uns eine physische Gefahr droht. Oft haben wir es jedoch mit einer imaginären Angst zu tun, der Furcht*, die uns im Griff hält.

Sie werden bald beobachten können, dass diese imaginäre Angst mit Schuldgefühlen verbunden ist, und erkennen, welche Auswirkungen dieser Umstand auf Ihr Leben hatte und immer noch hat. Mit Hilfe der richtigen Werkzeuge werden Sie jedoch in der Lage sein, diese Angst nach und nach abzubauen und schließlich ganz loszulassen. Allerdings wird jeder Schritt zu mehr Bewusstheit gleichzeitig zu einer

Bedrohung für Ihre alte Identität werden, die deshalb immer nach Kräften versuchen wird, sich dagegen zu wehren. Ein Zeichen dafür, dass Sie auf dem richtigen Weg sind, wird unter anderem sein, dass Sie Worte oder Redewendungen vergessen, die Ihnen eigentlich wichtig sind. Diesen Blockademechanismus hat Dr. Collins in seinem Vorwort sehr treffend beschrieben.

KAPITEL II

Das erste D: Distanzieren

oder: Wie man die Selbstbeobachtung entwickelt

In der Regel beginnt man erst dann an sich zu arbeiten, wenn man in einer Krise steckt oder einen Rückschlag erlebt. Wenn Sie in einer solchen Situation ein Mindestmaß an intellektueller Ehrlichkeit aufbringen, werden Sie feststellen, dass Sie sich selbst und den Menschen in Ihrer nächsten Umgebung häufig Schaden zugefügt haben.

Indem Sie die Verantwortung für diese Situation übernehmen, können Sie erkennen, dass sie ausschließlich durch Ihre eigenen Entscheidungen entstanden ist. Das lässt eigentlich nur den Schluss zu, dass es unterschiedliche Kräfte in uns gibt, die auf entgegengesetzte Ziele hinarbeiten. Solange Sie bei einer Sache Erfolg haben, sind Sie mehr oder weniger im Einklang mit sich selbst. In der übrigen Zeit jedoch wollen Sie zwar etwas, schlagen dann aber eine falsche Richtung ein: Sie möchten zum Beispiel gesund sein, ernähren sich jedoch schlecht, treiben keinen Sport und trinken oder rauchen. Sie wollen geliebt werden, benehmen sich aber unmöglich. Sie träumen davon, viel Geld zu haben, blockieren sich allerdings selbst durch unbewusste Fehlentscheidungen. Kurz: Sie sind gespalten und werden von widersprüchlichen Wünschen getrieben. Die Erkenntnis, dass es Strukturen in Ihnen gibt, die Ihren Fortschritt blockieren, weil sie gegeneinander arbeiten, wird Ihnen jedoch Kraft geben, Ihr Leben zu verändern.

Anscheinend gibt es in uns einen bestimmten Mechanismus, wonach das Bewusstsein durch innere Konflikte gefangen gehalten wird. Erst wenn wir in uns einen Beobachter entwickeln, können wir diesen Mechanismus begreifen, sodass unser Bewusstseinsniveau steigt. Diese Fähigkeit zur Selbstbeobachtung nennen wir Distanzieren.

Dieses Distanzieren ist eine Technik, mit deren Hilfe Sie in sich selbst einen Beobachter, einen Zeugen* erschaffen, der Ihnen helfen wird, die eigenen inneren Zusammenhänge besser zu verstehen. Denn wie wollen Sie sonst jemals das Wesen Ihrer psychologischen Triebkräfte begreifen?

Wichtig ist zu erkennen, dass man sich seiner Gedanken nicht bewusst sein kann, während man in sie vertieft ist – und umgekehrt: Nur wenn man nicht in Gedanken versunken ist, kann man sie wahrnehmen.

Wenn Sie zum Beispiel ein Buch lesen, müssen Sie vielleicht manchmal wieder ein paar Zeilen zurückgehen. Sie haben dann zwar den Text mit den Augen erfasst, aber Ihre Aufmerksamkeit war gleichzeitig durch einen Gedankengang abgelenkt. Also haben Sie weitergelesen, ohne zu merken, dass Sie dem Inhalt gar nicht mehr folgen.

Sie werden dabei auch folgendes Phänomen feststellen: Sobald Sie wieder aus Ihren Gedanken auftauchen, verlagert sich Ihre Aufmerksamkeit augenblicklich hin zu einer bewussteren Körperwahrnehmung. Wenn Sie dabei außerdem auf Ihre Atmung achten, können Sie spüren, wie der Atem Sie mit Ihrem Körpergefühl verbindet und die Gedanken weniger im Vordergrund stehen. Sobald Sie nämlich Ihre Aufmerksamkeit teilen, nimmt auch die Häufigkeit der Gedanken ab.

Unser Identifikationssystem funktioniert darüber, dass es sich zahlreiche Haltepunkte erschafft – unablässig und auf jeder Ebene. Dadurch hält es das Ego mit seiner Subjekt-Objekt-Dynamik und demzufolge auch die Dualität aufrecht. Unsere mentale Unruhe und ständigen Gedankensprünge sorgen dafür, dass wir nicht in der realen Welt leben, sondern in einer Welt aus Projektionen, die von unseren Erfahrungen gespeist werden. Auf diese Weise stehen Sie nicht mitten im Leben, sondern erfahren es durch den Filter Ihrer Wahrnehmungen und Denkgewohnheiten. Ein Beispiel: Sie besuchen öfter jemanden in seinem Büro, der an seinem Schreibtisch sitzt; über ihm hängt ein Bild an der Wand. Als Sie wieder einmal vorbeikommen, ist das Bild plötzlich verschwunden. Sie bemerken jedoch nicht die leere Wand, sondern das Fehlen des Bildes. Ihr Ego hat also mit Hilfe Ihrer Erinnerung eine Identifikation erzeugt.

Um die innere Logik Ihrer Gedanken und Gefühle zu verstehen, müssen Sie einen neuen Haltepunkt schaffen, der sich grundlegend von diesen gewohnten Gedanken und Gefühlen unterscheidet. In dem Maß, wie Sie sich von Ihren Identifikationen distanzieren können, werden Sie in der Lage sein, sie zu beobachten und ihre Mechanismen zu verstehen.

Die Praxis des Distanzierens

Beim Distanzieren geht es darum, Ihre Aufmerksamkeit zwischen den Gedanken und Gefühlen einerseits und den Sinneswahrnehmungen andererseits aufzuteilen. Der Schlüssel dazu liegt in der Erkenntnis, dass Sie sich ganz von selbst mit Ihren Sinneswahrnehmungen verbinden, sobald Sie nicht mehr in Ihre Gedanken verwickelt sind. Mit Hilfe dieser Sinneswahrnehmungen wird es Ihnen gelingen, einen inneren Zeugen zu erschaffen.

Zunächst werden Sie bemerken, dass Sie Ihre Aufmerksamkeit zwar ganz leicht auf einen Ihrer fünf Sinne richten können, aber nur schwer auf zwei oder drei gleichzeitig. Dafür ist es nötig, mehrere Sinne miteinander zu verbinden: Konzentrieren Sie sich zum Beispiel auf das Sehen und erweitern Sie dann Ihre Wahrnehmung um das Hören. Sie haben nun Sehen und Hören verknüpft. Nehmen Sie jetzt noch die Schwere Ihres Körpers hinzu. Damit sind Sehen, Hören und Körperempfinden zu einem erweiterten Wahrnehmungsfeld vereinigt.

Als Folge davon werden Sie feststellen, dass Ihr gewohntes Identifikationssystem gestört ist: Jetzt können Sie beobachten, wie Ihre Aufmerksamkeit schnell vom Sehen zum Hören, vom Hören zur Schwere Ihres Körpers und von dort wieder zum Sehen wechselt. Nun wird es klar, dass es in Ihnen einen Mechanismus gibt, der ständig nach Haltepunkten und Identifikationen sucht.

Bildlich ausgedrückt, ähneln wir einem Fernseher, bei dem ständig zwischen den Programmen hin und her gezappt wird. Der Mechanismus, der uns von einem Sinn zum anderen springen lässt, während wir versuchen, drei Sinne zu einem einzigen Wahrnehmungsfeld zu verbinden, ist derselbe, der uns das Fehlen des Bildes anstelle der Wand hinter dem Schreibtisch bemerken lässt. Dieser Mechanismus von Identifikation und Haltepunkten macht den Kern Ihrer psychologischen Entität aus.

Bereits nach kurzer Zeit werden Sie gleichzeitig sehen, hören und Ihren Körper spüren können. Zwar erschafft auch diese Übung automatisch einen neuen Haltepunkt und eine neue Identifikation, aber sie wird Ihnen dabei helfen, weniger in Ihren Gedanken und Gefühlen zu versinken.

Wenn es Ihnen anfangs schwer fällt, zwei oder drei Sinne zu bündeln, richten Sie Ihre Aufmerksamkeit einfach auf das Ein- und Ausatmen oder auf die Schwere Ihres Körpers und lassen Sie Ihre Gedanken wie einen Film vor sich ablaufen. Es kommt dabei vor allem darauf an, dass Sie Ihre Aufmerksamkeit zwischen einer oder mehreren Sinneswahrnehmungen einerseits und dem Film Ihrer Gedanken und Gefühle andererseits aufteilen.

Versuchen Sie, die Zeitspannen, in denen Sie sich Ihrer Gedanken und Gefühle bewusst sind, möglichst lange auszudehnen. Der entscheidende Punkt dabei ist, sich nicht vom Fluss der Gedanken und Gefühle forttragen zu lassen. Wenn es Ihnen dann schließlich gelingt, sich auf die Verbindung mehrerer Sinneswahrnehmungen zu konzentrieren, werden Sie nicht mehr von Ihren Denkprozessen mitgerissen und auch nicht automatisch auf die auftauchenden Gedanken und Gefühle reagieren. Stattdessen bestimmen innere Klarheit und Stille von nun an Ihre Position. Von hier aus können Sie das Auftauchen von Gier, Ärger und Angst genauso gleichmütig beobachten wie Wohlwollen, Großzügigkeit und Zugewandtheit. Dann werden Sie auch weniger zustimmen oder verurteilen und vor allem keine Schlüsse ziehen.

Mit etwas Ausdauer bleibt dieser innere Beobachter wachsam, während Ihre anderen Anteile auf der Leinwand Ihres Verstandes erscheinen und wieder verschwinden. Selbst wenn Sie dabei spüren, dass sich der Beobachter von Ihren Denkprozessen angezogen fühlt, werden Sie sich dessen durch Ihre geteilte Aufmerksamkeit bewusst sein und außerhalb des Gedankenstroms stehen. Wenn Ihre Gedanken und Gefühle dann wieder in den Vordergrund drängen, werden Sie sich nicht mehr mit ihnen identifizieren. Durch die Erweiterung Ihres Wahrnehmungsfeldes konnten Sie Ihre geteilte Aufmerksamkeit aufrechterhalten.

Kurz gesagt: Ihr Ego hat nun einen neuen Haltepunkt geschaffen, eine weitere Identifikation, nämlich die Sinneswahrnehmungen. Da es sich jetzt darauf konzentrieren muss, sie gebündelt zu halten, nimmt die Frequenz Ihrer Gedanken und Gefühle ab. Infolgedessen können Sie ihre Bewegungen deutlicher wahrnehmen und sind sich ihrer auch mehr bewusst.

Indem Sie weniger denken, lösen Sie sich von der Angst. Das Distanzieren befreit Sie davon. Sie müssen einfach nur konsequent dabeibleiben.

Erinnern Sie sich noch an das Amphitheater, in dem die Subpersönlichkeiten im ständigen Konflikt miteinander sind und sich immer wieder um das Mikrofon streiten? Bildlich gesprochen müssen Sie jetzt einen Teil Ihres Ego in der Weise trainieren, dass es oben im Amphitheater in stiller Wachsamkeit das Geschehen unten auf der Bühne beobachtet.

Mit Hilfe dieser besonderen Form der Wachsamkeit, die keine Reaktion auslöst, Ihnen aber Ihre Unaufmerksamkeit vor Augen führt, werden Sie zum Kern Ihrer Konditionierungen vordringen können.

In dieser Phase geht es nicht darum, das Distanzieren möglichst lange am Stück aufrechtzuerhalten, sondern um die Häufigkeit, mit der Sie sich täglich oder stündlich auf diese Übung einlassen.

Zu Beginn werden Sie Ihre Gedanken oder Gefühle vielleicht zehn- bis fünfzehnmal pro Tag beobachten können, dann wird es Ihnen allmählich hundert, zweihundert oder dreihundert Mal gelingen, bis dieses neue Verhaltensmuster sich stabilisiert hat. Vielleicht werden Sie sich jetzt wundern, warum dieses Beobachten so oft erforderlich sein soll, aber immerhin haben Sie jeden Tag mehr als 50 000 Gedanken und Gefühle!

Distanzieren ist die nicht-reaktive Aufmerksamkeit auf der Grundlage körperlicher Empfindungen. Es bringt Ihnen ein Gefühl von Frieden und innerer Leichtigkeit, das Sie wahrscheinlich bislang noch nicht gekannt haben. Infolge dieser Gelassenheit und neu gewonnenen Sicherheit werden Sie in Ihrem Inneren Dinge bemerken, die Sie bisher immer verdrängt hatten. Sie nehmen sich selbst allmählich aus anderen Perspektiven wahr, ähnlich wie beim ersten Mal, als Sie sich in einem dreiseitigen Spiegel betrachteten und dabei Ihr eigenes Profil sehen konnten, oder als Sie Ihre Stimme auf Band hörten oder sich selbst in einem Video erkannten.

Erst wenn Sie ganz neue Aspekte in sich entdecken, hat die Arbeit wirklich begonnen.

Sie müssen nun einen Teil von sich selbst darauf trainieren, die anderen Subpersönlichkeiten im Amphitheater bei ihrem ständigen Kampf um die Vorherrschaft im Auge zu behalten. Dazu gehört Disziplin, denn Ihre zahlreichen widersprüchlichen Subpersönlichkeiten sind immer darauf aus, das Mikrofon, also Ihr Bewusstsein, zu übernehmen. Denn nur wenn sie Ihre Aufmerksamkeit erringen, können diese verschiedenen Anteile genügend Energie sammeln, um sich zu stärken.

Alles strebt nach Wachstum – auf der physischen und psychologischen wie auch auf der seelischen Ebene. Warum ist es so schwer, eine schlechte Gewohnheit abzulegen? Weil die Energie, die wir für ihre Entstehung aufgewendet haben, viel stärker ist als der Teil in uns, der diese Gewohnheit wieder loswerden möchte.

Durch das Distanzieren bestärken Sie einen Teil von sich, niemals zum Mikrofon zu greifen. Dieser neue Aspekt Ihres Ego ist keine Subpersönlichkeit aus Ihrem bisherigen Leben, sondern eine neutrale Achtsamkeit, die auf der Bündelung von drei Wahrnehmungsfeldern beruht. Dadurch erschaffen Sie ein neues Zentrum in einem kleinen Teil des Amphitheaters, einen unparteiischen Standpunkt sowie einen Zeugen, der aus diesem Zentrum hervorgeht.

Sobald sich dieser Zeuge ganz oben im Amphitheater eingerichtet hat, muss er lernen, die Subpersönlichkeiten zu beobachten, wie sie um das Mikrofon kämpfen und dabei Bündnisse schmieden und sich gegenseitig hintergehen. Er darf niemals über sie urteilen oder irgendwelche Schlüsse ziehen, sonst würde er nämlich selbst das Mikrofon übernehmen und könnte, da er sich dabei identifiziert, auch kein Beobachter mehr sein.

Diese Abwesenheit von Urteilen und Projektionen ist der Kern des Distanzierens. Man hat ihr schon viele Namen gegeben. Buddha nennt es „die rechte Achtsamkeit" und Jesus rät uns im Thomas-Evangelium: „Werdet Vorübergehende". Im Hinduismus spricht man von der „Position des Zeugen", Shantideva bezeichnet es als „Wächter des Geistes" und Gurdjieff nennt es die „Selbsterinnerung". Solange diese Position noch nicht wirklich gefestigt ist, ist es unmöglich, Ordnung in das eigene Leben zu bringen.

Sie verstehen inzwischen, dass die Struktur der Psyche auf Angst und Schuld basiert, die verdrängt und durch Wünsche kompensiert werden. Sobald ein Wunsch befriedigt ist, wird er nach kurzer Zeit durch einen neuen ersetzt, andernfalls taucht häufig Furcht auf.

Das Wesen des Denkens lässt sich am besten mit Rastlosigkeit und Bewegung beschreiben und entspringt den unterdrückten Gefühlen aus der Vergangenheit. Unsere Gedanken und Gefühle mischen und verbinden sich ständig, pflanzen sich immer weiter fort und bilden so die Persönlichkeit.

Wenn Sie Ihr Denken und Fühlen als einen mechanisch ablaufenden Wirbelsturm ansehen, ist es wichtig, ein Auge im Zentrum dieses persönlichen Sturms zu schaffen. Jeder Moment, den Sie darin verbringen, unbeeinflusst von Ihrem automatischen, an Gewohnheiten gebundenen Verhalten, lässt es wachsen und eröffnet Ihnen eine bessere Lebensqualität.

Der Schlüssel dazu liegt im Gewahrwerden Ihrer Gedanken und Gefühle, so wie wenn man bei einer Zugfahrt die Landschaft an sich vorüberziehen lässt oder wenn man Passanten auf der Straße beobachtet. Diese Beobachtung muss neutral und unbeteiligt sein, wie bei einem weisen alten Mann, der Kindern auf einem Spielplatz zuschaut. Sie mögen süß oder intelligent, brutal oder schüchtern sein – er beobachtet sie alle mit der gleichen wohlwollenden Distanz.

„Deshalb werde ich meinen Geist gut bewachen und ihn vor allem, was unangemessen ist, schützen. Ohne die Disziplin, den Geist zu bewachen – was nützen viele andere Disziplinen?“

Shantideva, 8. Jh.

Selbstbeobachtung, rechte Achtsamkeit oder die Schaffung eines Zeugen werden schon seit langer Zeit von den Meistern der non-dualistischen Philosophie gelehrt. Auf dem Weg der Selbsterkenntnis können Sie erst dann Fortschritte und somit Veränderungen in Ihrem Leben erzielen, wenn Sie ein Beobachtungsinstrument entwickeln, das es Ihnen ermöglicht, Ihre unbewussten Strukturen ans Licht zu bringen.

Zusammenfassung

Das Distanzieren ist eine kraftvolle Technik, die immer wieder praktiziert werden muss. Wenn sie erst einmal zur Gewohnheit geworden ist, ist sie eine Quelle außerordentlicher Befriedigung, denn es gibt keine größere Freude als die Erforschung des Selbst.

Durch das Distanzieren erschaffen Sie einen inneren Zeugen. Mit seiner Hilfe verstehen Sie

- den Mechanismus des Identifizierens und
- den Verlauf und die Auswirkungen Ihrer „Fehlfunktionen".

KAPITEL III

Das zweite D: Durchdringen

oder: Wie man sich selbst erforscht

So wie das erste D, das Distanzieren, bei der Selbstbeobachtung hilft, wird Ihnen das zweite D – das Durchdringen – zeigen, wie Sie die Schichten Ihrer Psyche freilegen und abbauen können. Diese beiden D arbeiten Hand in Hand. Als Ergebnis ihrer kombinierten Anwendung werden Sie ein tieferes Verständnis für die Mechanismen entwickeln, die Sie im Griff haben, und Ihr Leben wird sich verändern: Weil Sie nicht mehr an alte Verhaltensmuster gebunden sind, können Sie andere, bessere Entscheidungen treffen.

Die Dynamik der Subpersönlichkeiten verstehen

Das Distanzieren hat Ihnen ermöglicht, das Wesen der mentalen, emotionalen und sogar körperlichen Unruhe zu erkennen, die Sie antreibt, und ebenso ein Verständnis dafür, wie Ihre Subpersönlichkeiten um den Zugang zum Mikrofon kämpfen. Sie umfassen eine große Bandbreite an Charakteren, darunter den starken Anführer, den ewigen Optimisten, den Verführer, den rebellischen oder unterwürfigen Sohn (oder die Tochter), den Hasardeur, den Gutmenschen, den skrupellosen sozialen Aufsteiger, den Jammerer und so weiter.

Diese Subpersönlichkeiten kommen und gehen, übernehmen Ihr Leben und richten dabei oft Chaos und großen Schaden an. Indem sie sich auf mechanische Weise miteinander verbinden, lösen sie die immer gleichen alten Verhaltensmuster aus. Zum Beispiel steht der Geschäftsmann Peter kurz davor, einen wichtigen Vertrag abzuschließen. Plötzlich mischt sich eine gierige Subpersönlichkeit ein und gefährdet das Projekt, an dem eine andere Subpersönlichkeit, nämlich der Planer, schon seit langem arbeitet. Als nächstes tritt der ewige Optimist in Erscheinung und gießt Öl auf die Wogen. Kurz darauf eilt der Charismatiker herbei, um mit seiner magnetischen Ausstrahlung die Situation wieder unter Kontrolle zu bringen.

Nochmals zum Verständnis: Auch wenn eine Subpersönlichkeit gerade im Vordergrund steht, bleiben die anderen trotzdem aktiv, selbst wenn uns dies nicht bewusst ist, und schmieden Allianzen, um zu Wort zu kommen. Gebunden an die gewohnten Abläufe Ihrer Gedankenassoziationen, warten sie auf eine Gelegenheit, das Mikrofon zu ergreifen und die Situation zu kontrollieren. Eine solche Gelegenheit entsteht zum Beispiel durch ein starkes Verlangen wie Verliebtheit oder den Drang nach materiellem Erfolg. Emotionen wie Angst, Wut oder Eifersucht sind dann oft die Auslöser für negative Kettenreaktionen.

Zur Veranschaulichung kann die Geschichte von Anna dienen, einer jungen Frau, deren Vater ein notorischer Schürzenjäger war und deren Mutter unter chronischen Depressionen litt. Eines Tages verliebte sich Anna in einen attraktiven, charismatischen Mann und heiratete ihn, nur um einige Zeit später festzustellen, dass er eine Affäre mit ihrer besten Freundin hatte. Nach einem furchtbaren Streit mit ihrem Mann wegen der Freundin verlor sie beide und wurde selbst depressiv.

Diese Situation wurde durch eine Reihe von scheinbar positiven Subpersönlichkeiten herbeigeführt: Eine davon war Annas romantische Seite, die sich mit einer anderen Subpersönlichkeit verbündet hatte, nämlich jener, die nach Bestätigung durch einen attraktiven Mann suchte. Währenddessen lauerten im Schatten ihre abgewerteten, depressiven Opfer-Anteile darauf, die nächste Gelegenheit zu nutzen, um die Kontrolle zu erlangen. Als Anna ihr Unglück entdeckte, schmiedeten diese Anteile eine Allianz mit einer wütenden Subpersönlichkeit. Dies löste als Kettenreaktion einen heftigen Streit aus, der das Ende der Ehe herbeiführte, gefolgt von Depressionen.

Wie immer verbergen sich auch hier Schuldgefühle hinter der Opferrolle. Wenn Anna in der Lage gewesen wäre, das Distanzieren und Durchdringen anzuwenden, hätte sie nicht so viel Lebenszeit mit Depressionen wie ihre Mutter verloren und auch nicht zwanghaft ihrem Mann die Schuld gegeben. Stattdessen wäre ihr bewusst geworden, auf welche Weise sie ihre Situation selbst herbeigeführt hat, und sie hätte anders damit umgehen können.

Die Praxis des Durchdringens

Beim zweiten D geht es darum, Ihre Introspektion zu vertiefen, um die Ursachen für Ihr Verhalten zu durchschauen und aufzulösen. Dies erfordert die Fähigkeit, den Teil von sich zu identifizieren, der gerade in Ihrem Bewusstsein den Ton angibt.

Dabei helfen Fragen wie: „Wer sagt das? Wer will das?“ Indem Sie sich diese Fragen immer wieder stellen, werden Sie das Wesen der Bündnisse erkennen, die von Ihren Subpersönlichkeiten geschmiedet werden: warum Sie so große Risiken eingehen; warum Sie sich immer wieder aus dem Gleichgewicht bringen lassen; warum Sie ständig dieselben alten Verhaltensmuster wiederholen. Wie oft müssen Sie noch mit dem Kopf gegen die gleiche Wand rennen, bis Sie endlich die Schuldgefühle erkennen, die Ihre Subpersönlichkeiten am Laufen halten und dadurch verhindern, dass Sie bewusster werden?

Durch diese Selbstbefragung entdecken Sie allmählich, was Sie bisher als das geringste Übel gewählt haben, und Sie werden dabei erkennen, wie diese Wahl verschiedene Wiederholungszwänge bei Ihnen ausgelöst hat. Sie haben oft Schuldgefühle beiseite geschoben, indem Sie „das Angenehme gesucht und das Unangenehme gemieden“ haben. Das hat Sie dazu verleitet, sich selbst einzureden: „Das wird mir nie mehr passieren“ oder „Das werde ich nicht nochmal machen“. Ein anschauliches Beispiel dafür ist die Beteuerung des Alkoholikers, des Drogensüchtigen oder des Spielers, ein für alle Mal aufzuhören. Und genau wie bei diesem Beispiel hat uns unsere grundlegende Konditionierung im Griff und sorgt dafür, dass wir genau das wiederholen, was wir unbedingt vermeiden wollten.

Mit der Zeit werden Sie einen besseren Einblick in Ihre unbewussten Motive bekommen, die im Gegensatz zu Ihren bewussten Absichten stehen, indem Sie zum Beispiel eine persönliche oder berufliche Beziehung für wichtig halten, sie aber systematisch untergraben. Dies zeigt Ihnen deutlich, wie weitgehend Sie von Schuldgefühlen beherrscht werden. Aber in dem Maß, wie das Verständnis für Ihre mechanische Struktur wächst, öffnet sich allmählich Ihr Panzer.

In solchen Momenten erhaschen Sie einen Blick auf Ihr verletzliches Kind, das Sie mit Ihrer wahren Natur verbindet. Wenn es sich sicher genug fühlt, um sich ohne die Masken zu zeigen, die Sie gewöhnlich tragen, kann es eine sehr enge Beziehung zu einem anderen Menschen herstellen. Liebe entsteht erst, wenn man den Panzer loslässt. Denn nur die eigene Verletzlichkeit erlaubt eine liebevolle enge Partnerschaft. Umgekehrt kann die gleiche Verletzlichkeit das Ende der Vertrautheit herbeiführen, wenn sie sich nämlich bedroht fühlt und dadurch aggressive Subpersönlichkeiten aktiviert. Vertrautheit und Liebe können erst dann aufblühen, wenn nur wenig oder gar kein

Panzer mehr vorhanden ist. Die meiste Zeit jedoch ist Ihr verletzliches Kind unter den Schutzschichten verborgen, die es zu seiner Verteidigung aufgebaut hat.

Sich selbst so sehen, wie man wirklich ist

Wenn Sie das Distanzieren und Durchdringen konsequent anwenden, wird irgendwann der Moment kommen, in dem Sie Ihr Verhalten vollständig durchschauen und von dieser Entdeckung zutiefst aufgerüttelt werden. Sie verstehen dann zum Beispiel, dass Sie eine brüchig gewordene Beziehung nur deshalb immer noch aufrechterhalten, um den Schmerz der Trennung zu vermeiden, und dass dies lediglich die Wahl des geringsten Übels ist. Und Sie erkennen, wie wenig Sie sich eigentlich selbst lieben und wie dieses Verhalten – die Wahl des geringsten Übels – gleichzeitig für die Stabilisierung Ihrer alten Strukturen sorgt.

> Der einzige Weg, sich zu ändern, besteht darin, sich selbst so zu sehen, wie man wirklich ist, und davon zutiefst erschüttert zu sein.

Erst wenn wir zutiefst aufgewühlt sind von dem, was wir bei uns selbst sehen, können wir damit beginnen, uns zu verändern. Die Folge einer solchen Erschütterung ist, dass sie wie ein Zoom eine vergrößerte Sicht auf uns selbst ermöglicht. Unsere seelischen Knoten befinden sich nämlich nicht im Intellekt, sondern im emotionalen Bereich, das heißt, Sie werden Empfindungen um den Solarplexus herum, im Unterleib und in den Schultern wahrnehmen. So wie eine Eisdecke bei steigenden Temperaturen aufbricht, werden Sie spüren, wie Ihre alte emotionale Struktur durch die Kraft einer neuen Energie abgebaut wird.

Warum man sich so sehen sollte, wie man wirklich ist

Der Unterschied zwischen Denken und Fühlen wird von der Neuroanatomie inzwischen hinreichend gut verstanden. Tief im Innern unseres Gehirns befindet sich der Hypothalamus, eine hochgradig spezialisierte Drüse, die als Übertragungsstation zwischen Gedanken und Gefühlen fungiert. Unsere Gedanken entstehen aus den Nervenverbindungen im Cortex, der „grauen Masse", die sich in den Säugetieren und vor allem im Menschen entwickelt hat. Im Hypothalamus treffen sie als elektrochemische Verbindungen zusammen, der daraufhin die entsprechenden Signale an andere Gehirn- und Körperbereiche sendet. Der Hypothalamus ist direkt mit dem limbischen System, in dem die Gefühle erlebt werden, und dem vegetativen Nervensystem verbunden. Bei einem Angstzustand sortiert der Hypothalamus die von den Gedanken übermittelten Informationen und sendet entsprechende elektrochemische Botschaften aus, die dann genau diejenigen Gefühle erzeugen, die uns Hals, Magen und Eingeweide zuschnüren.

Dies hilft zu verstehen, wie die Technik des Distanzierens sich einschalten kann, bevor der Hypothalamus reflexhaft reagiert und Sie von einem Gefühlsstrom davongetragen werden. Es erklärt auch, warum Lehrer der verschiedenen Traditionen die Praxis des Distanzierens empfohlen haben. Denn solange diese Praxis nicht fest verankert ist, ist es unmöglich, die Barriere der emotionalen Fallstricke zu überwinden.

Wenn Sie sich selbst wahrnehmen können, wie Sie wirklich sind, und davon erschüttert, aber nicht überwältigt werden, bedeutet dies bereits einen großen Fortschritt. Die Funktion des Gefühls, von etwas überwältigt zu sein, besteht nämlich vor allem darin, den Vorgang der Selbstbeobachtung zu blockieren.

Die Erfahrung, erschüttert zu werden, ermöglicht Ihnen, einen Schritt zurückzutreten und besser zu verstehen, wie das Ego funktioniert. Dieses Verständnis wird seinen Abbau beschleunigen. Solange Sie allerdings nicht unmittelbar erschüttert sind, müssen Sie weiter graben.

Der Panzer des Ego und sein Abwehrsystem

Ihr Ego ist ein Panzer, ein Verteidigungssystem, das ständig auf der Hut ist. Gerät dieses System in Gefahr, verteidigt es sich, indem es Haltepunkte wie Lügen, Wut oder andere Formen der Kompensation als Köder* erschafft. Oder anders gesagt: Wir erzeugen Identifikationen, um damit stets unsere eigene Logik aufrechtzuerhalten. So wird auch verständlich, in welchem Ausmaß wir automatischen Abläufen unterworfen sind und wie begrenzt unsere Entscheidungsfähigkeit ist.

Ein gutes Beispiel ist die Geschichte von Paul, der im Alter von fünf Jahren von seiner Mutter verlassen wurde und heute, mit fünfunddreißig Jahren, Alkoholiker ist. Er lebt in ständiger Angst, seine Frau könnte ihn verlassen, und wird jedes Mal, wenn ihn dieses Gefühl überwältigt, ihr gegenüber gewalttätig. Eines Tages erkennt er in einem Moment großer Klarheit, was aus ihm geworden ist, und ist darüber entsetzt. Er bittet seine Frau um Verzeihung, gibt das Trinken auf und widmet sich ab jetzt anderen Menschen mit Alkoholproblemen.

Nach einem Jahr ist Paul so gut im Lösen der Probleme anderer Menschen geworden und verbringt so viel Zeit mit ihnen, dass seine Frau sich vernachlässigt fühlt und sich von ihm trennt. Infolgedessen kehrt sein Gefühl der Verlassenheit so intensiv zurück, dass er wieder mit dem Trinken beginnt.

Die anfängliche Einsicht, die ihn den Alkohol aufgeben ließ, brachte seine innere Logik ins Wanken, die auf der Angst vor dem Verlassenwerden beruhte, welche sich wiederum hinter dem Alkoholismus versteckte. Hätte Paul Distanzieren und Durchdringen praktiziert, wäre ihm klar geworden, dass die Verlustangst, die hinter seiner Labilität stand, auf Schuldgefühlen beruhte. Stattdessen identifizierte er sich damit, anderen Menschen über ein gesundes Maß hinaus zu helfen, und das Lob, das er dafür erhielt, verstärkte diese Falle noch. Bei Paul, der von seinen unterdrückten Schuldgefühlen getrieben war, bewirkte die Abstinenz im Endeffekt also genau das, was er zu vermeiden versucht hatte.

Das gerichtete Ich

Die einzige Möglichkeit, nicht von Ködern oder Verlockungen eingefangen zu werden, besteht darin, ein gerichtetes Ich* aufzubauen, das die Technik des Durchdringens anwendet, und eine ganz neue Seite in sich zu entwickeln, die zum Sucher wird. Der Sucher entstammt jenem Teil in uns, der weder urteilt noch Schlüsse zieht, und ist ein Ergebnis des Distanzierens. Schlussfolgerungen entspringen dagegen unserem von Leid geprägten Emotionalkörper, unserem Schatten, also aus all den alten Identifikationen, die unser Leben bestimmt haben.

Der Sucher in uns lässt sich an seinem Bestreben erkennen, genau das anzuschauen, was wir in uns selbst nicht sehen wollen, und schärft seine Fähigkeit des Hinterfragens mit Hilfe der Werkzeuge Distanzieren und Durchdringen. So wird er zu unserem Therapeuten und besten Freund.

Die Praxis des Durchdringens ist in dem Maße erfolgreich, wie es uns gelingt, bildlich gesprochen, einen Schritt zurückzutreten, das größere Ganze zu beobachten und anschließend noch tiefer zu graben.

Immer wenn ein Gedanke oder Gefühl auftaucht, stellen sich die Fragen: „Wer sagt das? Wer will das? Wer fühlt das?“ Sofern Sie diese Selbstbefragung kontinuierlich praktizieren, werden Sie bald das Wesen Ihrer Subpersönlichkeiten, die verschiedenen Aspekte Ihrer Person, besser verstehen.

Wenn Sie dann Ihre wichtigsten Subpersönlichkeiten identifiziert haben, lassen sich die Fragen noch erweitern: „Wer sagt das und zu welchem Zweck? Um was zu verstärken? Um was zu schützen?“

Durch dieses Forschen und weitere Fragen wie „Wer entscheidet das?“ oder „Inwiefern ist meine Entscheidung die Wahl des geringsten Übels?“ oder „Welche Seite in mir soll durch meine Wahl des geringsten Übels verteidigt werden?" wird diejenige Subpersönlichkeit aufgespürt, die sich unter der obersten Schicht Ihrer Psyche verbirgt.

Auf diese Weise werden Sie allmählich die Energie Ihrer Mutter, Ihres Vaters und all jener Autoritäten erkennen, die Sie erzogen, beeinflusst und manipuliert haben. Denn auch deren mit Schuldgefühlen belastete Energien sind in den verschiedenen Schichten Ihrer Psyche eingeschlossen und ebenso die Ihrer Vorfahren und derjenigen Menschen, die Ihnen ihren Willen aufgezwungen haben.

Ein gutes Beispiel ist Susanne, 45, die allein zu Hause einen Liebesfilm anschaut und plötzlich einen Heißhunger auf Eis verspürt. Da sie inzwischen weiß, wie man das Distanzieren anwendet, beobachtet sie jetzt nur diesen Hunger, anstatt wie früher den Kühlschrank zu plündern. Dabei bemerkt sie, dass das flaue Gefühl in ihrem Magen das gleiche ist wie jenes, das auftaucht, wenn sie sich vor etwas fürchtet. Indem sie sich nun fragt: „Wer fürchtet sich und warum?“, stellt sie fest, dass das Anschauen des Liebesfilms sie auf ihr einsames Single-Dasein zurückgeworfen hat. Sie hört innerlich die Stimme ihrer Mutter, die ihr einredet, dass sie ohne Ehemann nichts wert sei, und erinnert sich daran, wie die Mutter sie in unglücklichen Momenten damit tröstete, dass sie ihr etwas zu essen gab. Sie spürt ihre Trauer, aber anstatt sie jetzt durch Rationalisieren zu verdrängen, fragt sie sich: „Wer ist traurig und warum?" und erkennt, dass unter ihrer Angst und Traurigkeit ein Teil von ihr nicht wirklich daran glaubt, Glück zu verdienen. Damit hat Susanne eine erste vorsichtige Verbindung zu den Schuldgefühlen in ihrem Innersten hergestellt, die wie ein Kernkraftwerk die Energie für alle anderen Schichten liefern.

So wie ein Atomreaktor über mehrere Schutzwände verfügt, hat jede ihrer Schichten Susanne bisher davor abgeschirmt, der darunter liegenden zu begegnen. Hätte sie sich selbst nicht in Frage gestellt, wäre sie wahrscheinlich bei ihrem kompensatorischen Essverhalten stehen geblieben und hätte ihre Angst nicht gespürt, die ihre Wahl des geringsten Übels war, um sich vor der eigenen Trauer zu bewahren. Wäre sie wiederum bei ihrer Trauer geblieben, hätte sie vermutlich irgendwann einen Arzt gebeten, ihr Antidepressiva zu verschreiben. Dies hätte verhindert, dass sie tiefer gräbt, und sie wäre dadurch auch nicht mit den Schuldgefühlen in Berührung gekommen, die sich hinter ihrer Trauer verbargen.

In dem Moment, in dem man sich so sieht, wie man wirklich ist, und davon nachhaltig erschüttert wird, kann der Sucher in uns den Prozess des Zurücktretens verstärken und den Abbau der einzelnen Schichten beschleunigen. Dadurch wird sowohl sein Bewusstsein als auch unser Verständnis von uns selbst zunehmen.

Wichtig ist, sich mit den Auswirkungen der Erschütterung nicht länger als ein paar Sekunden zu identifizieren. Andernfalls besteht die Gefahr, sich in dieser Traurigkeit einzukapseln und sie dadurch festzuhalten, dass man sie mit den verdrängten Gefühlen aus der Vergangenheit nährt.

Nicht vergessen darf man auch, dass das Ego immer versuchen wird, sich an seine Identifikationen zu klammern, denn seine Aufgabe ist es, die Dualität – die Subjekt-Objekt-Dynamik – um jeden Preis aufrechtzuerhalten. Um sich selbst zu schützen, wendet es verschiedene Strategien an, indem es beispielsweise auf der bewussten Ebene das Angenehme sucht und das Unangenehme meidet.

Da es immer unangenehm ist, sich dem Verdrängten zu stellen, ist es wichtig, die Qualität der Beobachtung (Distanzieren) immer weiter zu entwickeln und die Fähigkeit zu intensivieren, tief in sich zu graben (Durchdringen), um das zu sehen, was man nicht sehen will. Indem man sich davon erschüttern lässt, tritt man einen Schritt zurück und verliert so einen Teil seiner bisherigen Abwehrmechanismen.

Im Verlauf der Arbeit an sich selbst wird sich eine gewisse Sensibilität entwickeln, das heißt, man kann eine subtile Energie spüren, die sich zuerst wie ein leichtes Kribbeln auf Gesicht und Händen anfühlt und dann durch den ganzen Körper fließt. Sie zeigt, dass Geist* und Körper energetisch miteinander verbunden sind, indem der Geist auf den Körper einwirkt und umgekehrt, woraus sich wiederum schlussfolgern lässt, dass der Geist sehr wohl auch eine physische Realität ist.

Eine geschärfte Wahrnehmung stärkt die Fähigkeit des Distanzierens, es wird plastischer und konstanter, was sich auch in neuen körperlichen Phänomenen ausdrückt, die ein Beleg für gelungenes Distanzieren sind. Wenn diese Phänomene wieder aufhören, bedeutet das, dass man sich wieder identifiziert. Sobald die Praxis des Distanzierens jedoch fest etabliert ist, kann auch das Durchdringen intensiver werden und tiefere Schichten erreichen, deren Existenz man bis dahin noch nie wahrgenommen hat.

Inzwischen ist klar, dass die Subpersönlichkeit, die gerade ins Bewusstsein dringt, immer von derjenigen aktiviert wird, die unmittelbar darunter im Unbewussten liegt. Deshalb helfen Fragen wie: „Inwiefern war die Entscheidung, die ich getroffen habe, die Wahl des geringsten Übels?“ oder „Welcher Teil von mir sollte durch diese Wahl gestärkt werden?“, diese Logik zu verstehen und zu durchbrechen. Mit Hilfe dieses Durchdringens werden also Ihre unbewussten Strukturen abgebaut und wird das Bewusstsein so erweitert, dass es sich dauerhaft oberhalb des Schattens befindet.

„Der Mensch hat in sich zahlreiche Häute, die die Tiefen seines Herzens bedecken. Der Mensch weiß so viele Dinge, aber sich selbst kennt er nicht. Ach! Dreißig bis vierzig Häute, so dick wie die eines Ochsen oder eines Bären, bedecken die Seele. Deshalb grabe deine Fundamente aus und lerne dich selbst kennen.“

Meister Eckhart, 14. Jh.

Tief in sein Inneres vorzudringen bedeutet, all das abzubauen, was den Keim der Seele am Wachsen hindert. Über die Entwicklung der

Seele wird im nächsten Kapitel gesprochen, ein großer Teil der Arbeit an sich selbst ist jedoch psychologischer Natur.

Wichtig ist, einen Raum in sich zu öffnen, in dem die Seele wachsen kann. Die psychologische Struktur wird sich jedoch widersetzen, um an ihren gewohnten Identifikationen festzuhalten.

Fassen wir an dieser Stelle also zusammen: Wir bestehen aus Schichten, und jede Schicht schützt die darunter liegende. Das sind Ihre Verteidigungslinien, die Ihre innere Logik bewahren. Sobald diese Logik in Gefahr gerät, greift das Ego zu Lockmitteln oder Fallen, die sich als starke Emotionen wie Wut, Zorn oder Verzweiflung äußern und dadurch Ihre Aufmerksamkeit ablenken sollen. Sie können aber auch die Form eines mentalen Nebels annehmen, der Sie bestimmte Worte oder Sätze augenblicklich vergessen lässt, die Ihre unbewusste Logik gefährden. Dieser mentale Nebel wird das Tempo Ihrer Assoziationen stark verlangsamen, um Ihre Selbstbeobachtung zu blockieren, und er sorgt dafür, dass Sie Ihre Träume vergessen.

Wenn die gewohnten Strukturen des Ego plötzlich mit den Erkundungen des Suchers konfrontiert werden, reagiert es ähnlich wie bei einem Feueralarm im Haus: Zuerst sprudeln die Sprinkler von der Decke, dann schließen sich die Brandschutztüren, um die drohende Gefahr einzugrenzen.

Bald wird deutlich, in welchem Ausmaß und mit welcher Intensität die Lockmittel Besitz von Ihnen ergriffen haben und wie sehr Sie sich immer noch selbst sabotieren. Dies bietet Ihnen wunderbare Gelegenheiten, Ihr Verteidigungssystem besser zu verstehen.

Wir können uns nur verändern, wenn wir erkennen, wer wir wirklich sind, und diese Erkenntnis akzeptieren, was den Prozess des Loslassens ermöglicht. Die Quintessenz des Lebens liegt im Annehmen des Jetzt.

„Sage immer Ja zum gegenwärtigen Moment."

Eckhart Tolle, 20. Jh.

Distanzieren bedeutet also, die Gegenwart zu akzeptieren, während Durchdringen heißt, die alten Schichten der Konditionierung freizulegen. Indem Sie beides praktizieren, können Sie erkennen, wie mechanisch Ihr Verhalten ist.

Erst wenn Sie entdecken, dass sich Ihre Denkabläufe ständig wiederholen, können Sie sehen, wie wenig lebendig Sie sind. Und je mehr Sie Ihre automatischen Reaktionen hinter sich lassen, desto vitaler werden Sie sich fühlen. In dieser Phase ist es wichtig, mit dem Distanzieren weiterzumachen, denn die Tricks und Kniffe des Publikums im Amphitheater sind grenzenlos: Ihre Subpersönlichkeiten verfügen über eine eigene mechanische Intelligenz und schützen sich durch ein System von Ködern und gegenseitigen Allianzen. So ruft beispielsweise Angst, die unterhalb der bewussten Ebene liegt, Wut hervor, während ein geringes Selbstwertgefühl Eifersucht auslösen kann. Auf diese Weise erhält Ihr alter Emotionalkörper sich selbst am Leben.

Sobald das Bewusstsein vollständig neutral ist und sich eine aufmerksame Stille etabliert hat, verfangen die alten Lockmittel nicht mehr. Indem Sie die Angst annehmen, befreien Sie sich von der Wut. Wenn Sie Ihr geringes Selbstwertgefühl anerkennen, wird die Eifersucht Sie nicht mehr in den Griff bekommen. Kurz: Sobald Sie die untere Schicht akzeptieren, wird die darüber liegende abgebaut und verliert ihre Macht – dies ist der Kern der Arbeit an sich selbst.

Durch Distanzieren und Durchdringen gelangen wir zu einem besseren Verständnis dessen, was uns konditioniert hat, und können erkennen, dass diese familiären und kollektiven Konditionierungen uns auf allen Ebenen vom Nervensystem bis in die kleinste Zelle geprägt haben. Sie stützen sich dabei auf Haltepunkte, nämlich unsere Glaubenssätze: vom Rassismus bis zur Philanthropie, vom Waffenträger bis zum militanten Pazifisten. Die Identifikation mit diesen Glaubenssätzen formt unsere verschiedenen Subpersönlichkeiten. Letztere entstehen aus sich wiederholenden Mechanismen, die unsere Wahrnehmungen, Gedanken und Emotionen zu einem stimmigen System verknüpfen. Im Fall von Eifersucht zum Beispiel kann schon ein Blick genügen, um eine ganze Gedankenkette in Gang zu setzen. Die Assoziationen durchlaufen dabei zunächst die üblichen neuronalen Verbindungen, bevor sie den Hypothalamus erreichen und eine emotionale Reaktion auslösen, die Sie davonträgt und die bewirkt, dass Sie die gleichen Situationen immer wieder herbeiführen.

Alle Subpersönlichkeiten lösen jeweils das immer gleiche Verhaltensmuster aus. Wir sind von der Wiederholung unserer Reaktionen auf die von uns selbst geschaffenen Situationen genauso abhängig wie der Süchtige von seiner Droge. Man sollte dabei aber im Blick behalten, dass es nicht die Situation ist, die uns im Griff hat, sondern die damit verbundene emotionale Entladung. Wenn wir beobachten, was in diesen Situationen wirklich geschieht, und unsere Mechanismen dabei durchschauen, wird das gerichtete Ich gestärkt, das uns hilft, den Automatismen zu entkommen, die uns normalerweise gefangen halten.

Sobald sich das gerichtete Ich – bildlich gesprochen – oberhalb unserer Fehlfunktionen etabliert hat, brauchen wir unsere alten Muster nicht mehr zu wiederholen, auch wenn sie noch eine Zeitlang immer wieder auftauchen werden. Das gerichtete Ich erwächst nämlich aus dem Verstehen dessen, was uns blockiert. Indem wir bewusster werden, weicht die Illusion, einen freien Willen zu haben, der Einsicht, dass dieser freie Wille sehr begrenzt ist. Dennoch nimmt jetzt das Gefühl zu, mehr Kontrolle über das eigene Leben zu haben. Um sie aufrechtzuerhalten, ist allerdings ständige Wachsamkeit erforderlich. Dann zerreißen schließlich auch die Schleier unserer Illusionen und wir werden bewusster, freudiger und lebendiger.

Zusammenfassung

Distanzieren und Durchdringen zeigen Ihnen, inwieweit Ihr eigener Panzer Sie von der Fülle des Lebens fernhält und in welchem Ausmaß Angst- und Schuldgefühle Sie einschränken. Je weiter sich Ihr Bewusstsein entwickelt und Sie diese Angst- und Schuldgefühle hinter sich lassen, desto mehr öffnen Sie sich der Liebe. Im folgenden Kapitel erfahren Sie dann, wie Sie in sich selbst einen Raum erschaffen, in dem sich Ihre Seele entwickeln kann. Durchdringen bedeutet,

- sich selbst zu hinterfragen, um die verschiedenen Subpersönlichkeiten in sich zu erkennen.
- die Subpersönlichkeiten zu erforschen, um die darunter verborgenen zu entdecken.
- die zugrunde liegenden Ursachen für das eigene Verhalten aufzuspüren.

KAPITEL IV

Das dritte D: Desidentifizieren

Abschnitt I – Die psychologische Entwicklung

oder: Wie man seine Haltepunkte loslässt

Desidentifizieren ist das Ergebnis von erfolgreichem Distanzieren und Durchdringen. Es entspringt einem tiefen Verständnis unserer Identifikationsmechanismen und entsteht durch die psychologische Arbeit an sich selbst. Auch die Analyse der eigenen Träume kann hier eine große Hilfe sein, ebenso regelmäßiges Verweilen in Stille, verbunden mit der Lektüre der Mystiker und Philosophen. All dies wird dazu beitragen, dass wir das loslassen können, was uns blockiert.

Die Dynamik der Bewusstseinserweiterung und Hindernisse auf dem Weg

Je besser Ihnen das Distanzieren gelingt, desto weniger Einfluss haben Ihre alten Subpersönlichkeiten im Hintergrund auf die Handlungen Ihres gerichteten Ich. Ihre Haltung gegenüber der Welt beginnt sich zu verändern, und damit haben Sie etwas Wichtiges erreicht.

Sie erkennen jetzt immer öfter, dass Sie einfach nur wachsam sein und dem jeweils zuständigen Teil Ihrer selbst erlauben müssen, sich um die Situation zu kümmern, die gerade auftaucht. Leider wird unsere Sicht auf Situationen häufig durch Anziehung, Ablehnung, Gier und Angst verzerrt. Indem wir dann in Ersatzhandlungen flüchten, manipulieren wir das Geschehen oft zu unserem eigenen Nachteil.

Sie leben schon lange in einem unbewussten Konflikt zwischen dem, was Sie zu sein glauben, und dem, was Sie wirklich sind, zwischen Ihrer Oberfläche und dem, was darunter liegt. Dies trübt nicht nur Ihren Blick, sondern kostet Sie auch sehr viel Kraft. Die meisten Lügner beteuern, dass sie niemals lügen. Die meisten Betrüger behaupten von sich, ehrlich zu sein. Wann immer Sie auf etwas beharren, können Sie davon ausgehen, dass Sie unbewusst die entgegengesetzte Überzeugung hegen. Und wenn Sie ständig betonen, dass alles gut wird, ist es offensichtlich, dass eine Seite in Ihnen vom genauen Gegenteil überzeugt ist. Durch diese verdrängten Strukturen verschwimmt Ihre Sicht auf die Realität. Sie sind Haltepunkte und Identifikationen, von denen Sie sich nach und nach lösen müssen.

Diese alten Mechanismen, die auf verdrängten Emotionen beruhen, erzeugen eine chronische unterschwellige Furcht, die dazu führt, dass Sie sich in Vorstellungen von der Zukunft flüchten und damit in eine Welt, die von der Realität abgekoppelt ist. Diese Furcht nährt zugleich die Angst- und Schuldgefühle, die die Wurzeln des Ego bilden. Sie bewirkt auch eine tiefe Unsicherheit, die den Konflikt von Ja oder Nein immer wieder nährt, den Zwiespalt zwischen Entscheidungen, die Sie treffen, und solchen, die Sie immer wieder aufschieben. So wird deutlich, auf welche Weise Sie Abläufe gestalten, dass sie der Wahl des geringsten Übels entsprechen, um damit Ihr Ego aufrechtzuerhalten.

Allmählich wird auch verständlich, wie unser Denken funktioniert. Unsere Erinnerung besteht aus Erfahrungen. Wissen beruht auf bewusster Erinnerung. Die Logik der unbewussten Erinnerungen dagegen erzeugt Gedanken und Gefühle, die uns die immer gleichen Verhaltensmuster wiederholen lassen. Dieser Mechanismus erhält sich ständig selbst.

In manchen Momenten können wir deutlich erkennen, dass unser Denken ein Eigenleben führt und dass wir der Spielball unserer Projektionen aus der Vergangenheit sind, die uns in unserem alten Karussell festhalten. Je besser es uns gelingt, im Einklang mit den sich ständig verändernden Situationen zu handeln, desto weniger werden wir von unseren Projektionen bestimmt. Der Grund dafür, dass wir jetzt Situationen akzeptieren können, die uns vorher verunsichert haben, liegt darin, dass unsere Angst schwächer geworden ist. Dafür nimmt unsere Energie zu, ebenso unsere Kreativität und Ausstrahlung – unsere besten Eigenschaften also, die jetzt allmählich zum Vorschein kommen und stärker werden.

Alle möglichen Situationen werden von nun an zu einer Art vergnüglichem Spiel, das Gelegenheit bietet, jeweils diejenige Seite in uns zu aktivieren, die am besten damit umgehen kann. Dadurch wird alles einfacher. Von Zeit zu Zeit tauchen zwar immer noch Angst und Furcht auf, aber jetzt werden sie als das verstanden, was sie wirklich sind: alte Muster, die lediglich dazu dienen, Verdrängtes an seinem Platz zu halten.

Noch einmal: Hinter jeder Angst stehen grundsätzlich Schuldgefühle. Angst ist die Spitze des Eisbergs, die in unser Bewusstsein hineinragt, während der Teil unter der Oberfläche aus unseren Schuldgefühlen besteht. Die Angst nährt diese Schuldgefühle und folgt ihrem eigenen Programm. Wenn Sie das begreifen, erkennen Sie auch, dass Angst der schlimmste Feind des Menschen ist. Sie bedingt Ihre Wahrnehmung der Welt und färbt Ihre Projektionen. Andererseits kann Angst aber auch nützlich sein, indem sie zeigt, wo Sie tief in sich selbst graben sollten und wo Sie lernen können, sich besser zu verstehen und zu akzeptieren.

Auch wird jetzt deutlicher, dass die Mechanismen von Angst und Schuld genau das anziehen, was sie bestärkt. Diese Grundstruktur kann gefährlich und manchmal sogar tödlich sein.

„Wenn dich eine tödliche Krankheit befällt, wechsle die Stadt und ändere deinen Namen."

Kabbala

Wenn Sie einige Ihrer bisherigen Identifikationen ändern, die Ihre Erfahrungen geprägt haben, verlieren die Schuldgefühle an Macht. Durch diese Veränderungen entsteht eine neue Dynamik, die Ihre grundlegenden Mechanismen verwandelt, woraus sich wiederum ganz andere Folgen ergeben. Aus diesem Grund sagte Jesus, nachdem er den Kranken geheilt hatte: „Sündige hinfort nicht mehr!", damit dieser aufhörte, seine unbewussten Schuldgefühle zu nähren, die die Krankheit überhaupt erst verursacht hatten.

Das Leben findet in der Gegenwart statt, die Vergangenheit ist vorbei, die Zukunft erst im Werden begriffen. Angst und Schuld sind mit der Vergangenheit verbunden, Furcht hingegen mit der Zukunft. Furcht erzeugt eine Zukunft, die durch die Vergangenheit bedingt ist. Indem Sie allmählich frei davon werden, erkennen Sie, dass sich das wirkliche Leben in der Gegenwart und auf einer höheren Ebene abspielt als auf der des Verstandes.

„Und ein anderer unter seinen Jüngern sprach zu ihm: ‚Herr, erlaube mir, dass ich hingehe und zuvor meinen Vater begrabe.' Aber Jesus sprach zu ihm: ‚Folge du mir und lass die Toten ihre Toten begraben!'"

Matthäus 8, 21-22

Leser, wie lebendig sind Sie wirklich? Ein wenig? Sehr? Ganz und gar? Oder überhaupt nicht?

Denken Sie zum Beispiel an einen Ort, ein Haus oder ein Hotel, wo Sie eine schöne oder schlechte Erfahrung gemacht haben. Einige Zeit später kommen Sie wieder an diesen Platz zurück. Wie fühlt es sich an? Merken Sie, wie die positiven oder negativen Gefühle aus dieser vergangenen Erfahrung von Ihnen Besitz ergreifen? Ihr Ego identifiziert sich nämlich damit und schließt die Gegenwart aus. Sobald Sie diese Mechanismen verstehen, denen Sie unterworfen sind, erkennen Sie, wie wenig Leben in Ihnen steckt.

Der Mechanismus der Identifikation besteht darin, ständig nach Bestärkung zu suchen. So bemerkt beispielsweise eine schwangere Frau auf der Straße andere Schwangere, ein Soldat sieht vor allem andere Soldaten, der Besitzer eines bestimmten Fahrzeugtyps erkennt vorzugsweise dasselbe Modell. Kurz gesagt: Das Ego sucht immer nach Haltepunkten.

Der Verstand ist ein irreales Wesen, das versucht, seine illusorische Existenz unablässig zu bekräftigen. Er kann die Realität weder sehen, wie sie ist, noch sie akzeptieren, und erschafft Identifikationen, indem er die Erinnerung benutzt, um sich selbst zu erhalten. Wenn man ihn jedoch dazu zwingen kann, sich mit sich selbst zu konfrontieren, verschwindet er sofort. Dann entsteht ein Gefühl des Einsseins, das wir manchmal empfinden, sei es bei einem malerischen Sonnenuntergang oder bei einem Baby, dem wir in die Augen schauen, sei es, dass wir ein Kunstwerk betrachten, ein klassisches Konzert hören oder bei einer Beschäftigung, in der wir völlig aufgehen. In diesen Momenten fließt die Lebensenergie ungehindert durch alle unsere Schichten, und für kurze Zeit fühlen wir uns mit einer anderen Dimension verbunden.

Das Desidentifizieren ist der Übergang von einem mechanischen zu einem dynamischen Zustand. Ein Teil von Ihnen ist inzwischen lebendiger geworden, selbst wenn andere Bereiche noch keine größere Transformation durchlaufen haben. Mit anderen Worten: Desidentifizieren bedeutet, mehr Leben in Ihr Leben zu bringen. Wenn Sie sich zunehmend so sehen, wie Sie wirklich sind, schmerzt Sie zwar das Gesehene, aber Sie identifizieren sich nicht mehr mit Ihrer Traurigkeit.

Falls Sie jedoch gegen Ihre Identifikationen ankämpfen, anstatt sie aufzugeben, kann diese Erfahrung mitunter sehr unangenehm werden. Darüber hinaus können Sie die Widerstände Ihres Emotionalkörpers spüren – Verlockungen, die Ihr Bewusstsein ablenken sollen, um Ihren Fortschritt zu blockieren, indem Sie das Distanzieren vergessen. Dabei darf man nicht außer Acht lassen, dass diese Verlockungen immer da sein werden, weil sie das Verteidigungssystem des Ego bilden. Je mehr Ihr Bewusstseinsniveau steigt, desto aktiver werden sie.

In dieser Phase lassen sich die Köder in drei Kategorien unterteilen.

Die erste Kategorie ist am schwersten zu überwinden: Wann immer wir urteilen oder zu einer Schlussfolgerung kommen, identifizieren wir uns damit und verlieren unsere innere Distanz. Seien Sie sich darüber im Klaren, dass Sie das ständig tun.

Zur zweiten Kategorie gehört die Identifikation mit einem irrationalen Gefühl: Sobald wir uns mit einem solchen Gefühl identifizieren – irrational in Bezug auf die Situation, etwa ein unerklärlicher Drang zu weinen oder ein Wutausbruch, jede Emotion also, die einen überfällt, um die Introspektion zu blockieren –, wird das Distanzieren und Durchdringen verhindert.

Die dritte Kategorie ist der mentale Nebel: Wenn er uns einhüllt, lässt er uns vergessen, was wir gerade gehört haben, oder er blockiert unser Verstehen, oder er versetzt uns in einen schlafähnlichen Zustand, oder er löscht einen Traum aus, an den wir uns zumindest schon teilweise erinnert hatten.

Das Ego, das sich immer dann mit Hilfe von Ködern verteidigt, wenn es in Gefahr ist, tut dies völlig mechanisch – und genau darin liegt seine Schwäche. Durch konsequentes Distanzieren haben Sie inzwischen eine neue Intelligenz geschaffen, die weniger reaktiv und mechanisch ist und die diese Köder aufspüren kann. Sobald sie als solche erkannt werden, verlieren sie ihre Kraft und zeigen Ihnen gleichzeitig, wo Sie graben müssen.

Drei Arten von Ködern schützen das Ego. Ihre Aufgabe besteht darin, die Bewusstwerdung zu blockieren, indem sie die Introspektion behindern, wenn Sie

- urteilen oder Schlüsse ziehen
- von irrationalen Emotionen ergriffen werden
- von mentalem Nebel eingehüllt werden.

Je weiter Sie sich entwickeln, desto mehr gerät die gewohnte Logik Ihres Ego in Gefahr. Es wird daher versuchen, jede Schärfung Ihrer Wahrnehmung zu sabotieren. Zum Glück dauert dies nie lange: Das Leben wird Sie an die Hand nehmen, denn es sucht sich selbst durch Sie. Alles Leben strebt nach Bewusstheit und die Evolution ist der Beweis dafür. Je mehr Sie sich über Ihre schädlichen Gewohnheiten erheben, desto weniger werden Sie straucheln. Aber Straucheln bedeutet zugleich auch eine Vorbereitung auf den nächsten Schritt.

Jede Situation, in der Sie sich befinden, ist eine Gelegenheit, Ihre Entwicklung zu beschleunigen. Alle Konflikte, die Sie im Außen erleben, sind nichts anderes als die Widerspiegelung Ihrer inneren Ungleichgewichte. Die Welt gibt Ihnen ständig die Möglichkeit, sich selbst zu beobachten, zu hinterfragen und zu verändern. In ähnlicher Weise bietet Ihre unbewusste Welt eine Anleitung in Form Ihrer Träume. Indem Sie Ihre ganz eigene Symbolsprache verstehen lernen, erkennen Sie, dass eine innere Intelligenz Ihnen immer wieder zeigt, in welcher Situation Sie sich gerade befinden, auf welchen Aspekt Ihrer selbst Sie achten sollten und auf welche Weise Ihr Schatten Sie blockiert.

Im Kapitel über die Träume im zweiten Teil dieses Buches erfahren Sie, wie Sie Ihre Traumwerkstatt einrichten und nutzen können. Am besten lesen Sie es mehrmals, und schon nach kurzer Zeit werden Sie erstaunt feststellen, dass alles in Ihnen dafür angelegt ist, Sie bei Ihrem nächsten Entwicklungsschritt zu unterstützen.

Die männliche und weibliche Seite ins Gleichgewicht bringen

Eine enge Paarbeziehung ist in Bezug auf Emotionen und Sexualität immer ein Spiegel unserer männlichen und weiblichen Seiten (Animus/Anima, Yin/Yang) und bietet damit eine Gelegenheit, diese

Seiten in uns ins Gleichgewicht zu bringen. Das männliche Element steht für das Prinzip des Handelns und umfasst die rationalen Qualitäten, die der linken Gehirnhälfte zugeordnet sind. Das weibliche Element repräsentiert dagegen unsere Kreativität und Intuition, die zur rechten Gehirnhälfte gehören. Als Mann ist es wichtig, die weibliche Seite in sich zu entwickeln, um damit seine Männlichkeit auszubalancieren, für eine Frau ist das Umgekehrte erforderlich.

„Ein Mensch sollte immer zugleich männlich und weiblich sein, damit er fest im Glauben bleibt und die Präsenz ihn niemals verlässt."

Zohar

„Wer sich selbst als männlich erkennt, sich aber weiblich verhält, ist das Zentrum der Welt. Die Tugend wird ihn nie verlassen und er wird wieder zu einem kleinen Kind."

Laotse, 5.-4. Jh. v. Chr.

Jesus sagt: „Wenn du die Zwei zu Einem machst, das Innere zum Äußeren, das Mindere zum Höheren und das Männliche zum Weiblichen, wirst du in das Reich Gottes eingehen."

Thomas-Evangelium

Diese drei Zitate aus verschiedenen Traditionen betonen, wie wichtig es ist, einen Ausgleich zwischen den männlichen und weiblichen Aspekten in sich zu schaffen; andernfalls entstehen unweigerlich Konflikte. Dies wird sich sowohl auf die eigene Identitätsfindung als auch auf den Schutz des Selbstbilds und infolgedessen auf die Beziehungen zum eigenen wie zum anderen Geschlecht auswirken. Dadurch werden die immer gleichen alten Konflikte aktiviert, die wiederum den gewohnten Kreislauf aus Identifikationen aufrechterhalten – und damit das Ego, die Persönlichkeit. Auf diese Weise wird die Bewusstwerdung und letztlich das Erwachen verhindert. Die konsequente Anwendung von Distanzieren und Durchdringen bewirkt, dass sich die Verwicklungen und damit auch die meisten Konflikte abschwächen.

Enge Paarbeziehungen sind ein sehr effektiver Spiegel. Oft fühlen wir uns zu jemandem hingezogen, der Aspekte unserer eigenen verschütteten Subpersönlichkeiten verkörpert – verschüttet etwa deshalb, weil sie nicht akzeptiert wurden oder weil sie keine Möglichkeit hatten, sich zu entwickeln. Daher bewundern wir in der anderen Person die Eigenschaften, die uns selbst fehlen, und benutzen unser Gegenüber, damit es diese Aspekte für uns auslebt. Ein gutes Beispiel bietet das Verliebtsein, bei dem oft unbewusste Subpersönlichkeiten auf den Partner projiziert werden. Sobald die Energie dieser Subpersönlichkeiten sichtbar wird, erscheint in der Folge auch die darunter liegende Verletzlichkeit, die unbewusste alte Bindungen wie Vater/Sohn, Vater/Tochter, Mutter/Tochter oder Mutter/Sohn reaktiviert. Daraufhin entwickeln sich in der Regel bestimmte Problembereiche, die uns unmittelbar auf die eigenen ungelösten emotionalen Konflikte zurückwerfen. Sobald wir das verstanden haben, geben wir dem Partner nicht mehr die Schuld für Eigenschaften, die uns selbst betreffen.

Damit wird deutlich, dass das Problem bei Ihnen liegt und nicht bei Ihrem Partner, den Sie ja selbst angezogen und in Ihr Leben aufgenommen haben. Ihre innere Logik weiß immer, mit welcher Art von Energie sie sich verbindet. Unbewusst ahnen Sie auch mehr oder weniger, wie sich diese Verbindung entwickeln wird. Sie erkennen zwar oft die sich wiederholenden Verhaltensmuster bei anderen, aber nur sehr schwer bei sich selbst. Jeder hat sicher schon einmal erlebt, dass ein Freund oder eine Freundin sich in die falsche Person verliebt hat. Wie sehr Sie dann vielleicht auch versucht haben, ihn oder sie zu warnen – es war umsonst. Die Zeit verging, und nach sechs Monaten, einem Jahr oder zwei Jahren war die Beziehung zum Albtraum geworden.

Die unbewusste Logik, die ihn oder sie in diese Situation getrieben hatte, erkannte vorab die Energie, mit der sie sich verbinden wollte. Wichtig ist, dass Sie das, was Sie bei Ihrem Freund oder Ihrer Freundin bemerkt haben, rechtzeitig auch bei sich selbst identifizieren können. Dabei hilft Ihnen konsequentes Distanzieren und ein starkes gerichtetes Ich, damit Sie sich aus potenziell schmerzhaften Situationen lösen können.

Mit zunehmendem Fortschritt werden Sie den Spiegeleffekt Ihres Umfelds auch immer besser verstehen. Wenn Sie sich beispielsweise ständig über jemanden ärgern, der nicht ehrlich ist, können Sie sicher sein, dass irgendwo in Ihnen dieselbe Struktur vergraben liegt.

„Du Heuchler, zieh zuerst den Balken aus deinem eigenen Auge; dann wirst du klar sehen, um den Splitter aus deines Bruders Auge zu ziehen.“

Matthäus 7, 5

Wenn man sich dessen bewusst wird, was man verdrängt hat, kann man damit aufhören, den Partner zu kritisieren, und stattdessen positive Selbstkritik üben, was gleichbedeutend mit intellektueller Aufrichtigkeit ist. Dabei geht es nie um Urteile, sondern nur um Beobachtung, um die eigenen inneren Aspekte so sehen zu können, wie sie wirklich sind, ohne sie als gut oder schlecht zu bewerten. Nur so können wir uns von ihnen desidentifizieren.

In Verbindung mit diesem Loslassen spüren wir eine neue Energie durch den Körper fließen. Dadurch fühlt er sich leichter an, denn durch den Abbau der alten psychologischen Mechanismen öffnet sich in uns ein subtilerer Raum, den wir wahrnehmen können. Infolge dieser Veränderungen ermöglichen wir auch unserem Partner, sich weiterzuentwickeln, sodass die Beziehung von selbst die Frische wiedergewinnen kann, die sie verloren hatte.

Wie sich Hoffnungen und Wünsche verwirklichen lassen

Damit Ihre Hoffnungen und Wünsche in Erfüllung gehen können, ist es nötig, die Realität so sehen, wie sie ist, und nicht, wie Sie sie sehen wollen. Um im Leben Erfolg zu haben, muss man die eigenen Ziele klar definieren.

Ohne ein gerichtetes Ich lässt sich nichts erreichen. In der Regel ermöglicht eine gute Erziehung durch ausgeglichene Eltern den Aufbau eines gerichteten Ich. Wo dies nicht gegeben war, kann uns eine intensive Praxis der beiden ersten D sowie die Beschäftigung mit der Symbolsprache unserer Träume dazu verhelfen.

Das gerichtete Ich ist der Teil von uns, der Entscheidungen trifft, die im Einklang mit unseren Zielen stehen, und zugleich die jeweiligen Gegebenheiten mit einbezieht. Bei einem fehlenden oder nur schwach entwickelten gerichteten Ich werden Situationen durch unsere verschiedenen Subpersönlichkeiten mit ihren einander widersprechenden Bestrebungen verzerrt wahrgenommen. Infolgedessen begegnen wir vielen Situationen mit Furcht, Zweifeln oder irrationalem Optimismus, mit Gefühlen also, die nichts mit der Realität zu tun haben.

Unabhängig davon, wo Sie im Leben stehen, bedeutet finanzielle Stabilität eine unschätzbare Grundlage für genügend Freiraum, um mehr über sich selbst zu erfahren. Solange diese Basis noch nicht einigermaßen gefestigt ist, zeigt dies, dass Ihre Schuldmechanismen und damit die Logik Ihrer Fehlentscheidungen immer noch wirksam sind. In dem Fall wird es schwer sein, Fortschritte zu erzielen, denn uns steht generell nur eine bestimmte Menge an Energie zur Verfügung.

Inzwischen haben Sie jedoch einen großen Teil Ihrer psychologischen Mechanismen bereits verstanden und integriert. Da Sie auch einige unbewusste Strukturen abgebaut haben, wird Ihr Leben immer weniger von ihnen bestimmt. Sie wissen jetzt, dass das Bewusstsein die Anweisungen gibt, während das Unbewusste sie so gut umsetzt, wie es das entsprechend seiner Belastung durch Angst und Schuldgefühle vermag. Außerdem erkennen Sie nun, dass Gedanken Energie sind und eine physische Realität besitzen. Wenn wir sie bewusst kontrollieren, können wir sie in positive kreative Energie umsetzen.

> Das Bewusstsein entscheidet, das Unbewusste führt aus. Sie brauchen nur beide miteinander in Einklang zu bringen.

Wenn Sie beispielsweise in A sind und nach Z wollen, visualisieren Sie Z und behalten Sie Ihr Ziel im Auge. Nun müssen Sie eventuell einen Umweg über C, E, W und Y nehmen und haben keine Ahnung, wie die Reise verlaufen wird, denn es liegt in der Natur der Dinge, sich ständig zu ändern. Inzwischen behalten Sie Z weiter im Hinterkopf und entspannen sich dabei völlig. Denken Sie daran, dass Angst und Furcht Sie oft Fehlentscheidungen treffen lassen. Da Sie nichts tun können, es sei denn, die Situation erfordert Ihr Eingreifen, tun Sie einfach gar nichts und warten Sie ab, wie sich die Ereignisse entwickeln. Bleiben Sie dabei aufmerksam und auf Z fokussiert, bis Sie Ihr Ziel erreicht haben.

Auf Z fokussiert zu bleiben bedeutet, in sich selbst eine Instanz zu schaffen, die nicht zweifelt. Positives Denken, ein Schlüsselthema unserer Zeit, funktioniert nur, wenn Sie relativ einig mit sich sind. Wenn nämlich Ihr Bewusstsein keine Zweifel hegt, aber siebzig bis achtzig Prozent Ihrer unbewussten Angst- und Schuldmechanismen noch nicht abgebaut und somit immer noch wirksam sind, wird es niemals gelingen. Damit sich etwas materialisieren kann, muss Ihr Inneres weitgehend geeint sein. Indem Sie sie ausgraben und abbauen, lösen Sie sich von vielen noch verbliebenen Schuld- und Angstmechanismen und ernten so die Früchte Ihres Distanzierens und Durchdringens.

Geeint zu sein bedeutet zu glauben, aber dieser Glaube hat erst dann eine Wirkung, wenn wir unseren Schatten bewältigt haben. Glauben bedeutet, von einer Realität absolut überzeugt zu sein, für die wir noch keine konkreten Belege haben.

„Bewusster Glaube ist Freiheit.
Emotionaler Glaube ist Sklaverei.
Mechanischer Glaube ist Dummheit.“

G. I. Gurdjieff, 20. Jh.

Die Dinge existieren zuerst auf der virtuellen, dann auf der potenziellen und schließlich auf der materiellen Ebene.

Wie sich das Virtuelle Schritt für Schritt manifestiert, zeigt das Beispiel von Expräsident Obama. Seiner Wahl gingen Filme wie etwa „Deep Impact“ voraus, die einen schwarzen Präsidenten überhaupt erst vorstellbar machten. Diese Vorstellung konkretisierte sich, als Obama begann, ernsthaft über eine mögliche Kandidatur nachzudenken, und wurde an dem Tag zu einer realen Möglichkeit, an dem Obama als Senator seinen Wahlkampf begann. Seine Absicht stand im Einklang mit diesem Potenzial und mündete in ein Wahlergebnis, das viele anfangs für höchst unwahrscheinlich gehalten hatten.

Die Kunst, Dinge Gestalt annehmen zu lassen, besteht darin, ihre Entwicklung vom Virtuellen über das Potenzial bis hin zur Manifestierung voranzubringen, ohne Ängste und Zweifel zuzulassen: Je wacher, bewusster und geeinter wir sind, desto besser können wir unsere Vorstellungen umsetzen.

Mit Hilfe des Distanzierens haben Sie ein bewusstes Ich, einen Zeugen in sich entwickelt, der weder urteilt noch schlussfolgert. Dieser Zeuge, der allmählich immer mehr an Stärke gewinnt, zieht ganz ohne Ihr Zutun unmittelbar diejenige Subpersönlichkeit an, die der jeweiligen Situation am besten gerecht wird. In dem Maß, wie Sie Ihren Schatten bewältigen, wird auch Ihre Anziehungs- und Überzeugungskraft zunehmen.

Sie können nun ohne weiteres Ja oder Nein sagen, denn Sie haben diejenigen Bereiche in sich identifiziert, denen es bisher schwerfiel, sich klar gegen etwas abzugrenzen, und die im Hintergrund immer an die Mechanismen von Angst, Schuld und geringem Selbstwertgefühl gekoppelt waren. Diese Mechanismen sind zwar immer noch vorhanden und werden es auch künftig sein, aber sie haben jetzt nicht mehr so viel Macht über Sie. Inzwischen brauchen Sie Gefühle wie Wut, Eifersucht, Angst, Scham und Schuld immer weniger zu unterdrücken, denn durch das Beobachten und Durchdringen verlieren sie einen Teil ihrer Kraft. Außerdem wird Ihr gerichtetes Ich durch das wachsende Verständnis Ihres Schattens und Ihrer Fehlfunktionen immer mehr gestärkt.

Infolge der Veränderungen in Ihrem Inneren hat sich auch Ihre Einstellung zur Außenwelt gewandelt, denn indem Sie sich jetzt besser kennen, können Sie auch andere Menschen besser verstehen. Und weil Sie sich selbst inzwischen mehr lieben, sabotieren Sie auch nicht mehr Ihre eigenen Pläne und werden nicht mehr von destruktiven Beziehungen angezogen. Kurz: Ihr Denken wird zu einem immer effektiveren Werkzeug. Sie können jetzt viele Ihrer Probleme lösen, weil Ihr Bewusstsein sich inzwischen oberhalb der Ebene befindet, aus der sie entspringen. Sie haben Ihr System der unbewussten Fehlentscheidungen aufgegeben – zugunsten einer bewussten Gestaltung Ihres Lebens durch Erfolg versprechende Entscheidungen. Ihre Vorstellungen werden jetzt auch nicht mehr von einer Zukunft genährt, die auf vergangenen Emotionen beruht.

Indem Sie besser verstehen, in welchen Bereichen Sie sich selbst ablehnen, gelingt es Ihnen, sich mehr anzunehmen. Dieses Verstehen bricht den Panzer auf, der bisher verhindert hat, dass Liebe sich ausdrücken kann. Wahre Liebe erscheint gleichzeitig mit dem Verstehen. Damit sich jedoch Ihr Herz öffnen kann, müssen Sie Ihre Ängste weitgehend abgebaut haben. Erst dann werden Sie fähig sein, andere zu lieben.

> Die Frage, die man sich täglich mindestens zwanzig Mal stellen sollte, um unbewusste Fehlentscheidungen zu vermeiden, lautet: “Befindet sich der Teil von mir, der gerade aktiv ist, auf der Gewinner- oder Verliererseite?“

Damit Sie Ihre Identifikationen aufgeben können, ist regelmäßiges Distanzieren erforderlich. Außerdem ist es wichtig, sich von mechanischem Denken fernzuhalten und Ihren verschiedenen Subpersönlichkeiten zu erlauben, sich frei in Ihnen zu bewegen, ohne dass Sie sich einmischen. Dank der Praxis des Durchdringens wiederum können Sie besser unterscheiden, zu welchen Subpersönlichkeiten die meisten Ihrer Gedanken und Gefühle gehören: ob sie entweder mit Angst, geringem Selbstwert oder Schuldgefühlen zusammenhängen oder aber mit dem gerichteten Ich, das die Subpersönlichkeiten lenkt. Je mehr Sie sich von den Anteilen desidentifizieren, die aus dem Schatten auftauchen, desto mehr Energie wird Ihrem Sucher zufließen, und desto weniger Chaos müssen Sie in Ihrem Privat- und Berufsleben bewältigen. Indem Ihr gerichtetes Ich vor allem nach dem Positiven in Ihnen sucht, verlieren die negativen Denkmuster ihre Macht über Sie.

Vorbemerkung zur seelischen Entwicklung

Sie stehen nun davor, einen neuen Bereich zu erkunden: die Entwicklung Ihrer Seele. Dafür ist das intellektuelle Verstehen nur ein Ausgangspunkt, von dem aus Sie jetzt auf Ihrem Weg weitergehen. Viele Menschen erfassen den Weg zwar verstandesmäßig, bleiben aber auf dieser Stufe stehen, um so dem emotionalen Schmerz auszuweichen, der bei der Introspektion auftaucht. Mit Hilfe des Distanzierens haben Sie jedoch in sich einen Freiraum geschaffen, in dem es kein tiefes Leid mehr gibt. In Verbindung mit dem Durchdringen wird dieser Raum immer größer und schließlich zu dem Bereich, in dem sich Ihre Seele entwickeln kann.

Wenn Sie nun zusätzlich jeden Tag mindestens dreißig Minuten in Stille verbringen, werden sich nach einigen Monaten auch sensorische Empfindungen einstellen, die das Wachstum der Seele, Ihres psychischen Körpers*, bestätigen.

Abschnitt II – Die seelische Entwicklung
oder: Wie der psychische Körper entsteht

Sie sind zwar jetzt keine Raupe mehr, aber auch noch kein Schmetterling. Diese Phase der Verpuppung kann manchmal unangenehm sein, ist aber unumgänglich.

Ihnen ist inzwischen klar, dass Sie die Grenzen, an die Sie in der Welt stoßen, durch Ihre eigenen Denkgewohnheiten und Glaubenssätze geschaffen haben. Ihr Gedächtnis nährt sie ständig durch die Wiederholung von Verhaltensmustern.

„Um diese Reise zu unternehmen, müssen wir von Anfang an auf alles verzichten, was uns wie ein Segen erscheinen mag, in Wirklichkeit aber eine Gewohnheit ist."

G. I. Gurdjieff, 20. Jh.

Der Prozess der Desidentifikation führt zu einem allmählichen Loslassen von Gewohnheiten, und in Ihrem Leben eröffnen sich nun neue Möglichkeiten. Sie haben bemerkt, wie sich Ihre Umgebung verändert hat, weil Sie sich selbst verändert haben, und dass es Ihre innere Welt ist, die die äußere formt. Jetzt geht es um die Erweiterung und Vertiefung dieser inneren Welt, denn sie wird die Wiege Ihrer Seele* sein.

Es sind unsere Identifikationsmechanismen, die das Ego aufrechterhalten: Das Sehen identifiziert sich mit dem Gesehenen, das Hören mit dem Gehörten, das Berühren mit dem Berührten. Genauso verhält es sich mit dem Schmecken oder Riechen, und das Denken identifiziert sich mit dem Gedachten. Unser Ego, das auf Angst beruht und sich mit Körper und Geist identifiziert, hat sich der Sinne, des Denkens und der Emotionen bemächtigt. Dadurch hat es nicht nur unsere wahre Natur, sondern auch die Entwicklung unserer Seele blockiert.

Diese Identifikationsmechanismen bilden unsere psychologische Identität. Sie besteht aus vielen Subpersönlichkeiten, die nur auf sich selbst bezogen sind und sich alle als „Ich" begreifen. Zwischen dem Verschwinden der einen Subpersönlichkeit und dem Auftauchen der nächsten liegt jedoch immer eine kurze Zeitspanne, die aber in der Regel vom Bewusstsein nicht wahrgenommen wird, weil unsere Identifikationen die Illusion eines kontinuierlichen „Ich" erzeugen. Unsere Subpersönlichkeiten bedienen sich dieser Illusion, damit jede einzelne für die Gesamtheit der Person gehalten wird, das heißt, jeder Teil maskiert sich als das Ganze. Durch konsequentes Distanzieren und Durchdringen können wir uns jedoch allmählich von dieser falschen Vorstellung eines kontinuierlichen „Ich" lösen, die uns an die Zeit bindet.

„Für uns gläubige Physiker hat die Scheidung zwischen Vergangenheit, Gegenwart und Zukunft nur die Bedeutung einer – wenn auch hartnäckigen – Illusion."

Albert Einstein, 20. Jh.

„Vergangenheit und Zukunft existieren nur durch dich.
Sie sind ein und dasselbe. Nur du denkst, dass sie zwei sind."

Djelaleddin Rumi, 13. Jh.

„Du allein erschaffst die Zeit. Deine Sinne sind ihr Maß. Lass die Furcht fahren und die Zeit wird verschwinden."

Angelus Silesius, 17. Jh.

Durch Distanzieren und Durchdringen gelingt der Prozess des Loslassens alter Verhaltensmuster immer öfter, und es entsteht ein Gefühl von Präsenz, frei von Gedanken, Furcht und Vergangenem. Durch den allmählichen Abbau des alten Emotionalkörpers hat sich ein neuer Raum in uns aufgetan, in dem sich nun nach und nach eine seelische Entität kristallisiert, die nicht an die psychologische Zeit gebunden ist.

Aus dem konsequenten Bemühen, sich oberhalb der Verstandesebene zu bewegen, entsteht eine andere Lebensqualität. Es öffnen sich neue innere Bereiche, was als eine Art elektrisches Kribbeln auf der Haut spürbar wird, ebenso wie neue Empfindungen zwischen den Augen, oben auf dem Scheitel* oder am Hinterkopf.

In diesen Bereichen bildet sich eine neue Energie, durch die wir uns lebendiger fühlen und die den Spielraum unserer Möglichkeiten erweitert. Sie gewährt uns Zugang zu Ebenen, die weder mit Denken noch mit Erinnern verbunden sind.

Im Verlauf des Loslassens unserer bisherigen Verhaltensmuster können wir spüren, wie Geist und Körper energetisch miteinander verbunden sind, und wir nehmen Bewusstsein als Energie wahr. Die moderne Physik hat längst bewiesen, dass Materie Energie ist.

„Materie und Energie sind identisch."

Albert Einstein, 20. Jh.

Die unsichtbaren Mächte von einst, die Götter und Mythen unserer Vorfahren, sind heute durch die schier unendliche Zahl von Quantenfeldern, magnetischen bzw. elektromagnetischen und elektrochemischen Feldern ersetzt worden.

Wir können uns Wunder und unerklärliche physikalische Phänomene am besten so vorstellen, dass sie einer natürlichen Ordnung angehören, in der sich Bewusstsein, Materie und Energie wechselseitig ineinander umwandeln, denn Bewusstsein ist ebenso Energie wie Materie.

Die richtige Einstellung zum Leben ist die eines Forschers in seinem Labor. Wir verfügen bereits über ein physisches und mentales Laboratorium; warum also nicht experimentieren und noch ein feinstoffliches Labor einrichten, in dem wir regelmäßig in Stille verweilen*? Denn nur im Licht unserer eigenen Erfahrungen können wir eine höhere Entwicklungsstufe erreichen.

Wir verstehen nun immer besser, dass alle Gedanken der Erinnerung entspringen, und spüren, dass es genau diese Erinnerung ist, die uns vom Leben abschneidet.

In dem Wissen, dass unser Leben im Jetzt stattfindet, beginnen wir, das Denken loszulassen und den Ratschlag von Laotse zu beherzigen:

„Im Nichtstun bleibt nichts ungetan."

Laotse, 5.-4. Jh. v. Chr.

Das Geheimnis des Lebens besteht darin, aus dem Nichtstun heraus zu handeln. Mit dieser Haltung, die auch aus konsequentem Distanzieren erwächst, wird es möglich, sich sogar aus scheinbar unauflösbaren Situationen zu befreien.

Durch die Entwicklung unseres bewussten Ich, des inneren Zeugen, und das regelmäßige Versenken in Stille befinden sich einige unserer Subpersönlichkeiten im Amphitheater in einem Wandlungsprozess; sie sind beweglicher, transparenter und subtiler geworden und haben ganz allmählich Anschluss an eine andere Frequenz des Seins gefunden. Manche haben ihre relative Identität verloren; sie sind zu reiner

Energie geworden und haben sich auf natürliche Weise verbunden – eine Folge von echtem Willen und bewusster Anstrengung.

„Glücklich ist, wer eine Seele hat.
Glücklich ist, wer keine hat.
Aber wehe dem, der nur den Ansatz einer Seele hat,
denn er erfährt Leid und Qualen."

G. I. Gurdjieff, 20. Jh.

Im Thomas-Evangelium lehrt Jesus etwas Ähnliches:

„Wer in seiner Hand hat, dem wird gegeben werden. Und wer nicht hat, dem wird auch das Wenige genommen werden, das er hat."

Dieselbe Schlussfolgerung wird im Gleichnis von den zehn Pfunden bei Lukas 19, 11-27 gezogen, in Matthäus 25, 14-30 ist es die Parabel von den Talenten:

„Ein reicher Mann rief seine drei Knechte zu sich und gab jedem Talente. Zwei von ihnen verdoppelten die Talente, der dritte gab das ihm gegebene eine Talent zurück. Der reiche Mann sagte: „Gebt das Talent demjenigen, der die zehn Talente hat. Denn jedem, der hat, wird gegeben werden, und er wird Überfluss haben. Dem aber, der nichts hat, wird auch das genommen werden, was er hat. Und den unnützen Knecht stoßet hinaus in die Finsternis, die draußen ist. Dort wird Heulen und Zähneknirschen sein."

Ähnlich sagt es auch der Prophet Mohammed:

„Unter euch gibt es einige, die sich Allah anschließen werden, während andere in die schrecklichsten Zeitalter zurückgeschickt werden. Diese werden in dem Maß, in dem sie Wissen gehabt haben, allen Wissens beraubt."

Koran, Sure 22:5

„Die Seele ist eine Angelegenheit meines Herrn und euch ist vom Wissen nur wenig gegeben."

Koran, Hadith

Diese Lehrer drücken sich sehr deutlich aus: Wir besitzen keine Seele, also keinen psychischen Körper, sondern nur die Anlage, das Potenzial für seine Erschaffung. Aus zehntausend Lachseiern im Oberlauf eines Flusses sind drei Jahre später nur drei oder vier Lachse geworden. Von tausend Eicheln, die vom Baum fallen, wächst nur eine einzige zu einer neuen Eiche heran. Von zehn Millionen Heuschrecken, die Insektiziden ausgesetzt sind, werden vielleicht zwanzig oder dreißig Nachkommen resistenter gegen das Gift sein.

Alles unterliegt dem Prinzip der Evolution, auch der Mensch. Heute leben fast acht Milliarden Menschen auf der Erde, von denen nur eine gewisse Zahl erwachen und innerlich lebendig sein wird. Entweder jemand erreicht die nächste Stufe seiner Entwicklung, oder die zahlreichen verstreuten Fragmente seiner Persönlichkeit werden nach dem physischen Tod im kollektiven Unbewussten aufgehen.

Die Seele entwickelt sich aus dem Zusammenwirken unseres physischen Körpers und unseres bewussten Ich*. Dieses bewusste Ich – das unmittelbare Ergebnis des Distanzierens – ermöglicht jedem Aspekt von uns, sich frei auszudrücken. Dagegen bedeutet die Identifikation mit Gedanken und Gefühlen, in einem geschlossenen Kreislauf von Erinnerungen gefangen zu sein. Unsere psychologische Struktur liefert ständig Haltepunkte, indem sie alte Themen immer wieder aufrührt oder sie systematisch vermeidet und sich stattdessen in Suchtverhalten wie Alkohol, Drogen, Sex, Arbeitswut und Nervenkitzel verstrickt. Das beste Mittel dagegen ist, sich immer wieder mit den eigenen körperlichen Empfindungen zu verbinden, um den Fluss der Gedanken und Gefühle wahrzunehmen.

„Die höhere Seele schätzt das Leben, die niedere Seele blickt in Richtung Tod."

Lu Tzu: Das Geheimnis der goldenen Blüte, 8. Jh.

Durch das Distanzieren hat sich die Wahrnehmung Ihrer Haltepunkte inzwischen erweitert und Ihnen ist jetzt bewusst, dass diese sowohl sensorischer als auch mentaler Art sind. In dem Maß, wie sich Ihr Gedankenfluss verlangsamt, öffnen Sie sich für eine höhere Dimension. Dieser Prozess wird von neuen körperlichen Empfindungen begleitet, denn Ihr psychischer Körper wird nach und nach aus Ihrem bewussten Ich aufgebaut, so wie sich bei einem etwa zwölfjährigen Kind die ersten Merkmale des Erwachsenwerdens zeigen. Bald werden Sie in der Lage sein, durch Ihr verändertes Körpergefühl den Raum zwischen zwei Gedanken wahrzunehmen.

Um das Wachstum Ihres psychischen Körpers zu fördern, müssen Sie einfach nur weniger urteilen und Schlüsse ziehen, sondern können stattdessen die Harmonie genießen, die mit einem wesentlich ruhigeren Gemüt einhergeht. Dafür ist konsequentes Distanzieren erforderlich und mindestens eine halbe Stunde täglich das Verweilen in Stille.

Die Bedeutung der Stille

Sich in Stille zu versenken ist ein unverzichtbarer Bestandteil des Weges, denn dadurch werden unsere unterdrückten Strukturen in Bewusstsein und Licht umgewandelt. Das Wichtigste dabei ist Disziplin, und täglich eine halbe Stunde Kontemplation ist das Minimum. Wenn man bedenkt, wie viel Zeit wir für unsere sonstigen verschiedenen Aktivitäten aufwenden, ist das nicht viel. Und wenn wir angesichts dessen nicht genug Willenskraft aufbringen, um wenigstens einen so kurzen Zeitraum der eigenen Entwicklung zu widmen, kann es nicht gelingen. Auch hier geht es wieder um einen praktischen Zugang: Wir sind die Erforscher unserer höheren Bewusstseinsebenen in unserem psychischen Labor und beschäftigen uns damit, auf den verstreuten Fragmenten unseres Schattens einen Bewusstseins- und Lichtkörper aufzubauen. Die optimale Basis dafür ist ein immer besseres Distanzieren, mit dessen Hilfe es gelingt, sich mehr und mehr oberhalb der Gedanken zu bewegen.

Schon immer hatten die verschiedenen Meditationstechniken das Ziel, das Denken anzuhalten, indem die Aufmerksamkeit zum Beispiel auf die Atmung oder ein Bild gerichtet wird. Lassen Sie sich also nicht von den Verlockungen ablenken, die versuchen werden, Ihre innere Stille zu stören. Vergessen Sie auch nie, dass die Entwicklung des Bewusstseins Ihre alten Strukturen gefährdet; deshalb werden Sie höchstwahrscheinlich von allen möglichen irrationalen Gedanken und Wünschen in Bezug auf Sex, Essen oder andere Bereiche bedrängt werden. Wichtig ist, diese Versuchungen im Auge zu behalten und sich zu fragen, woher sie kommen. Sie werden sehen, dass es lediglich Mechanismen sind, die keinerlei Intelligenz besitzen und dem Schatten entspringen.

Beim Verweilen in Stille spielt es keine Rolle, ob Sie sitzen oder liegen, solange Sie dabei aufmerksam bleiben. Mit etwas Übung werden Sie auch feststellen, dass es egal ist, ob Sie die Augen offen oder geschlossen halten. Wenn sich übersinnliche Phänomene einzustellen beginnen, sollten Sie diese möglichst schnell vergessen, da sie andernfalls zu neuen Haltepunkten werden, die Ihre Entwicklung bremsen.

Eines Tages werden Sie eine übersinnliche Erfahrung im Rahmen Ihres neu entstehenden Bewusstseins machen. Dies wird zur richtigen Zeit geschehen, und wenn Sie es am wenigsten erwarten. Die Grundlage dieser Erfahrung wird die Erkenntnis sein, dass Sie nicht Ihre Gedanken sind.

Stellen Sie sich einen Salzsee vor, in dem das Wasser allmählich verdampft, wodurch das Salz kristallisiert. Mit Sonnenaufgang fängt die Verdunstung an, die sich bald beschleunigt. Gegen Abend verlangsamt sich dieser Prozess und kommt schließlich zum Stillstand. Auf sehr ähnliche Weise beginnt der Kristallisationsprozess der Seele, wenn sich das Bewusstsein über die Gedanken, Gefühle und Erinnerungen erhebt. Wenn wir uns dagegen mit unserer „Nacht" identifizieren, das heißt mit den Gedanken, Gefühlen und Bildern, die dem Schatten entspringen, werden wir von den Mechanismen kontrolliert, die uns unsere alten, immer gleichen Verhaltensmuster wiederholen lassen. In diesem Moment hört die Seele auf zu wachsen. Je bewusster wir uns also dieser Entwicklung sind, desto mehr wird sie sich beschleunigen und desto lebendiger werden wir sein.

Zusammenfassend lässt sich sagen, dass die Kristallisation der Seele allmählich geschieht. Durch das Distanzieren wird das gerichtete Ich gestärkt, während das Durchdringen die alten psychologischen Schichten unseres Emotionalkörpers auflöst. In dem dadurch entstehenden Raum verlieren wir die feste Anbindung an die psychologische Zeit, mit dem Ergebnis, dass sich eine neue Energie kanalisiert und zum Vorschein kommt. Indem wir die verdichtete Struktur unseres Schattens auflösen und sie in Lichtenergie umwandeln, entwickelt sich unsere Seele.

„Die Methode der Alten, die Welt zu transzendieren, bestand darin, den Bodensatz der Dunkelheit aufzulösen, um das reine Licht wiederherzustellen."

Lu Tzu: Das Geheimnis der Goldenen Blüte, 8. Jh.

Indem unser Bewusstsein gewachsen ist und sich eine gewisse innere Stille eingestellt hat, haben wir uns über unseren Schatten erhoben. Dem entspricht auch die hinduistische Symbolik, bei der die Götter auf ihren Reittieren dargestellt werden, so wie Ganesh, der Elefantengott, auf seiner Ratte und Shiva auf seinem Stier reiten. Und gemäß der taoistischen Symbolik reitet der Mensch auf seinem Tiger als Ausdruck eines neuen Bewusstseins.

Inzwischen sind Sie auf einer anderen Ebene lebendig. Sie wissen jetzt, dass Sie sich an Bord der Titanic befinden und was später mit dem Schiff passieren wird, aber Sie wissen auch, dass Ihnen ein Platz in einem der Rettungsboote sicher ist. Als Folge davon haben Sie viel weniger Angst vor dem Tod.

Sobald Sie sich von der Angst distanziert haben, nimmt Ihr Bewusstsein zu und Ihr Ego verändert sich. Das Bewusstsein wird feiner und öffnet sich neuen Erfahrungsbereichen. Sie haben nun verstanden, dass Gedanken eine energetische Frequenz besitzen und dass die Seele auf einer höheren Frequenz schwingt. Je weiter Sie sich entwickeln, desto eher erfahren Sie Hilfe dabei, denn das Leben strebt immer nach Bewusstheit.

Der Aufbau des psychischen Körpers, der Seele, ist jedoch nur die nächste Stufe auf Ihrem Weg. Ziel ist das Erwachen, das so plötzlich geschieht wie Geburt und Tod und der ultimative Beschleuniger Ihrer Entwicklung sein wird. Deshalb ist es wichtig, das Durchdringen immer weiter zu vertiefen und sich immer wieder zu fragen: „Wer sagt das und warum? Wer will das und weshalb?“, während Sie sich parallel dazu intensiv mit den Texten der verschiedenen klassischen Weisheitslehrer beschäftigen.

Zusammenfassung

Das Desidentifizieren bedeutet die nächste Etappe Ihrer Entwicklung, bei der Sie ein starkes gerichtetes Ich aufbauen, das sich von den destruktiven Fehlentscheidungen löst, die mit den unterdrückten Angst- und Schuldgefühlen verbunden sind. Weil Sie jetzt bessere Entscheidungen treffen, gestaltet sich Ihr Leben inzwischen viel positiver. In diesem Stadium erleben Sie, dass die psychologische Zeit brüchig wird und Risse bekommt. Die Seele, unsere psychische Entität, setzt ihr Wachstum fort. Im Bewusstsein dessen, dass Sie auf einer anderen Ebene als der physischen lebendig sind, nehmen Ihre Ängste ab.

Das Desidentifizieren ermöglicht Ihnen die Entwicklung
- eines starken gerichteten Ich und
- eines psychischen Körpers, der Seele.

Vorbemerkung zum metaphysischen Ansatz

Sie sind nun beim metaphysischen Teil dieser Methode angekommen. Jetzt geht es darum, Zutritt zu einem Ort zu erlangen, der keinen Zugang besitzt, und eine Tür zu öffnen, die sich nicht öffnen lässt, weil sie auf Ihrer Seite keine Klinke hat. Dafür ist es nötig, das Schwert Ihrer Intelligenz auf dem Schleifstein der metaphysischen Fragen zu schärfen. Gleichzeitig geht es darum, die psychologische Arbeit an sich selbst fortzusetzen, die darin besteht, in sich selbst das anzuschauen, was man nicht sehen will. Wenn Sie beides kombinieren, wird sich Ihre wahre Natur in einem Moment zeigen, wenn Sie es am wenigsten erwarten.

KAPITEL V

Das vierte D: Differenzieren

oder: Wie man sich von seinen letzten Identifikationen löst

Nachdem das Distanzieren und Durchdringen für Sie inzwischen zu einer festen Größe geworden ist, identifizieren Sie sich weniger mit den Ursachen Ihrer äußeren Konflikte, von denen die meisten kleiner geworden sind. Ihre Lebensfreude hat zugenommen, weil Sie ganz einfach mehr im Einklang mit dem Leben stehen. Damit kommen Sie nun zum Differenzieren, dem vierten D, dem Tor zur Freiheit.

Ob im Wach- oder Traumzustand: Wir kennen nichts anderes als die Dualität, die Zweiheit. Wir leben in einer ständigen Trennung, das heißt, wir sind immer in einer Subjekt-Objekt-Dynamik gefangen, die durch Identifikation aufrechterhalten wird. Unser „Ich" identifiziert sich jeweils mit dem Objekt, das es sieht, hört, denkt oder fühlt, und muss deshalb im Mittelpunkt unserer Selbsterforschung stehen.

Alle Philosophen, Weisen und Heiligen haben schon immer von dem Einen, dem höchsten Einssein gesprochen und dafür Begriffe wie Wahrheit, Wirklichkeit, Absolutes, göttliches Bewusstsein oder Gott verwendet.

Das Einssein ist die höchste Ebene des Bewusstseins. Unsere Gedanken, Konzepte und alles, was wir wahrnehmen, gehören zur Ebene der Zweiheit. Unser grundsätzliches Problem besteht darin, wie wir die Dimension wechseln, das heißt einen Quantensprung machen, um von der Zweiheit zur Einheit zu gelangen.

Die indische Philosophie hat dazu zwei zentrale Vorstellungen entwickelt: das Differenzieren, als Kern des metaphysischen Forschens, und Leela, das kosmische Versteckspiel.

Das Eine, das Absolute, das göttliche Bewusstsein, Gott, kann sich nicht selbst erkennen. Damit Erkenntnis überhaupt stattfinden kann, muss es ein Subjekt und ein Objekt geben, einen Erkennenden und ein Erkanntes – eine Zweiheit also. Zu Beginn, wenn Raum und Zeit entstehen, an dem Punkt, an dem das Universum geboren wird, fragmentiert sich das Eine und wird zur Zweiheit, zur Vielfalt. Von da an sucht die Zweiheit den Weg zurück zu ihrem Ursprung, zur Einheit. Das Leben strebt nach Bewusstsein, das sich als Licht, Galaxie, Sonne, Planet, Mineral, Pflanze, Tier, Mensch manifestiert. Diese evolutionäre Dynamik wird im Hinduismus Leela genannt.

Aus dem Menschsein erwächst die Intelligenz. Aus der Intelligenz erwächst die Fähigkeit, sich selbst tief zu ergründen. Diese Fähigkeit führt wiederum zum metaphysischen Forschen, zum Differenzieren.

Wir können zwar nicht erfassen, was wir sind – göttliches Bewusstsein, Einheit, das Absolute –, aber wir können erkennen, was wir nicht sind: unsere Gedanken, Gefühle und Sinneswahrnehmungen. Alle Identifikationen, die auf dem Bildschirm des Bewusstseins auftauchen und sich dort einprägen, erhalten den Mechanismus der Dualität, unsere scheinbare Identität, aufrecht.

Durch die konsequente Anwendung des Distanzierens und Durchdringens sind Sie inzwischen viel gesammelter, und Ihre Fragen: „Wer denkt das, sagt das, will das, fühlt das?" werden immer schärfer und bewegen Sie noch tiefer. Irgendwann wird eine für Sie wesentliche Frage auftauchen, und in diesem Moment werden Sie durch das Weiterfragen: „Wer beobachtet das? Wer ist diese Entität, die beobachtet? Wer ist dieses ‚Ich'?" klar differenzieren können. Wenn dann alles, was Sie nicht sind, von Ihnen abfällt, bleibt das übrig, was Sie wirklich sind: das Absolute.

In diesem Stadium werden Sie also feststellen, dass Sie zwischen dem, was Sie sind, und dem, was Sie nicht sind, genau unterscheiden können. Wenn Sie durch den Prozess des Durchdringens und metaphysischen Erforschens innerlich so weit geeint sind, wird sich Ihr Bewusstsein bei der richtigen Frage nicht mehr mit einem seiner Fragmente identifizieren oder an irgendwelche Identifikationen oder Haltepunkte klammern können. Dann bricht Ihr Subjekt-Objekt-Mechanismus zusammen, und Ihr Bewusstsein erreicht eine höhere Stufe. Gott, das Absolute, die Wirklichkeit, das Eine – egal, wie man es nennt – wird in Ihnen geboren.

In dem Augenblick, in dem das Gehirn seine alte psychologische Struktur verliert, weil es keine Haltepunkte mehr gefunden hat und sich keine neuronalen Verbindungen mehr bilden konnten, stirbt das alte Ich und Sie werden in das Leben wiedergeboren: Sie leben jetzt das Leben nicht mehr, sondern es ist das Leben, das durch Sie lebt. Ab diesem Moment ist alles, aber auch alles anders. Sie werden eins mit dem Leben. Angst und Furcht sind endgültig tot, und Sie sind jetzt der ultimative Beobachter.

„Zuerst wird die Form wahrgenommen, und das Auge nimmt wahr. Das Auge wird nun seinerseits wahrgenommen, wobei der Verstand jetzt das wahrnehmende Subjekt ist. Der Verstand und seine Modifikationen werden schließlich selbst zu wahrgenommenen Objekten. Im Endeffekt ist es der Betrachter, der tatsächlich wahrnimmt, und dieser Betrachter kann nicht wahrgenommen werden."

Shankara (788-820)

Nochmals zur Erinnerung: Unser Ego, unsere psychologische Struktur, sucht an der Oberfläche das Angenehme und meidet das Unangenehme. Sein innerster Antrieb besteht darin, mit Hilfe seiner Haltepunkte am Leben zu bleiben. Zu diesem Zweck erzeugt es Identifikationen wie Konflikte, Depressionen, Leid und Krankheit, da sie eine vergleichbare innere Anspannung hervorrufen wie neue, stimulierende und bereichernde Erfahrungen.

Im Kern unserer psychologischen Struktur befindet sich eine brodelnde Masse von alten Schmerzen. Diese Struktur verfügt über eine mechanische Intelligenz, die unaufhörlich nach Sicherheit sucht und fortwährend Identifikationen erschafft, um zu überleben. Zu diesem Zweck überlagert sie die Gegenwart, indem sie aktuelle Ereignisse nicht selten als ermüdend oder langweilig bewertet, obwohl sie es gar nicht sind.

Das Ego ist nichts anderes als der ständige Wille, die Dualität aufrechtzuerhalten. Tief im Inneren weiß es, dass es nicht real ist; tief im Inneren weiß es auch, dass es zerstört werden kann. Sein oberstes Ziel ist deshalb, nicht als verschieden von dem wahrgenommen zu werden, was wir wirklich sind. Zu diesem Zweck versucht es ständig, unsere Wachsamkeit abzulenken, und fast immer gelingt ihm dies auch, indem es Gedanken und Gefühle dafür nutzt. Deshalb muss man es genauso entschlossen in die Enge treiben wie ein Schäferhund seine Schafe: Bringen Sie es auf den Punkt. Greifen Sie sein Wesen mit einem immer schärferen Intellekt von innen heraus an. Zwingen Sie es, sich selbst dort zu konfrontieren, wo es nicht ist.

Was ist also dieses Ego eigentlich? Was ist dieses „Ich"? Was ist seine Natur? Worauf gründet es sich? Wie erhält es sich selbst?

Sie spüren nun, wie eine geschärfte Intelligenz in Ihnen erwacht, verbunden mit elektrischen Empfindungen in Ihrem Körper.

Immer wieder stellen Sie sich die gleichen Fragen. Je tiefer sie in Ihre verschiedenen Schichten vordringen und je mehr Frische und Intensität sie besitzen, desto mehr fühlen Sie sich von diesem Hinterfragen durchbohrt.

Diese Fragen kreisen um das „Ich" und seine Haltepunkte.

„Du bist schon lange in der Falle der Identifikation mit dem Körper gefangen. Durchschneide diese Illusion mit dem Schwert des Wissens: ‚Ich bin Intelligenz' – und sei glücklich."

Ashtavakra Gita, 5. Jh. v. Chr.

Der Verstand besitzt kein unmittelbares Wissen vom Leben, denn es ist ihm nicht zugänglich. Das „Ich" kann das Leben nur über Konzepte und sinnlich wahrnehmbare Formen begreifen. Die Arbeit an sich selbst ist immer eine Bedrohung für das „Ich". Dabei dringen immer wieder jene primitiven Subpersönlichkeiten des Amphitheaters, deren emotionaler Inhalt noch nicht abgebaut worden ist, gewaltsam in die Gegenwart ein und überlagern sie. Die Gegenwart wird deshalb nie wirklich gelebt, und Sie werden unmittelbar auf die Fragen zurückgeworfen: „Was ist das ‚Ich'? Was erlebt oder verpasst es? Was nimmt es wahr oder übersieht es?"

Nun bemerken Sie, dass inzwischen mehr als die Hälfte des Publikums im Amphitheater seine alten Plätze verlassen hat. Die Selbsterforschung kann jetzt manchmal so intensiv sein, dass sie Ihre gesamte Struktur ins Wanken bringt. Sie spüren, dass die radikale Veränderung von vielen Ihrer wichtigsten Subpersönlichkeiten eine kritische Masse erreichen und damit eine lebensverändernde Kettenreaktion auslösen kann. Sie fühlen, dass die Fundamente Ihres Amphitheaters zu bröckeln beginnen.

Nach und nach lassen Sie den Glauben hinter sich, dass Denken und Bewusstsein dasselbe seien: „Ich denke, also bin ich." Sie erleben Momente, in denen Ihnen Ihre Mechanismen urplötzlich völlig klar werden.

Sie kommen zu dem Schluss, dass Sie im Laufe Ihres bisherigen Lebens bewusste Erinnerungen gesammelt und Wissen angehäuft haben, während Ihre Ängste den Schatten, Ihr Unbewusstes*, gestärkt und damit Ihre kompensatorischen Verhaltensmuster hervorgerufen haben. Es ist die Kombination aus diesen beiden Faktoren, die das Denken anregt und dadurch die immer gleichen Erfahrungen auslöst.

Daraus ergibt sich, dass alles, was Sie denken, sagen oder tun, den Mechanismus des Denkens nährt, der Ihre Vorstellung von sich selbst unterstützt. Was aber ist denn dann dieses „selbst“? Gibt es überhaupt so etwas wie ein „selbst“? An diesem Punkt differenzieren Sie im besten Sinne des Wortes.

„Was ist dann dieses ‚Ich‘? Und was will es?“

Der Körper will immer weiter bestehen. Das Ego will seine Identifikationen nicht loslassen. Die Seele will sich entwickeln. Unsere wahre Natur will nichts – sie ist einfach.

Zusammenfassung

Das Differenzieren ist eine Klinge, die so scharf ist, dass sie die letzten Knoten Ihrer Konditionierungen durchschneidet. Erst an diesem Punkt enthüllt sich das Leben sich selbst.

KAPITEL VI

Das Erwachen

oder: Wie man diese Welt lebend verlässt

Einzig die Auflösung des Ego führt zum Erwachen.

„Sie besitzen kein Ego. Die Vorstellung, dass es eins gibt, besitzt Sie."
Wei Wu Wei, 20. Jh.

Durch die intensive Beschäftigung mit den ersten beiden D bekommt die Schale Ihres Ego irgendwann Risse und zerbricht; das dritte D hat einen Raum für Ihr inneres Wachstum geöffnet. Nun kann das Differenzieren eine Lücke für den Durchbruch finden.

Dabei ist wichtig zu verstehen, dass das Erwachen ein physischer Vorgang ist. Unsere Gedanken prägen unser neuronales Netzwerk, und Erwachen bedeutet, dieses neuronale Netzwerk schlagartig von allen Bildern, Meinungen, Konzepten und Überlegungen zu entleeren – die Summe all unserer Identifikationen, die unsere psychologische Entität ausmachen.

Das Erwachen kann erst dann geschehen, wenn wir in uns vollkommen geeint sind. Eines Tages wird eine psychologische Krise alle unsere Anteile bündeln. Diese Krise wird Sie zu einer Schlüsselfrage drängen, wie etwa: „Was ist der Ursprung des Universums? Was ist das Wesen der Realität? Wer bin ich?" Durch die richtige Frage wird ein neuronaler Kurzschluss ausgelöst, und das Erwachen geschieht. Nicht die Antwort ist entscheidend, sondern die Frage selbst.

Die Energie, die durch eine Frage erzeugt wird, für die es keine Antwort geben kann, wird auf den Fragesteller zurückgeworfen und löst ihn auf. Das Erwachen geschieht, wenn der Identifikationsmechanismus keine Haltepunkte mehr findet. Denn wenn das Subjekt sich nicht mehr auf ein Objekt stützen kann, verschwindet es. Erwachen ist das Ergebnis der Selbstzerstörung des Ego, die geschieht, wenn es durch intensives metaphysisches Hinterfragen* in die Enge getrieben wird.

Genauer gesagt: In einem bestimmten Moment – einem Moment der Gnade – wird durch eine kleine oder große Krise ein Aspekt in Ihnen erscheinen, dem Sie noch nie zuvor begegnet sind. Dabei wird die Frage auftauchen:

„Wer bin ich? Wer ist dieses Ich?"

In diesem Moment geschieht echtes Differenzieren.

Wenn Sie dann weiter forschen, werden Sie sehen, dass das „Ich" nur ein Gedanke ist. Dies führt zu der Erkenntnis, dass die Gedanken der Erinnerung entspringen. Woher stammt wiederum die Erinnerung? Natürlich aus der Identifikation mit den Erfahrungen: Ich habe dies erlebt, ich habe jenes gelernt. Wie entstehen Erfahrungen? Aus der Identifikation mit Wahrnehmungen. Wenn ich dies oder jenes erlebt habe, dann deshalb, weil ich dies oder jenes wahrgenommen habe. Die Schlüsselfrage führt also zur Wahrnehmung: Wer nimmt wahr? Sie verstehen plötzlich, dass alles, was Sie wissen und jemals wissen werden, seinem Wesen nach Wahrnehmung ist. Dann taucht die ultimative Frage auf: „Kann das Wahrgenommene wahrnehmen?" Sie verstehen plötzlich, dass Wahrgenommenes nicht wahrnehmen kann, ebenso wie ein Gedanke nicht denken kann.

„Wahrnehmung bedeutet Dualität, aber wenn nichts wahrgenommen wird, erreichst du die Realität in der Non-Dualität."

Vimalakirti, 6-5. Jh. v. Chr.

Nun begreifen Sie auch, dass der Identifikationsmechanismus Sie vollständig von der Gegenwart, von der unmittelbaren Wahrnehmung abschneidet, indem er sie überlagert.

Das scharfe Schwert des Differenzierens hat jetzt die vielen Köpfe der mythologischen Hydra abgeschlagen. Ihre gesamten Identifikationen sind zusammengebrochen, und Sie stehen nun völlig ohne Haltepunkte da. Nichts mehr! Nur noch Leere! Sie erkennen, dass es niemanden gibt und nie jemanden gegeben hat, der überhaupt etwas wahrnimmt.

Genau in dem Moment, in dem Sie Ihren Halt verlieren, verwirklichen Sie Ihre wahre Natur, denn Sie sind durch die Abwesenheit Ihres Selbst hindurchgegangen, was im Buddhismus die Leere und im Christentum der Tod des alten Menschen genannt wird und was die Sufis als Auslöschung bezeichnen. Dadurch sind Sie frei. Sie haben die Illusion hinter sich gelassen. Sie haben diese Welt überwunden.

Von da an ist alles, absolut alles anders. Nicht mehr Sie leben Ihr Leben, sondern es ist das Leben, das durch Sie lebt und das sich als solches erkennt. In diesem Moment haben Sie Ihr Gehirn von der psychologischen Entität befreit, der es bisher gehört hat. Ihr Amphitheater ist jetzt leer.

Sie als Person in Form von mentalen Reflexhandlungen und als Subjekt-Objekt-Bewusstsein sind verschwunden. Sie stehen jetzt jenseits der Dualität und sind eins mit allen Dingen. Sie sind in die Bewusstheit des Lebens aufgeblüht.

„Wer sowohl das Wissen als auch die Abwesenheit von Wissen kennt, wird mit der Abwesenheit von Wissen den Tod überwinden und mit Wissen die Unsterblichkeit erreichen."

Isha-Upanishad, 8.-5. Jh. v. Chr.

Es ist die Fähigkeit, das Nicht-Sein zu integrieren, die das Sein erst ermöglicht.

In dem Augenblick, in dem Sie diesen Zustand als denjenigen erkennen, in dem Sie schon immer waren, treten Sie aus der Zeit heraus und eine neue Dimension eröffnet sich Ihnen.

Die Angst ist tot. Die Furcht ist tot. Sie benutzen Ihr Gedächtnis, aber das Gedächtnis kann Sie nicht mehr benutzen. Sie denken nur noch dann, wenn es erforderlich ist.

Das Leben gestaltet sich zutiefst freudig, sinnlich und erfüllt. Sie werden nie mehr sagen können:

„Ich denke, also bin ich."

sondern:

„Ich bin, weil ich wahrnehme."

Dann vertiefen Sie Ihre Fragen weiter und erkennen:

„Ich nehme nicht wahr, also bin ich nicht."

Und weil Sie nicht sind, sind Sie frei.

„Wenn du dich auch nur für einen Moment lassen könntest, würde alles, was in deinem ungeschaffenen Geheimnis lebt, ganz und gar dir gehören."

Meister Eckhart, 14. Jh.

Sie haben die große Tat vollbracht, zu Lebzeiten frei zu werden. Sie sind in den freudigen Zustand des objektlosen Seins erwacht.

Subjekt und Objekt sind verschwunden. Es gibt jetzt weder ein wahrgenommenes Objekt noch ein wahrnehmendes Subjekt, denn beide haben sich im reinen Gewahrsein aufgelöst. Dieses Gewahrsein ist unendlich reich und dynamisch – und Sie sind das Gewahrsein des Absoluten, das sich selbst erfährt.

So wie der Hinduismus von den zweimal Geborenen spricht, so sind auch Sie wiedergeboren. Sie haben die Spontaneität des Kindes wiedererlangt und es wird nie mehr verletzlich sein.

„Wenn ihr nicht umkehrt und werdet wie die Kinder, so werdet ihr nicht ins Reich der Himmel kommen."

Jesus in Matthäus 18, 3

Dieses Kind weiß, dass ihm nie wieder etwas geschehen kann. Es weiß, dass es das Bewusstsein des Lebens selbst, also Eins ist.

„Ich und der Vater sind Eins."

Jesus in Johannes 10, 30

Nur dieses Bewusstsein kann lieben – seine wahre Natur ist Liebe.

Das entspricht auch Ihrem innersten Wesen, das in Ihrer Reichweite liegt; Sie müssen sich nur umfassend damit beschäftigen.

Erwachen ist der plötzliche Verlust Ihrer Konditionierung – ein Zustand frei von Angst. Sie sind das Ganze, das sich selbst wiederentdeckt. Wenn Sie sich selbst als die Essenz aller Dinge erkennen, wovor könnten Sie sich dann noch fürchten? Sie sind das Leben, das sich selbst in der Freude des Seins erfährt.

In dem Moment, in dem Sie erkennen, dass es nie ein „Ich" gab, das diese Welt betreten hat, verlassen Sie sie lebend.

KAPITEL VII

Erwachen: eine letzte Warnung

oder: Wie man den ultimativen Verlockungen begegnet

Wenn Sie von der Frage ergriffen werden, die Ihr Ego oder die Illusion, die Sie sind, durchschneidet, und dabei einen Engel oder Teufel oder Gott in irgendeiner Gestalt sehen, erinnern Sie sich am besten an die Worte des Ch'an-Meisters Lin-Chi:

„Wenn du dem Buddha begegnest, töte ihn!"

Mit anderen Worten: Wenn das Ego kurz davor ist, sich vollständig zu ergeben, wird es versuchen, sich an sich selbst zu klammern und eine letzte Identifikation zu erschaffen, denn es sucht verzweifelt einen Haltepunkt, um die Subjekt-Objekt-Dynamik zu festigen. Das kann eine leuchtende Form sein, die vor Ihnen auftaucht – sei sie teuflisch oder göttlich, möglicherweise sogar der Buddha selbst. Dies ist die letzte Falle, die letzte Illusion, und hier kommt Lin-Chis Schlüsselsatz ins Spiel. Erinnern Sie sich daran, wie der Teufel Christus während der vierzig Tage in der Wüste in Versuchung führte oder wie Mara und seine Dämonenarmee kurz vor dem Erwachen des Buddha vor ihm auftauchten: Es ist immer der gleiche Mechanismus, die immer gleiche Geschichte.

Erwachen bedeutet, eine Illusion zu der Erkenntnis zu zwingen, dass sie eine Illusion ist. Vom Standpunkt der Illusion aus wird sie natürlich alles tun, um das zu vermeiden. Der Verstand kann sogar je nach Glaubenssystem teuflische oder göttliche mystische Erfahrungen erzeugen, um weiter in der Dualität zu verharren. Zahlreiche Mystiker der verschiedenen Traditionen haben diese letzten Verlockungen erlebt. Ob es gelingt, über sie hinauszugehen, hängt ganz von der Qualität Ihres Distanzierens ab.

KAPITEL VIII

Zeit, die Tür aufzustoßen

„Ein Mensch ohne Geschäftigkeit ist jemand, der seine Oberfläche und seine Tiefen miteinander verschmelzen lässt, bis sich seine Emotionen in der völligen Abwesenheit von Haltepunkten erschöpfen."

Huang Po, 9. Jh.

Das Erwachen, die Begegnung mit Gott, ist nichts anderes als der Akt der Verschmelzung des Bewussten mit dem Unbewussten bis zu dem Punkt, an dem völliges Loslassen geschieht.

„Form ist Leere, Leere ist Form."

Buddha, Herz-Sutra, 6. Jh. v. Chr.

Das Vorzimmer zum Erwachen ist die Leere.

„Es gibt keine Realität zu finden; dies wird das höchste Erwachen genannt."

Buddha, Diamant-Sutra, 6. Jh. v. Chr.

Jede Übung, jede Vorstellung von Realität schafft einen Haltepunkt, eine Identifikation, die das Erwachen blockiert. Und doch ist es ohne Üben unmöglich, Fortschritte zu machen.

***

Um die Angelegenheit ein für alle Mal zu beenden, nehmen wir Huang Pos Spruch:

„Erlaube mir, dich daran zu erinnern, dass das Wahrgenommene nicht wahrnehmen kann",

kauen darauf herum und durchbohren ihn ganz und gar. Schließlich machen wir daraus eine Dynamitstange und zünden die Lunte an.

Übrigens: Kennen Sie noch etwas anderes als das, was wahrgenommen worden ist?

***

Wenn das immer noch nicht zum Erfolg geführt hat, meditieren Sie über diese letzte Aufforderung:

„Reagiere nicht auf das, was wahrgenommen wird.“

Überlegen Sie: Tun Sie jemals etwas anderes, als auf Wahrgenommenes zu reagieren?

Vorbemerkung zu Teil II

Aus dem ersten Teil dieses Buches wird ersichtlich, dass unser Ego bis ganz zum Schluss Ablenkungen, Köder und Täuschungen erzeugt, um seine Identifikationsmechanismen und damit seine Position aufrechtzuerhalten. Die nun folgenden Fragen und Antworten im zweiten Teil sollen dazu beitragen, das Verständnis des bisher Gesagten weiter zu vertiefen.

Wie Sie gesehen haben, ist die Arbeit an sich selbst, zu der Sie in diesem Buch ermutigt werden, zunächst psychologischer Natur und eng mit erfolgreichem Distanzieren und Durchdringen verbunden. Ein Abschnitt im folgenden zweiten Teil behandelt ausführlich die Technik, die Sie zur Interpretation Ihrer Träume benötigen. Sie findet auf der gleichen psychischen Ebene statt, wie sie im Kapitel über die Entwicklung der Seele beschrieben wurde. Zuletzt konzentriert sich die Arbeit auf die metaphysische Ebene, auf den Punkt, an dem Sie sich grundlegende Fragen stellen und eine höhere Bewusstseinsstufe erlangen können. Das bedeutet, ein neues Verständnis zu entwickeln, das aber wieder aufgegeben werden muss, um die nächste Ebene zu erreichen – ähnlich einem Bergsteiger, der seinen Halt an der Felswand wieder loslassen muss, damit er weiter nach oben klettern kann.

Die Philosophie der Vier D ist sowohl ein allmählicher als auch ein abrupter Weg. Er ist insofern allmählich, als sich Ihr Bewusstseinsniveau dabei über Ihren Schatten erhebt und Sie dabei nach und nach Ihre unterdrückten Strukturen in eine andere Form von Energie umwandeln, nämlich Ihre Seele. Und er ist deshalb abrupt, weil Sie, wenn Sie den Gipfel erreicht haben, in die Leere eintauchen müssen. Diese Leere ist das Vorzimmer zum Erwachen, aber nur vom Standpunkt des Ego aus gesehen erscheint sie als Leere. Vom Standpunkt des erwachten Seins aus erstrahlt alles in der Energie des Universums.

TEIL II – FRAGEN UND ANTWORTEN

Die psychologische Seite

Frage: Wie kann ich an mir arbeiten, wenn ich in meine alltäglichen Aktivitäten verwickelt bin?

Antwort: Sie müssen dafür vor allem vier Eigenschaften fördern: Aufmerksamkeit, Disziplin, Mut und intellektuelle Aufrichtigkeit.

Jeder kann ein hohes Maß an Aufmerksamkeit entwickeln. Alles, was Sie dafür tun müssen, ist, nicht zu viel zu essen und Alkohol nur maßvoll zu genießen. Am besten steht man vom Esstisch bereits dann auf, wenn man noch etwas Hunger hat. Dadurch werden Sie nicht nur länger und gesünder leben, sondern auch wacher sein. Drogen sind natürlich völlig tabu.

Sie brauchen außerdem den ernsthaften Willen zur Veränderung, denn nur so werden Sie die nötige Disziplin aufbringen, und ohne ein Mindestmaß an Disziplin werden Sie keine Fortschritte erzielen.

Mut ist deshalb erforderlich, damit man in sich selbst das sehen kann, was man nicht sehen will. Nur wenn Ihnen das gelingt, können Sie die alte Logik aufbrechen, auf der Ihr gegenwärtiges Leben aufgebaut ist. Erinnern Sie sich: Erwachen bedeutet, das Ego zu der Erkenntnis zu bringen, dass es nicht ist.

Die vierte Eigenschaft ist intellektuelle Aufrichtigkeit. Wenn Sie nämlich nicht ehrlich zu sich selbst sind, werden Sie sich weigern, die Fehlfunktionen zu erkennen, die von Ihren Ängsten, Ihrem Schatten herrühren. Durch die Arbeit an sich selbst werden sich diese Fehlfunktionen abschwächen. Ihr innerer Sucher wird im Licht seiner gewonnenen Erfahrungen zusehends wachsen und Vertrauen entwickeln, sodass Ihr Alltag glücklicher und erfolgreicher wird.

Frage: Was soll ich also tun?

Antwort: Praktizieren Sie möglichst oft Distanzieren und Durchdringen, während Sie mitten im Leben stehen. Schreiben Sie Ihre Träume auf und interpretieren Sie sie, indem Sie sich mit Ihrer eigenen Symbolsprache vertraut machen. Meditieren Sie täglich etwa dreißig Minuten auf leeren Magen, das heißt drei bis vier Stunden nach der letzten Mahlzeit. Wenn das nicht möglich ist, sollten Sie dies zumindest jeden zweiten Tag tun. Wichtig ist vor allem, dass Sie sich an das halten, wozu Sie sich einmal entschlossen haben. Lesen Sie außerdem mindestens zweimal pro Woche eine halbe Stunde metaphysische Texte, denn sie regen zum Hinterfragen an. So wie man regelmäßig Zeit im Fitnessstudio verbringt, um körperlich in Form zu bleiben, sollten Sie auch etwas Zeit in die Schaffung neuer neuronaler Verbindungen investieren. Dieser Aufwand ist ein notwendiges Minimum, wenn Sie ein erfüllteres Leben führen wollen.

Frage: Demnach brauche ich Willenskraft?

Antwort: Ja, Sie brauchen Willenskraft und gesunden Menschenverstand. Um zu begreifen, wer Sie wirklich sind, stehen Ihnen nur Ihre Gedanken, Gefühle, körperlichen Empfindungen und Träume zur Verfügung. Damit Sie Fortschritte auf psychologischer Ebene machen können, müssen Sie einen inneren Zeugen erschaffen, indem Sie Ihre Aufmerksamkeit zwischen mehreren Sinneswahrnehmungen aufteilen. Wichtig ist auch, die Logik, die Ihren Gedanken und Gefühlen zugrunde liegt, ständig zu hinterfragen, um sie abbauen zu können. Dadurch werden sich Ihre Entscheidungen und damit Ihr Leben verändern. Durch konsequentes Praktizieren schaffen Sie in sich einen Raum inmitten Ihres Schattens, im Zentrum dessen, was Sie verdrängt haben. Ihr Passierschein, mit dem Sie diese Welt lebend verlassen können, besteht in der Umwandlung Ihres Schattens in Licht. Wenn Sie das wirklich wollen, müssen Sie methodisch und diszipliniert vorgehen.

Stellen Sie sich vor, Sie wären ein Pilot im Cockpit. Was tun Piloten? Sie verbringen viel Zeit damit, Checklisten zu erstellen, um sicherzugehen, dass sie nichts vergessen haben. Um zu Ihren höchsten Bewusstseinsebenen zu navigieren, brauchen Sie Ihre eigenen Checklisten. Ist das Distanzieren eingeschaltet? Ja, ich spüre die verschiedenen körperlichen Empfindungen wie etwa ein leichtes Kribbeln. Ist mein Durchdringen aktiviert? Ja, ich frage mich, welcher Teil von mir dies denkt, welcher Teil jenes fühlt, welche Logik mich antreibt. Schärfe ich mein Hinterfragen durch das Lesen metaphysischer Texte? Was ist mit meinem Traumleben? Erinnere ich mich an meine Träume und ergibt ihre Interpretation einen Sinn für mich? Verbringe ich täglich mindestens 30 Minuten in Stille?

Wichtig ist auch, sich Folgendes bewusst zu machen: Wenn eine Seite von Ihnen nach oben will, legt es eine andere Seite gleichzeitig auf eine Abwärtsdynamik an, durch die Sie abstürzen können.

Frage: Wie soll ich meditieren?

Antwort: Setzen Sie sich an einen ruhigen Platz, am besten mit leerem Magen, um wach zu bleiben. Befreien Sie den Verstand so weit wie möglich von allen Gedanken. Sobald sie wieder nach Ihrem Bewusstsein greifen, lassen Sie sie los und besinnen Sie sich auf die einzige Tatsache, deren Sie sich sicher sein können: „Ich bin". Anschließend kehren Sie wieder zu Ihrem gedankenfreien Zustand zurück.

Frage: Worin unterscheiden sich Meditieren und Distanzieren?

Antwort: Meditation ist ein allgemeiner Begriff für Praktiken, die mentale Stille anstreben. Distanzieren ist eine Technik, die es Ihnen erlaubt, Denkprozesse in allen Situationen zu beobachten. Diese Prozesse laufen ständig weiter, indem sie ihre Haltepunkte in einer endlosen Dynamik immer wieder erneuern. Die Praxis des Distanzierens besteht darin, Ihre Aufmerksamkeit zu teilen und dadurch der Struktur aus Körper und Verstand, dem Ego also, anstelle von Gedanken und Gefühlen einen sinnlich erfahrbaren Haltepunkt zu bieten. Von diesem neuen Haltepunkt aus können Sie den Ablauf Ihrer Denkvorgänge sehr gut verfolgen. Denn erst wenn Sie verstehen, wie sie funktionieren, können Sie mit ihnen vertraut werden.

Frage: Würden Sie diese Technik bitte näher erklären?

Antwort: Bündeln Sie mehrere Sinnesbereiche wie Sehen, Hören und Fühlen. Dabei werden Sie feststellen, dass Sie ständig von einem Sinn zum anderen springen, vom Sehen zum Hören, wieder zurück zum Sehen, dann zum Fühlen und so weiter, ähnlich wie man mit der Fernbedienung dauernd von einem Sender zum anderen zappt. Dieses ständige Umschalten hört irgendwann auf und die drei Wahrnehmungsfelder fließen zu einem einzigen zusammen. Wenn man sich fragt, was hinter diesem Zwang zum Umschalten steckt, erkennt man, dass es lediglich das Ego ist, das völlig mechanisch seine Identifikation aufrechtzuerhalten versucht. Sobald Sie zwei oder drei Sinne zusammengefasst haben, können Sie die mentalen Prozesse beobachten, sind jetzt aber nicht mehr so stark mit ihnen identifiziert, weil durch die Bündelung der Sinne ein neuer Haltepunkt entstanden ist. Wenn sich nun Ihre Denkprozesse vor Ihnen entfalten, können Sie sie besser beobachten, weil Ihr Ego jetzt eine andere Beschäftigung gefunden hat. In der Folge nimmt die Frequenz Ihrer Gedanken ab.

Frage: Ich verstehe, worauf Sie hinauswollen, aber wann immer ich es versuche, werden meine Gedanken unklar und verschwommen.

Antwort: Das ist alles eine Frage der Übung: Vor allem muss man verstehen, was das Ego ist und wie unsere Denkprozesse ablaufen. Das Ego erhält sich durch ein Hilfskonstrukt am Leben – seine Haltepunkte. Ängste, Wünsche und fehlende Klarheit sind alles Haltepunkte, die zu unserer persönlichen Struktur gehören. Entscheidend ist, bewusst zu bleiben, während man seine Aufmerksamkeit aufteilt – darin besteht die Übung. Sie wird Sie an den Punkt bringen, an dem Sie die rein mechanische Natur Ihrer Denkvorgänge erkennen werden. Seien Sie sich zunächst einfach Ihres Ein- und Ausatmens bewusst, während Ihre Gedanken und Gefühle wie ein Film vor Ihnen ablaufen.

Frage: Wie würden Sie das Distanzieren definieren?

Antwort: Beobachten Sie sich selbst genau: Wie oft sind Sie in Gedanken abgeschweift, während Sie diese Zeilen gelesen haben? Wie gut konnten Sie sich auf den Inhalt konzentrieren? Beim Distanzieren geht es darum, sowohl die inneren Prozesse zu beobachten als auch das, was um uns herum geschieht. Auf diese Weise können wir uns unserer Gedanken und Gefühle bewusst sein und sie vor uns ablaufen sehen, ohne uns einzumischen. Durch das Distanzieren werden wir auch verschiedene Situationen mit ganz neuer Klarheit wahrnehmen können. Wenn Sie diese Fähigkeit nicht entwickeln – welche Chance haben Sie dann, sich selbst jemals kennen zu lernen?

Frage: Worum geht es beim Durchdringen?

Antwort: Ohne Distanzieren gibt es kein Durchdringen, denn beide arbeiten eng zusammen. Solange man die Denkprozesse nicht mit genügend Abstand sehen kann, ist es unmöglich, sie zu verstehen. Das Durchdringen zeigt Ihnen zum Beispiel, warum Ihnen Versprecher unterlaufen. Oder warum Sie beim Lesen eines Textes ein völlig anderes Wort wahrnehmen als das, was Sie vor sich sehen. Und wie Ihre verschiedenen Subpersönlichkeiten oder einander widersprechenden Seiten sich gegenseitig bekämpfen, um Zugang zu Ihrem Bewusstsein zu erhalten und Chaos zu verursachen: „Ich wäre gerne reich, treffe aber trotzdem ständig falsche Entscheidungen" oder „Ich liebe diesen Mann oder diese Frau, ruiniere aber unsere Beziehung".

Die Praxis des Durchdringens besteht darin, in sich selbst zu graben und sich möglichst oft zu fragen: „Wer sagt das und warum?" oder „Wer will das und warum?" Wenn Sie sich darauf einlassen, werden Sie erkennen, dass sich hinter Ihrer Schüchternheit, hinter der Angst zu versagen und den Lügen immer ein schwaches Selbstwertgefühl und wiederum dahinter alte Schuldgefühle verstecken. Dann werden Sie verstehen, dass diese Mechanismen Sie in genau die Situationen bringen, die Sie eigentlich vermeiden wollten.

Frage: Intellektuell habe ich das im Wesentlichen schon vor einer Weile begriffen, aber viel hat sich dadurch nicht bei mir verändert.

Antwort: Denkblockaden liegen im Emotionalkörper und sind nicht intellektueller Natur. Sie haben Ihren Verstand überentwickelt, um sich Ihren schmerzhaften Gefühlen nicht stellen zu müssen. Sich so zu sehen, wie man wirklich ist, bringt Leid mit sich, aber es ist nicht nötig, dass dieses Leid länger als ein paar Sekunden dauert. Und wenn es doch länger anhält, dann deshalb, weil Sie es zu einem weiteren Haltepunkt gemacht haben. Wenn es sich dann mit anderen verdrängten Gefühlsinhalten verbindet, kann das dazu führen, dass Sie immer wieder auf der Couch eines Therapeuten die gleichen alten Traumata bearbeiten.

Frage: Ich bin schon seit einiger Zeit in Therapie. Was halten Sie davon?

Antwort: Das ist gut, weil Sie sich entschieden haben, auf dem Weg der Selbsterkenntnis weiterzukommen. Wenn Sie erst einmal mit dem Distanzieren und Durchdringen vertraut geworden sind, wird sich bald das gerichtete Ich des Suchers einstellen, das Ihnen helfen wird, dauerhaft dabeizubleiben.

Frage: Was riskiere ich, wenn ich an mir selbst arbeite?

Antwort: Ziemlich viel, weil Sie sich dabei von Konditionierungen befreien, die für Sie bisher die Wahl des geringsten Übels waren, damit Sie Ihre innere Logik aufrechterhalten konnten.

Frage: Kann das gefährlich werden?

Antwort: Lieber Freund, das Leben ist tödlich, aber es ist noch viel tödlicher, wenn Sie nicht lebendig werden. Vergessen Sie nicht, dass es vor allem darum geht, diese Welt lebend zu verlassen.

Die Wahrheit gehört denjenigen, die bereit sind, Risiken einzugehen, das heißt, ihre Haltepunkte loszulassen – ihre Glaubenssysteme und alles, was ihre Konditionierung ausmacht. Jeder Schritt zur Selbsterkenntnis ist ein Schritt in Richtung Dekonditionierung. Das Problem ist nur, dass das Ego versuchen wird, sich mit Hilfe genau dieser Schritte wieder neu zu konditionieren. Das gilt auch für den Weg der Religionen, weshalb Mystiker wie Lin-Chi und Meister Eckhart immer wieder gesagt haben, man solle sich von jedem Gotteskonzept verabschieden. Und ebenso betrifft es den psychoanalytischen Prozess, bei dem der Klient nach einiger Zeit ein analytisches Ego aufbaut, das alles durch Prismen verzerrt sieht, die einen kalten Intellekt auf Kosten der Gefühle betonen. Das Ego ist eine Illusion, ständig auf der Suche nach neuen Haltepunkten, und es wird alles daransetzen, sie nicht zu verlieren. Wirklich gefährlich ist nur das Ego.

Frage: Könnten Sie noch etwas mehr zum Durchdringen sagen?

Antwort: Wenn Sie nicht in Ihre Subpersönlichkeiten verwickelt sind, können Sie beobachten, wie sie funktionieren. Das ist eine gute Gelegenheit, um die innere Logik abzubauen, die zu Selbstbeschuldigungen und Rechtfertigungen führt und die es Ihnen unmöglich macht, sich selbst besser zu verstehen. Beides hindert Sie daran, tief genug zu gehen, damit Sie sich selbst so sehen können, wie Sie wirklich sind, und damit Ihnen das, was Sie entdecken, aufrichtig leid tut. Erst wenn Sie dieses Stadium erreichen, werden die Verlockungen Ihres Ego weniger Macht über Sie haben. Verstehen entwickelt sich nicht durch Selbstkritik oder Urteilen, sondern durch einen Prozess rigoroser Selbstbefragung: „Wer sagt das? Wer will das? Welche innere Logik steuert mich? Bringt mich diese Logik vorwärts? In Bezug worauf ist das die Wahl des geringsten Übels? Was soll durch diese Wahl bestärkt werden?" Dieses scharfe Hinterfragen beruht natürlich auf stiller Selbstbeobachtung, dem Distanzieren. Es zeigt Ihnen, wie Gedanken interagieren und wie sich diese Gedanken zu Gruppen und Untergruppen, also zu Subpersönlichkeiten formieren. Introspektion wird die Verbindung mit den Angst- und Schuldgefühlen auflösen, die Sie konditionieren. Diese Dekonditionierung ist Frucht des Durchdringens und wird Ihnen ermöglichen, eine neue Qualität der Selbstwahrnehmung zu entwickeln.

Frage: Wie erreicht man diese neue Qualität der Selbstwahrnehmung?

Antwort: Die Praxis des Distanzierens, die eng mit dem Durchdringen verbunden ist, steht im Mittelpunkt der Arbeit. Die dabei entstehende bewusste Energie baut nach und nach die unterdrückten und überkompensierten emotionalen Strukturen ab, wenn sie zum Vorschein kommen. Durch diesen Abbau in Verbindung mit regelmäßigem Meditieren entwickelt sich allmählich eine psychische Entität, eine Seele. Der spürbare Beleg dafür wird eine Reihe neuer, subtilerer Körperempfindungen sein, wie etwa ein feines Kribbeln zwischen den Augen oder das Gefühl eines schwachen elektrischen Stroms, der sich allmählich im Körper ausbreitet.

Frage: Was soll ich also konkret tun?

Antwort: Der Schlüssel liegt darin, genau darauf zu achten, was in Ihrem Verstand auftaucht. Nach und nach müssen Sie eine Instanz in sich erschaffen, die weder urteilt noch Schlüsse zieht – mit anderen Worten: ein bewusstes Ich, einen inneren Zeugen, der es Ihnen ermöglicht, das zu sehen, was Sie bisher in sich selbst nicht sehen wollten. Jedes Mal, wenn eine dieser emotionalen Schichten auftaucht, müssen Sie den damit verbundenen schmerzhaften Erinnerungen erlauben, an die Oberfläche zu kommen, und die körperlichen Empfindungen zulassen, die mit ihnen einhergehen. Damit Sie einen psychischen Körper aufbauen können, ist es erforderlich, zuerst den Emotionalkörper abzubauen, und für diesen Zweck ist das Durchdringen das schärfste Werkzeug. In dem Maß, wie Ihr Bewusstseinsniveau steigt, beschleunigen sich alle inneren Prozesse. Die Schichten aus emotionalem Schmerz, die ihre eigene physische Realität haben, beginnen sich aufzulösen – nicht ohne Widerstand zu leisten und sich durch verschiedene Fallen zu schützen, wie etwa Gefühlsausbrüche, die der jeweiligen Situation überhaupt nicht angemessen sind, oder Gedankennebel, die das Verstehen blockieren. Aber diese Fallen sind rein mechanisch. Die nicht-mechanische Aufmerksamkeit, die Sie in sich selbst geschaffen haben, wird wissen, wie man sie aufspürt. Auf der Grundlage der verstreuten Überreste des alten Emotionalkörpers wird allmählich der psychische Körper aufgebaut.

Frage: Ich habe Ihr Buch gelesen und festgestellt, dass Sie im Gegensatz zu den meisten Lehrern viele verschiedene Weisheitsquellen zitieren. Warum?

Antwort: Sie sollen Ihnen helfen, zu verstehen, dass es tatsächlich nur einen Weg gibt, der seit Jahrtausenden von Wissenden gelehrt wird, und dass diese Lehre nicht an einen bestimmten Lehrer gebunden, sondern universell ist. Wenn Sie das begriffen haben, wird es Sie darin unterstützen, sich nicht an Glaubenssysteme zu hängen.

Frage: Meinen Sie damit die Religionen?

Antwort: Keineswegs, solange Sie sich auf die Mystiker beschränken, die an den Wurzeln oder im Kern der Religionen den Sprung von der Zwei zur Eins, von der Dualität zur Non-Dualität erforscht und dann gelehrt haben. Wenn Sie sich dagegen an theologische Konstrukte halten, die über viele Generationen von religiösen Autoritäten errichtet wurden, deren Hauptziel es war, das Ego mit Rettungsdecken zu versorgen, werden Sie damit nur weitere Haltepunkte erzeugen, die Ihre Schuld- und Angstmechanismen nähren. Mit Konstrukten meine ich Fegefeuer, Sündenfall, Hölle oder Paradies als Glaubensvorstellungen, die Ihre Spaltungen und unbewussten Konflikte weiter aufrechterhalten. Viele Menschen hängen gerade deshalb an diesen Glaubenssystemen, um nicht loslassen zu müssen.

Frage: Aber wie kann eine Gesellschaft funktionieren, wenn man nicht zwischen Gut und Böse unterscheidet?

Antwort: Kants kategorischer Imperativ „Handle nur nach derjenigen Maxime, durch die du zugleich wollen kannst, dass sie ein allgemeines Gesetz werde" ist eine ziemlich gute Basis für den sozialen Zusammenhalt.

Frage: Und weiter?

Antwort: „Was du nicht willst, das man dir tu, das füg' auch keinem anderen zu." Dazu kommt, dass sich jede Handlung an den jeweiligen Umständen ausrichten muss, aber wenn das Ego feste Vorstellungen von Gut und Böse hat, weigern wir uns, mit den auftauchenden Situationen angemessen umzugehen.

Frage: Hilft es, einem religiösen Verhaltenskodex zu folgen?

Antwort: Ja, solange die Grundhaltung darin besteht, mit anderen so umzugehen, wie man selbst behandelt werden möchte. Wenn Sie die Gebote und Verbote der Juden, Muslime und Hindus nicht als ein System nutzen, um die eigenen unbewussten Schuldgefühle zu verstärken, sondern als Anregung zur Selbstbeobachtung, das heißt zum Distanzieren, können sie hilfreich sein. Leider verstehen das nur wenige religiöse Autoritäten innerhalb dieser etablierten Systeme. Eine direkte Beziehung zu Gott herzustellen ist nicht unbedingt der kürzeste Weg. Aus der Traumperspektive unseres Lebens gehört der geträumte Gott zum Traum und bestärkt ihn. Das müssen Sie verstehen – und aufwachen!

Frage: Was ist Sünde?

Antwort: Die einzige Sünde ist, zu vergessen, wer Sie sind – Ihre wahre Natur. Das hat nicht das Geringste mit dem Begriff des Bösen zu tun, der Ihnen als Kind eingeimpft wurde. Wenn Sie gegen die Sünde ankämpfen, erzeugen Sie endlose innere Konflikte, die Ihre Schuldgefühle nur verstärken und Sie dazu bringen, sich selbst und anderen noch mehr zu schaden.

Die metaphysische Seite

Frage: Bedeutet Erwachen, aus der Zeit herauszutreten?

Antwort: Psychologische Zeit ist Vergangenheit. Aus dieser Vergangenheit, dieser Erinnerung heraus projiziert Ihre Identität sich ständig in eine fiktive Zukunft hinein und sucht verzweifelt nach Sicherheit. Die Tür zum Erwachen liegt in der Gegenwart. Um sie zu durchschreiten, müssen Sie mit Ihrem ganzen Sein erkennen, dass Sie nie in der Gegenwart leben.

Frage: Was meinen Sie damit, dass ich nie in der Gegenwart lebe?

Antwort: Das Identifizieren mit der gegenwärtigen, aktuellen Wahrnehmung erzeugt einen Kurzschluss, das heißt, es blendet sie sofort aus: Sie selbst überlagern die Gegenwart mit der Vergangenheit oder mit ihrer rekonditionierten Form, der Zukunft. Es ist sehr wichtig, den Mechanismus zu verstehen, der die Identifikationen erzeugt. Alles, was Sie wissen oder kennen, ist das Wahrgenommene. Aber: Kann das Wahrgenommene selbst wahrnehmen?

Frage: Jetzt bin ich wirklich verwirrt.

Antwort: Bleiben Sie bei Ihrer Verwirrung und versuchen Sie, ihr auf den Grund zu gehen. Erkennen Sie, dass Sie nicht als Kontinuum existieren. Ihre wahre Natur finden Sie im Herzen der Gegenwart.

Frage: Wie kann ich zu dieser wahren Natur finden?

Antwort: Indem Sie jedes Urteil, jede Schlussfolgerung unterlassen, denn das geht auf Kosten der Wahrnehmung. Ihre wahre Natur liegt im Gewahrsein, nicht in der Vorstellung.

Frage: Wie kann ich Gott finden?

Antwort: Lassen Sie sich von Ihm finden! Gott ist nichts anderes als das Leben, das sich seiner selbst bewusst ist, frei von allen Konditionierungen. Sie können nichts weiter tun, als selbst etwas bewusster zu werden und damit Ihr Unbewusstes zu erforschen. Sie müssen sich Ihren Konflikten und Ängsten stellen und Ihre Konditionierungen abbauen. Überlegen Sie, wie tragisch es ist, wenn man sich weigert, mit dem Rhythmus des Lebens zu fließen, das sich in jedem Augenblick erneuert. Sie binden sich immer wieder an das Bekannte über Haltepunkte, die von alten Verletzungen gesteuert werden. Beobachten Sie, wie viel Energie es Sie kostet, Ihren Panzer aufrechtzuerhalten.

Wenn Sie sich erst einmal mit dem Distanzieren und Durchdringen vertraut gemacht haben und beginnen, sich von Ihren alten Identifikationen zu lösen, wird Ihnen eine neue Energie zufließen. Sie entsteht in den inneren Räumen, die sich geöffnet haben, und Sie fühlen sich jetzt lebendiger. Leid und Konflikte nehmen ab. Dann werden Sie von den Schlüsselfragen: „Wer bin ich? Wer nimmt wahr?" gepackt, die Sie zu „Ich bin nicht" führen. Ihr bewusstes Ich wird schließlich zur Aufgabe gezwungen, und das Erwachen geschieht: Sie sind das Leben, das sich selbst entdeckt, frei von allen Konditionierungen. Die Angst ist verschwunden. Das Gefühl der Seligkeit und des Einsseins mit allem wird Realität. Sie kannten es zuvor schon vage als Vorahnungen und nannten es „magische Momente" oder „Augenblicke der Gnade". Wenn es Ihnen gelingt, Ihre Identifikationen loszulassen, wird die Wahrheit in einem bestimmten Moment von selbst erscheinen. Alles, was dafür nötig ist, ist Nicht-Handeln. Der Rest wird sich von allein ergeben.

Frage: Es gibt also nichts zu tun?

Antwort: Nein, denn es ist immer das Ego, das tut. Aber wenn Sie in Ihrem Traum träumen, dass Sie träumen, sind Sie dem Erwachen schon näher. Wenn Sie ein Verständnis dafür entwickeln, was die Mystiker und Lehrer der verschiedenen Traditionen gesagt haben, wenn Sie echte Religiosität entwickeln, wird das natürlich eine Reihe neuer Haltepunkte schaffen, aber diese Haltepunkte verweisen darauf, dass es eigentlich gar keine Haltepunkte gibt. Lesen Sie die Mystiker nicht, um sich Wissen anzueignen, sondern um tief in Ihrem Inneren ein Erfahrungsfeld zu öffnen, das ganz Ihr eigenes ist. Bleiben Sie bei den Fragen und kosten Sie den Zustand aus, innerhalb dessen es keine Möglichkeit gibt, eine Antwort zu bekommen, und in dem Ihre Struktur die Mechanismen zur Stabilisierung, die Haltepunkte, verliert. Dieser Zustand wird Sie mit einer anderen Seinsqualität verbinden. Spüren Sie seine Energie, aber ziehen Sie keine Schlüsse daraus. Dieser Prozess wird von allein geschehen – das ganze Universum weist in diese Richtung.

Frage: Wer erwacht?

Antwort: Niemand erwacht. Denn genau in dem Moment, in dem die Person verschwindet, taucht das Erwachen auf.

Frage: Warum bestehen verschiedene Traditionen darauf, dass das Ego verschwindet, bevor die Erleuchtung geschieht?

Antwort: Ganz einfach, weil es die Bestimmung des Menschen ist – ebenso wie es die des Samenkorns ist, zu verschwinden, um ein Baum zu werden. Wir sind dazu geschaffen, uns in andere Dimensionen zu entwickeln, aber dazu müssen wir als Persönlichkeit sterben.

Frage: Wie kann ich Erleuchtung erlangen?

Antwort: Indem Sie sich Ihrer selbst bewusst sind, ohne dass Sie sich an irgendwelche Gedanken binden. Im richtigen Moment wird sich Ihre wahre Natur offenbaren.

Frage: Wie geschieht das – praktisch gesehen?

Antwort: Eines Tages, wenn Sie es am wenigsten erwarten und ganz in die Frage vertieft sind: „Wer bin ich?", werden Sie unmittelbar auf die Totalität Ihres Seins zurückgeworfen. Dann taucht die Frage auf: „Wer nimmt wahr?" oder „Was ist Wahrnehmung?" An diesem Punkt erkennen Sie, dass alles, was Sie wissen und jemals wissen werden, zum Bereich des Wahrgenommenen gehört. Die nächste Frage lautet dann: „Kann das Wahrgenommene wahrnehmen?" Das Erwachen, oder das, was man Erleuchtung nennt, tritt technisch gesehen in dem Moment ein, in dem die in der Frage enthaltene Energie mit einem Brennpunkt des Seins verschmilzt. Weil es ihr unmöglich ist, eine Antwort auf die Frage zu bekommen oder einen Haltepunkt zu ergreifen, prallt diese Energie auf den Fragenden zurück und löst ihn auf. Das Ende des Ego ist ein umfassender neuronaler Kurzschluss, der die Subjekt-Objekt-Dynamik sprengt. Es geht nur darum, die Schwelle der kritischen Masse zu erreichen.

Frage: Ich habe bemerkt, dass viele Lehrer ihre Erkenntnisse vom Standpunkt eines Erwachten aus vermitteln. Warum nehmen Sie als Ausgangspunkt das Ego?

Antwort: Wenn Sie noch nie in Australien waren, werden Sie es nicht dadurch entdecken, dass ich Ihnen Australien beschreibe, aber es könnte Sie dazu anregen, dort hinzufahren. Viele Lehrer haben von ihrem Zustand des Einsseins gesprochen, aber welchen Nutzen hatte das für den Schüler? Aus der Perspektive des Einsseins gesehen hatten sie wahrscheinlich Recht. Aber wenn Sie sich aus dem, was diese Lehrer gesagt haben, ein intellektuelles Modell konstruieren, schaffen Sie eine weitere Identifikation und bleiben genau dort, wo Sie sind: Sie werden ein intellektuelles Verständnis der Non-Dualität entwickeln, regelmäßig non-dualistische Texte lesen und ein dem Non-Dualismus ergebenes Ego aufbauen, indem Sie davon träumen, Teil einer spirituellen Elite zu sein. Sie werden sich mit dem von Ihnen gewählten Lehrer identifizieren, und beim Üben werden Sie sich selbst mit dem blockieren, was der Ch'an-Buddhismus die „diffuse Leere" nennt – ein Weg, auf dem es anstelle eines geschärften Verstandes etwas Trost und weniger Schmerz gibt, also eine Sackgasse.

Erinnern Sie sich daran, dass die Arbeit sowohl psychologischer als auch metaphysischer Natur ist. Um weiterzukommen, haben Sie nur Ihre Gedanken, Gefühle, Sinneswahrnehmungen und Träume. Graben Sie in den Schichten Ihres Schattens, analysieren Sie Ihre Träume und vertiefen Sie sich gleichzeitig in metaphysische Fragestellungen, das heißt, stellen Sie sich unbequeme Fragen, die Sie in Ihren Grundfesten erschüttern. Sie verfügen nur über ein geringes Maß an Bewusstsein, zum größten Teil sind Sie unbewusst. Nutzen Sie die vier D, denn sie sind wirksame Werkzeuge, und graben Sie immer weiter in sich selbst. Wenn Sie nichts mehr finden, ist die Aufgabe erfüllt. Natürlich wird Ihr Ego alles Erdenkliche versuchen, um dies zu verhindern. Daher ist das Einzige, was Sie tun können, einen Teil Ihres Ego so zu trainieren, dass es sich selbst beobachtet und erforscht. Auf diese Weise wird sich Ihr Bewusstseinsniveau heben und dadurch auch das Niveau in Bezug auf die Wahl des geringsten Übels. Aber seien Sie sich darüber im Klaren, dass Sie sich auch jetzt noch in Ihrer eigenen Illusion befinden. Eines Tages wird sich Ihr Ego durch das metaphysische Hinterfragen von selbst darin verfangen. Dann werden Sie frei sein und erkennen, dass Sie schon immer frei gewesen sind.

Frage: Wie kann ich also diese Freiheit finden?

Antwort: Das metaphysische Hinterfragen bietet einen schnellen Weg, um sich vom Ego zu befreien und der Gefangenschaft ein Ende zu setzen. Wenn Sie sich ganz auf den Vorgang des Hinterfragens konzentrieren, wenn alles, was Sie sind, jenseits der Fragen: „Wer bin ich? Wer nimmt wahr?“ keine Identifikation mehr findet, dann werden Sie in einem bestimmten Moment der Tatsache begegnen, dass Sie überhaupt nicht sind. Wenn Sie dann in diese Abwesenheit eintauchen, nicht intellektuell, sondern mit Ihrem ganzen Sein, werden Sie die Anwesenheit in der Abwesenheit finden. Diese Anwesenheit ist. Der Spiegel, der Sie sind, ist jetzt leer und reflektiert das Leben. Das Erwachen geschieht in dem Wissen, dass Sie das Leben selbst sind. Die Angst ist verschwunden, das Wünschen ist vorbei. Das Denken ist zwar immer noch vorhanden und Sie nutzen es, aber es benutzt Sie nicht mehr. Die alte Maschine, die ständig Identifikationen produziert hat, ist tot. Freiheit ist Ihr natürlicher Zustand – sie ist ewig. Nur Ihre Gefangenschaft hat einen Anfang und ein Ende.

Frage: Ich komme zu Ihnen, weil ich erwachen möchte.

Antwort: Sie sind es bereits, und doch wollen Sie dorthin gelangen. Das ist unmöglich: Sie können nicht etwas finden, was Sie bereits sind.

Frage: An diesem Punkt stoße ich wirklich gegen eine Mauer.

Antwort: Untersuchen Sie die Mauer genau. Finden Sie heraus, wie sie aufgebaut ist und woraus sie besteht. Greifen Sie sie immer wieder aus verschiedenen Richtungen an. Bewahren Sie sich einen scharfen Verstand, denn Sie haben kein anderes Werkzeug. In einem bestimmten Moment wird er so scharf sein, dass er sich selbst abschneidet. Vertrauen Sie dem Leben. Es liebt Sie bedingungslos und sucht sich durch Sie. Sie sind die einzige Möglichkeit, wie es sich selbst erkennen kann, und dafür sind Sie hier.

Frage: Sie verwenden oft verschiedene Begrifflichkeiten in denselben Erklärungen. Warum?

Antwort: Damit Sie besser verstehen, dass Begriffe nur Haltepunkte sind und Sie nicht daran hängen bleiben.

Frage: Ich fühle mich zu einem kontemplativen Leben hingezogen. Sollte ich vielleicht Mönch werden?

Antwort: Das empfehle ich Ihnen nicht. Solange der Sucher sich in der Welt bewegt, hat er keine andere Wahl, als sich seinen Fehlfunktionen zu stellen. Was ihm in der Welt begegnet, wird durch das ausgelöst, was in seinem Inneren geschieht, und das rüttelt ihn eventuell aus seinem Schlaf auf. Außerdem kann ein Mönch, wenn er sich seinem Weg nicht oder nicht vollständig widmet, in eine diffuse Leere fallen – eine große Verlockung auf dem Weg, die ich Ihnen bereits beschrieben habe. Das ist der Grund, warum Zen-Mönche während der Meditation von ihren Lehrern mit dem Stock geschlagen werden. Ursprünglich war es eine Methode, die von Erwachten im richtigen Moment eingesetzt wurde; inzwischen ist sie aber zwangsläufig oft zu einer leeren Technik geworden. Die Welt ist ein perfekter Spiegel. Ihr Nachteil ist nur, dass sie den Verstand befeuert. Aber sobald Sie das gerichtete Ich eines Suchers entwickelt haben, werden Sie feststellen, dass Sie in der Welt viel schneller vorankommen.

Frage: Warum wird Meditation von so vielen verschiedenen Traditionen empfohlen?

Antwort: Das Verweilen in Stille ist aus zwei Gründen erforderlich: zum einen, um die Entwicklung Ihrer psychischen Entität, Ihrer Seele, zu fördern. Zum anderen erlangen Sie durch den Zugang zu einer neuen Dimension die schöpferische Kraft einer höheren Ordnung und entwickeln eine Intelligenz, die im Buddhismus als „Bodhi" bezeichnet wird.

Frage: Wie kann ich mich mehr für Mitgefühl öffnen?

Antwort: Indem Sie sich so sehen, wie Sie wirklich sind, und davon zutiefst aufgewühlt werden. Wichtig ist zu beobachten, inwieweit Sie noch verschlossen sind, das heißt, wo Ihnen Mitgefühl für andere und für sich selbst fehlt. Wenn Sie das erkennen, werden die Mauern, die Sie um sich herum gebaut haben, anfangen zu bröckeln. Sie werden das System der Rechtfertigungen aufgeben, das Sie errichtet haben, um sich selbst Ihre Fehler und Irrwege zu erklären. Dann, und nur dann, werden Sie erste Anfänge von Mitgefühl erleben.

Frage: Sie sagen immer, dass Schuldgefühle unmittelbar mit der Wurzel der eigenen Identität verbunden sind. Würden Sie das bitte näher erläutern?

Antwort: Zunächst werden Sie gar nicht in der Lage sein, Schuldgefühle überhaupt wahrzunehmen, da sie sich durch ein System von Täuschungen und Tarnungen schützen. Die Aufgabe des Unbewussten besteht nämlich darin, sie verborgen zu halten. Aber sobald Sie gelernt haben, sich selbst und andere zu beobachten, werden Ihnen die Auswirkungen dieser Schuldgefühle auffallen. Sie erzeugen systematisch eine geringe Selbstachtung, weshalb die meisten Menschen so viel Zeit und Mühe darauf verwenden, anderen zu gefallen. Schuldgefühle färben bestimmte Situationen, die man dann als bedrohlich oder schmerzhaft empfindet, auch wenn sie es gar nicht sind. Schuldgefühle halten sich auch durch Zerstreuung, Ängste und Konflikte am Leben, die dem Ego äußerst wirksame Haltepunkte bieten, damit es seine Identifikationen nicht loslassen muss.

Religionen haben dieses System über Jahrhunderte und sogar Jahrtausende hinweg durch Strukturen am Laufen gehalten, die Schuldgefühle erzeugen und Gehorsam gegenüber pseudo-göttlichen Geboten verlangen, sowie durch Rituale wie das Mea Culpa, das in jeder Messe wiederholt wird: „Durch meine Schuld, meine Schuld, meine ewige Schuld". Diese Schuldgefühle wurden uns als Kinder von unseren Eltern mit vielen „Du sollst nicht"-Vorschriften aufgezwungen, die sie selbst schon von ihren Vorfahren übernommen hatten. Wenn aber die einzig gültige Regel ist: „Was du nicht willst, das man dir tu', das füg' auch keinem anderen zu", dann könnte diese einfache Devise bei sinnvoller Anwendung eine Gesellschaft durchaus im Gleichgewicht halten. Die Auswirkungen von Schuldgefühlen lassen sich auch gut daran erkennen, dass zum Beispiel jemand einen Unfall oder einen Krieg überlebt und er sich danach gegenüber den anderen Opfern schuldig fühlt, am Leben geblieben zu sein.

Der Schmerz während des Geburtsvorgangs löst die Urangst aus, die grundlegende Schicht des Ego. Schuld scheint das am besten geeignete Konzept zu sein, um die Auswirkungen zu erklären, die diese Urangst auf unser Leben hat. Schuldgefühle sind unsere erste wesentliche unbewusste Identifikation, und wie alle Identifikationen versuchen sie, sich selbst zu erhalten. Sie nähren sich von Angst, die vor allem durch Konflikte gedeiht, weil Angriff die beste Verteidigung ist. Ihre Wurzeln liegen im kollektiven und familiären Unbewussten, aber ihre Saat wird bei der Geburt gelegt, wenn sich das Neugeborene mit dem Geburtsschmerz identifiziert, an den man sich nur selten, wenn überhaupt, erinnern kann. Schuldgefühle lassen sich schon bei einem zwei- bis dreijährigen Kind beobachten, wenn in seiner Nähe etwas Unangenehmes geschieht. Das Kind ist zwar nicht dafür verantwortlich, stellt aber automatisch eine Verbindung zu sich selbst her und fühlt sich schuldig. In späteren Jahren fällt es uns dann sehr schwer, Schuldgefühle zu erkennen, da sie vom Unbewussten getarnt und durch Ängste überdeckt werden. Hinterfragen Sie Ihre Ängste, und Sie werden die Schuldgefühle entdecken. Wichtig ist, dass Sie Ihr bewusstes Ich immer wieder durch Distanzieren stärken und Ihr Durchdringen schärfen, um so Ihre Schuldgefühle abzubauen.

Frage: Warum wollen wir immer noch mehr?

Antwort: Natürlich um unsere Identifikationen zu festigen. Es liegt in der Natur des Ego, seine Identifikationen niemals loszulassen, was auch sein Bedürfnis erklärt, sie immer wieder zu verstärken. Deshalb haben viele Mystiker den Weg der Askese gelehrt. Wenn dieser Weg allerdings zu einer weiteren Identifikation, einem weiteren Haltepunkt wird, führt er nirgendwohin. Deshalb sagte der große Ch'an-Lehrer Huang Po zu einer Gruppe von Mönchen, die ihr ganzes Leben auf der Suche gewesen waren, dass es am allerbesten wäre, die Suche aufzugeben. Erinnern Sie sich daran, dass das Loslassen der Identifikationen das Herzstück des Systems der Vier D ist.

Frage: Wird das Ego also immer Identifikationen erschaffen?

Antwort: Je stärker das Ego bedroht ist, je mehr es Gefahr läuft, seine Identifikationen zu verlieren, desto mehr Köder wird es auslegen, um sich selbst zu erhalten. Sein Schwachpunkt ist allerdings, dass es bei seiner Verteidigung völlig mechanisch vorgeht. Es besitzt keinerlei Intelligenz, sondern reagiert lediglich. Mit Hilfe des Distanzierens haben Sie eine weniger mechanische, weniger reaktive Intelligenz erschaffen. Diese Intelligenz gehört einer anderen Ordnung an und wird die Köder erkennen, die ihre Macht verlieren, sobald sie als das gesehen werden, was sie sind.

Man kann die Köder in vier Kategorien unterteilen. Zur ersten Kategorie gehört die Identifikation mit unseren Urteilen oder Schlussfolgerungen. Oder anders gesagt: Ihr Intellekt schafft Identifikationen, die auf einem fixen Standpunkt beruhen. Diese Falle ist am schwersten zu durchschauen, da wir uns ständig mit unseren Gedanken identifizieren.

Die zweite und dritte Kategorie besteht im Ausbruch irrationaler Emotionen sowie in einem mentalen Nebel, die beide darauf abzielen, die Introspektion zu blockieren, indem etwa bei Fragen wie „Wer sagt das? Wer denkt das? Wer schützt was?“ ganz plötzlich irrationale Gefühle wie Wut oder der Impuls zu weinen auftauchen. Oder Sie haben gerade etwas von sich selbst verstanden und vergessen es sofort wieder – ausgelöscht von einem mentalen Nebel. So wie ein Tintenfisch eine Tintenwolke um sich herum erzeugt, um sich gegen Angriffe zu wappnen, nutzt das Ego solche mentalen Nebel, um sich vor Fragen oder Antworten zu schützen, die es in Gefahr bringen könnten.

Die vierte Kategorie von Ködern kann vor einem plötzlichen Anstieg des Bewusstseins oder vor dem Erwachen auftauchen. Dabei handelt es sich um eine Art psychotisches Geschehen, das oft die Form einer göttlichen oder teuflischen Vision annimmt und vom Glaubenssystem des Suchers erzeugt wird, um eine letzte Identifikation, eine letzte Illusion zu erschaffen, die ihn in der Dualität gefangen halten soll. Aber mit Hilfe von konsequentem Distanzieren werden Sie erkennen, dass die Verteidigungsstrategien des Ego einfältig sind und seine Logik rein mechanischer Natur ist. Wenn Sie diese letzten Verlockungen durchschauen, wird es Ihnen gelingen, Ihr Denken zu schärfen, Ihre Energien zu bündeln und auch die letzten Identifikationen loszulassen.

Zusammenfassend kann man also sagen, dass die Köder dazu da sind, das Ego zu schützen, dass sie aber auch – sobald sie als solche erkannt worden sind – zum Prozess des Loslassens beitragen, indem sie Ihnen zeigen, wo Sie graben müssen. Erinnern Sie sich daran, dass Ihre alten Ängste und Schuldgefühle umso mehr versuchen werden, Sie auf mechanische Weise zu Fall zu bringen, je weiter Sie vorankommen. Ihr zuverlässigster Schutz ist die Qualität Ihrer Achtsamkeit, Ihres Distanzierens. Sie reiten auf dem Tiger, aber vergessen Sie nicht, dass er immer versuchen wird, Sie abzuwerfen, um Sie zu verschlingen.

Frage: Was soll ich also tun, wenn ich durch einen mentalen Nebel blockiert bin?

Antwort: Zuerst sollten Sie sich dessen bewusst werden und dann den Teil Ihrer selbst, der nicht betroffen ist, in den Vordergrund rücken und dort festhalten, sodass Ihr Sucher sich damit verbinden kann. Dann können Sie Ihre Introspektion fortsetzen, um die Blockade hinter dem mentalen Nebel zu identifizieren und aufzulösen.

Frage: Was soll ich während einer Krise machen?

Antwort: Beobachten Sie die Köder Ihres Ego: die Tränen, den inneren Schmerz, die Wut. Wenn Ihnen das gelingt, ohne darauf zu reagieren, helfen Sie, die Schichten Ihres alten Emotionalkörpers zu zerstören, was Sie auch körperlich spüren werden. Als Folge davon wird Ihr gerichtetes Ich gestärkt, und wenn Ihr Sucher in solch intensiven Momenten genügend Kraft hat, können die Schocks, die manchmal sehr heftig sind, Sie dazu bringen, sich auf die essenziellen Fragen zu konzentrieren: „Wer bin ich? Wer nimmt wahr?" Krisen sind eine ausgezeichnete Gelegenheit, um zu erwachen, denn das Erwachen ist die ultimative Krise des Ego.

Frage: Erzählen Sie bitte noch mehr über den Sucher.

Antwort: Als Suchender haben Sie neben all Ihren anderen Subpersönlichkeiten eine Sucher-Subpersönlichkeit entwickelt, die Sie mit Introspektion, achtsamer Stille und metaphysischen Fragen genährt haben. Die Lektüre der klassischen Lehrer hat Ihren Intellekt geschärft. Sie haben Gefallen daran gefunden, Ihre Grundfesten mit Fragen ins Wanken zu bringen, auf die Sie nicht unbedingt Antworten finden, oder anders ausgedrückt: Sie haben ein gewaltiges Virus auf die Festplatte Ihres Verstandes geschleust, und bei der nächsten Krise, ob groß oder klein, wird dieses Virus plötzlich Ihre ganzen Identifikationsprogramme bündeln, und durch Differenzieren erfolgt dann die Löschung der Programme. In diesem Moment werden Sie frei sein.

Frage: Warum wird im Westen so selten über das Differenzieren gesprochen?

Antwort: Weil wir im Westen, indem wir Denken und Bewusstsein durch Descartes' „Cogito, ergo sum" („Ich denke, also bin ich") miteinander gleichgesetzt haben, uns selbst daran gehindert haben, diesem Thema nachzugehen, denn es ist unmöglich, zwischen zwei Dingen zu unterscheiden, die scheinbar gleicher Natur sind. Gehen Sie am besten davon aus, dass die Persönlichkeit eine Masse hat, dass Eifersucht, Wut oder Angst nicht nur Energie besitzen, sondern auch Schwere und Dichte. Wenn Sie Ihr Bewusstseinsniveau erhöhen, befreien Sie sich von diesen Lasten, indem Sie sie durch eine leichtere Masse, das heißt durch weniger dichte Energie ersetzen. Die Kristallisation Ihrer Seele wird Ihnen andere Ebenen und Frequenzen erschließen.

Das Absolute – Gott, das ultimative Bewusstsein – hat weder Gewicht noch Masse oder eine räumliche Ausdehnung, sondern ist die Gesamtheit dessen, was ist. In einem bestimmten Moment reflektiert das individuelle Bewusstsein, das sich noch immer mit seiner restlichen Masse identifiziert, seine eigene Natur. Diese differenzierende Reflexion zwingt es zu der Erkenntnis, dass es nicht diese verbleibende Masse ist, an der es noch anhaftet. Dann offenbart sich das Bewusstsein, sobald es sich von der Körper-Geist-Struktur gelöst hat, auf ganz natürliche Weise sich selbst und erkennt, dass es schon immer die Gesamtheit dessen war, was ist. Aus diesem Grund bezeichnen östliche Philosophien oft auch die Welt der Manifestationen als Illusion.

Frage: Wollen Sie damit sagen, dass das Differenzieren unser Verteidigungssystem an seine Grenzen treibt?

Antwort: In Wirklichkeit ist es das metaphysische Hinterfragen, das uns an unsere Grenzen bringt und unsere vielen Anteile zusammenführt. Denken Sie an eine Schachpartie: Das metaphysische Hinterfragen gestaltet das Spiel, aber erst das Differenzieren setzt uns schachmatt.

Frage: Verlässt man dann die Illusion?

Antwort: Sobald Sie die Illusion verlassen, werden Sie sehen, dass Sie nie darin waren. Es ist nur eine Illusion aus der Perspektive Ihrer Identifikationen, durch die sie aufrechterhalten wird. Aus der Perspektive der Wirklichkeit ist alles wirklich.

Frage: Würden Sie bitte noch etwas über die Illusion sagen?

Antwort: Mittels des Körpers und der Sinne sowie durch Wissen und Erinnerungen erzeugt der Prozess der Identifikation mit Ihrer Wahrnehmung die Illusion, die das Ego formt, das seinerseits Leiden verursacht. Die Wahrnehmung wird durch Ihre Persönlichkeit, also die Summe Ihrer Identifikationen gefiltert. Mit anderen Worten: Sie nehmen nur das wahr, was Sie für möglich halten. Wenn zum Beispiel heute viele Menschen in der Lage sind, unbeschadet über glühende Kohlen zu gehen, dann nur deshalb, weil sie sich vorher selbst davon überzeugt haben, dass es möglich ist. Es ist Ihre Erinnerung in Verbindung mit Ihren Wahrnehmungen, die Ihre Welt erschafft.

Frage: Können Sie Ihre Lehre in einem Satz beschreiben?

Antwort: Natürlich. Werden Sie zu Ihrem eigenen Lehrer, verbessern Sie die Qualität Ihres Distanzierens und fragen Sie sich immer wieder: „Was ist Identifikation?"

Der Lehrer

Frage: Worauf sollte ich bei der Wahl eines Lehrers achten?

Antwort: Es ist unerlässlich, einen Lehrer zu haben. Ein echter Lehrer kennt nicht nur sein wahres Wesen, sondern auch den Weg, den er gegangen ist, und er weist auf die Hindernisse hin, die dabei überwunden werden müssen. Er wird nie von Ihnen verlangen, an ihn zu glauben, sondern zeigt Ihnen die Techniken, die Ihnen helfen, auf dem Weg der Selbsterkenntnis voranzukommen. Je mehr sich diese Techniken für Sie als stimmig erweisen, desto mehr wird auch das Vertrauen in Ihren Lehrer wachsen. Er sollte Ihrem Leben keine bestimmte Richtung vorgeben, denn er weiß, dass das Leben an sich vollkommen ist und nach Bewusstsein strebt, dessen Ausgangsmaterial Sie sind. Er weiß auch, dass die Situationen, die Sie sich geschaffen haben, der Dünger sind, der für Ihr Wachstum notwendig ist. Er wird Sie zwar in geringem Maß dazu auffordern, die Situationen zu verändern, aber er wird nicht versuchen, Macht über Sie zu erlangen oder Sie in ein Glaubenssystem einzusperren. Er wird Ihnen lediglich einen Spiegel zur Verfügung stellen, der Ihnen hilft, das zu sehen, was Sie in sich selbst nicht sehen wollen.

Frage: Hat ein Lehrer noch ein Ego?

Antwort: Um zu unterrichten, müssen Sie den Wunsch danach haben, und dafür brauchen Sie wiederum ein Ego. Ich kenne den egolosen Zustand, der frei von Wünschen ist. Aber wenn es keine Wünsche mehr gibt, dann fehlt auch der Wunsch zu unterrichten. Deshalb kann ein Lehrender nicht ständig in einem erwachten Zustand sein. Wir sind alle hier, um Fortschritte zu machen, aber uns muss Bescheidenheit leiten. Oder wie der Dalai Lama sagt: „Ich habe noch viele spirituelle Schritte vor mir." Ohne Demut kann es keinen Fortschritt und letztlich keine echte Auflösung des Ego geben, und damit auch kein Wissen um das wahre Selbst. Deshalb gibt es im Buddhismus das Konzept der Bodhisattvas – Lehrer, die den erwachten Zustand kennen, ihn aber wieder aufgeben, um zu lehren.

Frage: Was bedeutet es, ein Lehrer zu sein?

Antwort: Wenn ein Lehrer lehrt, hat er ein Ego mit dem Wunsch zu lehren. Wo es kein Ego gibt, gibt es, wie bereits erwähnt, auch keine

Wünsche mehr. Die psychologische Welt, die von Wünschen aufrechterhalten wird, existiert nicht mehr.

Erinnern Sie sich daran, dass die Art und Weise, wie das Ego funktioniert, an Angst und Schuld gekoppelt ist. Das Erwachen ist für das Ego eine Todeserfahrung gewesen. Nach dem Erwachen, das nichts anderes ist als das vollständige Loslassen, rekonstruiert sich das Ego aus seinen Grundelementen Angst und Schuld wieder neu, und um die Gefahr abzuwenden, jemals wieder loslassen zu müssen, kann es folgenreiche destruktive Entscheidungen auslösen.

Haben Sie sich schon mal gefragt, warum Jesus am Kreuz endete? Etwa weil er die Kaufleute aus dem Tempel vertrieb und damit die Gesellschaft seiner Zeit angriff? Oder warum Sokrates eine Situation herbeiführte, die ihn dazu brachte, den Schierlingsbecher zu trinken? Wegen seines andauernden Widerstands gegen die „political correctness" Athens? Warum wurde Al-Hallaj in Bagdad gekreuzigt? Weil er verkündete: „Mein Ich ist Allah, ich bin Gott" und damit die religiösen Fundamentalisten um ihn herum provozierte? Warum wurde die Begine Marguerite Porète in Paris lebendig verbrannt? Weil sie ein Buch geschrieben und verbreitet hat, das die Kirche verboten hatte? – Warum sind viele Mystiker auf gewaltsame Weise gestorben? Lagen ihren destruktiven Entscheidungen möglicherweise unterdrückte Schuldgefühle zugrunde? Wenn man bedenkt, dass die Bewusstwerdung das Ego in Gefahr bringt und seine Aufgabe darin besteht, die Identifikationen nie loszulassen, dann kann die Wahl des geringsten Übels äußerst zerstörerisch sein. Dies ist ein sehr wichtiges Thema, mit dem Sie sich beschäftigen sollten.

Frage: Wie ist Ihre Meinung über Lehrer?

Antwort: Stellen Sie sich eine Stadt in der Ebene vor, die viel Luftverschmutzung verursacht. Sie ist von hohen Bergen umgeben, die ihre Bewohner wegen der Dunstglocke allerdings nie sehen können, obwohl natürlich jeder schon von ihnen gehört hat. Da niemand die Stadt jemals verlässt, denken die Bewohner nur selten an die Berge. Es gibt jedoch einige Lehrer, die zuerst Bergsteiger und dann Bergführer wurden, indem sie die Gipfel allein oder mit einem Führer erstiegen haben und nach ihrer Rückkehr interessierte Schüler mit in die Berge nahmen. Die meisten Lehrer haben allerdings bloß Geschichten über Gipfelbesteigungen gelesen, und nur einige wenige haben die Stadt gelegentlich verlassen, um die Berge mit eigenen Augen zu sehen. Sie können dann zwar sehr gewandt darüber berichten und kommen vielleicht sogar aus einer Tradition, die von einem bedeutenden Bergsteiger begründet wurde, wodurch sie ein gewisses Publikum anziehen, aber sie sind mangels praktischer Erfahrungen nicht fähig, selbst eine Expedition in die Berge zu leiten. Dann gibt es noch Scharlatane aller Art, die etwas lehren, was sie selbst nicht erlebt haben, und eine Bergsteigerutopie verkaufen, die noch nicht einmal das Verlassen der Stadt erfordert und in der wesentliche Elemente wie Introspektion, Verweilen in Stille und das Transzendieren des Selbst ersetzt werden, nämlich durch die Unterordnung des Einzelnen gegenüber dem Kollektiv, den Glauben an den Schutz durch einen toten Bergsteiger und das Gefühl, einer Gruppe von Auserwählten anzugehören.

Frage: Wenn ich Sie während Ihrer Vorträge anschaue, sehe ich Lichtphänomene. Würden Sie bitte erklären, was es damit auf sich hat?

Antwort: Erwachen bewirkt nichts und erschafft nichts – es ist unsere grundlegende Natur. Aber vom Standpunkt unserer Illusion aus betrachtet, beschleunigt es die Entwicklung der Seele. Ein Lehrer ist jemand, dessen psychische Entwicklung durch das Erwachen ein höheres Niveau erreicht hat. Die Lichtphänomene, von denen Sie sprechen, kennt man in verschiedenen Glaubenssystemen und sind oft auf religiösen Gemälden in Italien oder in russischen und griechisch-orthodoxen Kirchen zu sehen, ebenso in der buddhistischen, taoistischen und sufischen Ikonographie. Sie zeigen, dass man in sich einen Energiekörper erschaffen kann, der es einem erlaubt, die Welt lebend zu verlassen. Diese Lichtenergie kann auf der physischen Ebene sichtbar werden und den Umwandlungsprozess unterstützen. Aber messen Sie ihr nicht allzu viel Bedeutung bei.

Frage: Würden Sie uns bitte etwas über diese Energie erzählen?

Antwort: Wenn man eine Seele geschaffen hat, kann sie sichtbar gemacht und genutzt werden. Was Sie sehen, ist die Energie, die mein Bewusstsein tragen wird, wenn mein physischer Körper gestorben ist. In den psychischen Welten steht die Kraft der eigenen Präsenz mit der Qualität der eigenen Abwesenheit in engem Zusammenhang. Eine physikalische Erklärung dafür könnte sein, dass es von mir aus gesehen keinen Beobachter gibt und dass Wellen von mir oder besser gesagt von meiner Abwesenheit ausgehen. Von Ihrem Standpunkt aus gesehen gibt es dagegen einen Beobachter, der Teilchen sieht. Dort, wo Wellen und Teilchen aufeinandertreffen, treten solche Phänomene auf. In jedem Fall ist es besser, dafür nach einer wissenschaftlichen Erklärung zu suchen, wie unvollkommen sie auch sein mag, als nach einer Interpretation, die einem irrationalen Glaubenssystem entspringt, da sie vermutlich Haltepunkte schaffen würde, die man nur schwer wieder loslassen kann. Um bei der Selbsterkenntnis voranzukommen, muss man die Haltung eines Wissenschaftlers einnehmen und sollte nur dem vertrauen, was man selbst erlebt hat.

Frage: Wenn ich Sie anschaue, kommt manchmal inmitten des Lichts ein anderes Gesicht zum Vorschein.

Antwort: Das Licht, das Sie sehen, ist eine relative Realität, die von höheren Ebenen kommt und dabei von einer Projektion überlagert wird, die von Ihrem Ego genutzt wird, um die mit dieser Energie verbundenen Transformationsprozesse zu blockieren. Wie so oft schafft Ihr altes System auf diese Weise neue Identifikationen, um Sie am Weiterkommen zu hindern, und je mehr Ihr Bewusstsein zunimmt, desto subtiler werden auch die Täuschungen. Lassen Sie diese Energie in sich lebendig werden und spüren Sie, wie sie sich integriert. Diese subtilen Phänomene sind lediglich Hinweise, die zeigen, dass Sie auf dem Weg vorankommen. Nur suchen Sie nicht extra nach dem Wunderbaren, denn je weniger man es sucht, desto eher wird es sich bemerkbar machen.

Frage: Woran erkenne ich einen echten Lehrer?

Antwort: Leider hat das Absolute keine Schulen gegründet und betreibt auch keine Universitäten oder verleiht akademische Titel. Die Schulen, die es gibt und die auf Glaubenssystemen beruhen, haben bemerkenswerte Menschen hervorgebracht, aber es sind nicht wenige daraus hervorgegangen, die lediglich das wiederholen, was ihnen beigebracht wurde, während sie an ihren pseudogöttlichen Identifikationen festhalten und damit andere Menschen an ihre eigenen Schuldkomplexe binden. Sie greifen ständig alles an, was ihre Identität in Gefahr bringen könnte, und suchen nach Macht oder verschaffen sie sich, indem sie Angst- und Schuldgefühle aufrechterhalten. In manchen Fällen erziehen sie ihre Anhänger zu Fanatikern oder sogar Selbstmordattentätern, nur um ihr Glaubenssystem zu bewahren. Sie spüren es in Ihrem Herzen, wenn Sie plötzlich oder allmählich den

Mann oder die Frau erkennen, der oder die Sie als Bergführer auf Ihren eigenen Gipfel geleiten kann. Echte Lehrer sprechen nur darüber, was sie selbst erfahren haben, und verkörpern die Energie, die das bezeugt, was sie lehren.

Frage: Was für eine Energie ist das?

Antwort: Es ist die Energie des Lebens. Sie können sie sehen und spüren.

Frage: Kann ein Lehrer uns zur Wahrheit führen?

Antwort: Ein Lehrer kann Ihnen zwar beim Aufstieg helfen, aber den Gipfel können Sie nur selbstständig erreichen. Die Wahrheit hat ihre eigene Energie. Sie kann nur wahrhaftig sein, wenn man sie selbst gefunden hat. Die Wahrheit eines anderen kann niemals die eigene Wahrheit sein.

Frage: Was halten Sie von Lehrern wie Eckhart Tolle und Ken Wilber?

Antwort: Eckhart Tolle hat Millionen von Menschen ein Verständnis der Non-Dualität vermittelt, was sehr positiv ist, da durch seine Lehren das allgemeine Bewusstseinsniveau angehoben wurde. Wenn Sie einmal das „Jetzt" erfahren haben, was nichts anderes bedeutet als gelungenes Distanzieren, sollten Sie diese Erfahrung nutzen, um vorwärtszukommen und Ihre wahre Natur zu entdecken. Ken Wilber wiederum hat eine bemerkenswerte metaphysische Lehre entwickelt, die vielen ein neues Verständnis ermöglicht hat. Sein Verdienst ist, dass er den Intellekt einer neuen Generation von Suchenden geschärft hat.

Frage: Ich habe gesehen, dass Sie Ihr Buch drei Lehrern gewidmet haben. Könnten Sie bitte etwas über sie sagen?

Antwort: Ich hatte zum Glück Lehrer, die nie darauf aus waren, Macht über mich zu erlangen oder sich in mein Leben einzumischen. Der eine war ein Arzt, der zu Gurdjieffs innerem Kreis während dessen letzter Jahre in Paris gehörte. Der andere hat einen tibetisch-buddhistischen Hintergrund. Beide waren Leuchttürme für mich. Aber der Lehrer, dessen Texte das Schwert des metaphysischen Hinterfragens so geschärft haben, dass es zum Erwachen führte, war Wei Wu Wei.

Frage: Ist das, was Sie lehren, die Vier D also, nicht auch ein System?

Antwort: Jedes System ist ein Haltepunkt. Aber das ständige metaphysische Hinterfragen, das Differenzieren, wird die Klinge Ihres Schwerts so weit schärfen, dass sie eines Tages alle Ihre Haltepunkte abtrennt. Ja, die Vier D sind ein System, aber eines, das in der Lage ist, sich selbst zu zerstören.

Das Denken / Der Verstand

Frage: Sie verwenden oft die Begriffe „gerichtetes Ich" und „bewusstes Ich". Wodurch unterscheiden sie sich?

Antwort: Das bewusste Ich ist der Zeuge Ihres Lebens, das gerichtete Ich steuert Ihr Leben. Ein günstiger familiärer Hintergrund mit einem ausgeglichenen Vater und einer liebevollen Mutter in einer stabilen Gesellschaft bildet in der Regel die Grundlage, auf der ein gerichtetes Ich in vielen Bereichen effizient wirken kann, sei es in der Geschäftswelt oder im sonstigen beruflichen Umfeld, in Beziehungen und innerhalb der Familie. Jemand, der nach der Devise zu leben versucht: „Was du nicht willst, dass man dir tu', das füg' auch keinem anderen zu", besitzt bereits ein gerichtetes Ich. Wenn man jedoch chaotisch lebt und Situationen zu bewältigen hat wie: „Ich möchte zwar beruflich erfolgreich sein, scheitere aber immer wieder" oder „Ich hätte gerne ein Haus und eine Familie, aber es fallt mir schwer, mich zu binden", dann ist offensichtlich nur wenig oder gar kein gerichtetes Ich vorhanden. Es muss erst mit Hilfe eines bewussten Ich aufgebaut werden, das durch stilles Beobachten, also durch Distanzieren entsteht, während das Durchdringen die verschiedenen Konflikte innerhalb Ihrer Subpersönlichkeiten und zwischen deren unterschiedlichen Zielen aufzeigt.

Das bewusste Ich – der Aspekt von Ihnen, der nicht urteilt – weiß, dass keine der Subpersönlichkeiten an sich gut oder schlecht ist, sondern dass sie lediglich eigenständige Identifikationen sind, die sich mit den jeweiligen Lebensumständen verbinden. Die Aufgabe des bewussten Ich besteht darin, ihnen zu ermöglichen, sich frei auszudrücken. Auf diese Weise kann es sich mit tief vergrabenen unbewussten Anteilen auseinandersetzen, die sich allmählich abbauen, wenn sie an die Oberfläche des Bewusstseins gelangen. Es ist das regelmäßige Verweilen in Stille in Verbindung mit diesem Abbauprozess, was uns erlaubt, einen psychischen Körper, eine Seele zu entwickeln, wodurch wiederum die Umwandlung des Schattens beschleunigt wird.

Frage: Was halten Sie von Askese?

Antwort: Es ist faszinierend zu sehen, was geschieht, wenn man seine Identifikationen aufgibt, die nichts anderes sind als Gewohnheiten. Der Grund, warum Bodhidharma sieben Jahre lang auf eine weiße Wand starrte, Buddha viele Jahre unter dem Bodhi-Baum saß, Jesus durch die Wüste wanderte, Milarepa sich nicht aus seiner Höhle bewegte und der Heilige Symeon Stylites jahrzehntelang auf einer Säule stand, war, dass sie dadurch das Desidentifizieren beschleunigen wollten. Die Entwicklung der Seele ist eine direkte Auswirkung dieser asketischen Praxis. Und dennoch haben diejenigen, die erwacht sind, die das Göttliche oder das Einssein gefunden haben, oft vor dem asketischen Leben und entsprechenden Übungen gewarnt, denn es geht darum, sich auch von der Askese als Identifikation zu lösen. Vimalakirti sagte dazu: „Es gibt nichts zu tun. Sobald deine falschen Vorstellungen aufgehört haben und ausgelöscht sind, kommt das Erwachen." Laotse bemerkte: „Im Nichtstun bleibt nichts ungetan", und Jesus predigte: „Werdet wie die Kinder".

Es gibt kein Tor zum Erwachen. Es geschieht einfach, wenn das Ego alle seine Haltepunkte aufgibt. Jedes System, jegliche Übung, jede Form von asketischem Leben stellt natürlich einen Haltepunkt dar. Deshalb sollte man sich bei der Anwendung der vier D vor Augen halten, dass es im Spiel des Lebens nur um das Loslassen geht. Versuchen Sie immer wieder, Ihre Gewohnheiten zu ändern, und sehen Sie, was dann passiert. Darüber hinaus brauchen Sie sich nicht zu plagen.

Frage: Inwiefern kann die Schaffung eines gerichteten Ich uns helfen, zu erwachen?

Antwort: Ein gerichtetes Ich reduziert die Heftigkeit der Störungen durch die verschiedenen Subpersönlichkeiten, die in direkter Konkurrenz zueinander stehen. Die Energie, die normalerweise für die Bewältigung dieser Störungen aufgewendet werden muss, steht Ihnen dann für andere Dinge zur Verfügung, etwa um Ihre Introspektion zu vertiefen. Verwenden Sie sie für die Entwicklung Ihres metaphysischen Hinterfragens, indem Sie mindestens zwei bis drei Stunden pro Woche dem Studium der Texte von klassischen Lehrern widmen. Nur so schaffen Sie ein gerichtetes Ich, das auf metaphysische Fragen neugierig ist. Sie werden bald entdecken, wie viel Freude es macht, sich von Fragen aufrütteln zu lassen, durch die sich neue neuronale Verbindungen bilden.

Erst wenn das gerichtete Ich des Suchers eine gewisse Reife in seiner Introspektion erreicht hat und über genügend Energie verfügt, um es zu metaphysischen Fragen zu treiben, wird es erkennen, dass es überhaupt nicht existiert. Diese Einsicht ist der Zustand der Gnade.

Frage: Wie ist Ihre Definition von Gnade?

Antwort: Gnade ist eine Wirkung ohne Ursache.

Frage: Was bedeutet das?

Antwort: Es bedeutet, dass die Wirklichkeit sich selbst in uns gefunden hat. Das können wir absolut nicht herbeiführen, auch wenn es durch uns geschieht und wir alles dafür unternehmen müssen, was nur möglich ist. Gnade stellt sich dann ein, wenn ein starker Wille und völlige Hingabe miteinander verschmelzen.

Frage: Wie kann ich mein gerichtetes Ich stärken?

Antwort: Indem Sie sich klar machen, dass Sie kaum eines haben. Indem Sie zutiefst davon erschüttert sind, wie schwach Sie sind und wie wenig Liebe Sie zu geben haben. Indem Sie erkennen, wie sehr Sie die Meinungen und Argumente anderer Menschen sowie aus Fernsehen und Zeitungen übernehmen. Indem Sie verstehen, wie wenig eigenständig Sie denken und handeln. Und indem Sie beobachten, wie oft Sie die Bestätigung von Menschen suchen, für die Sie noch nicht einmal Respekt empfinden.

Frage: Es schmerzt mich, all das zu sehen.

Antwort: Es ist besser, für kurze Zeit zu leiden, als immer wieder die gleichen alten Szenarien zu erleben. Wenn Sie diese Schmerzen spüren, können Sie die Wurzeln Ihrer Probleme mit Hilfe des Distanzierens und Durchdringens beseitigen. Andernfalls werden die Ursachen, die noch aktiv sind, immer wieder ähnliche Resultate hervorrufen und Sie immer wieder gegen die gleichen alten Mauern laufen lassen. Wahrer Mut zeigt sich nicht in der Auseinandersetzung mit der Außenwelt, sondern in der Konfrontation damit, was Sie bisher in sich selbst nicht wahrnehmen wollten. Erst dann werden Sie sich so sehen, wie Sie wirklich sind, und davon zutiefst erschüttert sein. Von da an werden Sie zielstrebig handeln können.

Das gerichtete Ich baut sich auf dem Verstehen Ihrer Fehlfunktionen auf. Mit einem gerichteten Ich, das auf dem eigenen Schatten reitet, ändert sich Ihr Leben.

Frage: Inwiefern unterscheidet sich das Ego des Mannes vom Ego der Frau?

Antwort: Die weibliche Seite des Mannes, die Anima, sollte voll entwickelt sein und im Dienst seiner männlichen Identität stehen. Und die männliche Seite der Frau, der Animus, sollte genauso voll ausgeprägt ihrer weiblichen Identität dienen. Andernfalls werden die Funktionsstörungen, die sich aus der Vermischung dieser beiden Pole ergeben, Konflikte erzeugen, die ihrerseits zahllose Haltepunkte bestärken. Beobachten Sie Ihr Verhalten, verstehen, akzeptieren und wertschätzen Sie es als das geringste Übel, das es bisher für Sie bedeutet hat. Erst durch die Akzeptanz und das Verstehen von Unordnung entsteht Ordnung. Diese Ordnung ergibt sich aus dem Fehlen innerer Konflikte und ermöglicht dem Bewusstsein, zu wachsen.

Stellen Sie sich eine Rakete vor, die einen Satelliten in die Umlaufbahn bringen soll, mit jeweils einem Antrieb auf beiden Seiten. Ist die Kraft der Antriebe nicht ausgewogen, wird die Rakete ihre Mission nie erfüllen können. Ihre männlichen und weiblichen Energien sind solche Kräfte, die ins Gleichgewicht gebracht werden müssen.

Frage: Wie können wir die Subpersönlichkeiten identifizieren, die uns formen, solange wir noch von unserem gewohnten Denken beherrscht werden?

Antwort: Erstens, indem wir beobachten, auf welche Weise die gleichen Ursachen immer wieder die gleichen Folgen und Szenarien in unserem Leben bewirkt haben. Zweitens, indem wir verstehen, wie das geschieht und welche Subpersönlichkeit jeweils welche Anteile daran hat. Das gelingt am besten mit Hilfe des Distanzierens und Durchdringens, durch ständiges Hinterfragen: „Wer sagt das und warum? Wer will das und warum?“ Dadurch können wir die eigenen Subpersönlichkeiten klarer erkennen, wie sie beispielsweise Wut oder mentalen Nebel einsetzen, wenn sie sich bedroht fühlen, um damit jegliches vernünftige Denken zu sabotieren. Daran lässt sich auch erkennen, dass sie völlig eigenständig funktionieren und dass sie planen, kalkulieren und Köder einsetzen, um an der Macht zu bleiben. Und wie sie versuchen, sich am Leid als dem geringsten Übel festzuhalten, um damit die Schuld- und Angstgefühle und die geringe Selbstachtung zu fördern, die unser Leben bestimmen.

Frage: Wenn sich das gerichtete Ich erst einmal etabliert hat und man das Distanzieren beherrscht – woher weiß es dann, dass es gerade selbst das Mikrofon hält und nicht irgendeine andere Subpersönlichkeit?

Antwort: Durch Wahrnehmung. Ihre Entwicklung geht mit neuen körperlichen Empfindungen einher, zum Beispiel ein feines elektrisches Kribbeln auf den Händen und im Gesicht oder ein leichtes Druckgefühl zwischen den Augen und auf dem Scheitel oder am Hinterkopf. Wenn Sie sie nicht mehr spüren, haben die Identifikationen wieder übernommen und das gerichtete Ich ist nicht mehr am Steuer. Das ist dann, bildlich gesprochen, als ob die Zündungsleuchte auf dem Armaturenbrett Ihrer Aufmerksamkeit wieder ausgegangen wäre. Diese neuen Empfindungen entspringen dem bewussten Ich, dem Zeugen, der weder urteilt noch versucht, das Mikrofon zu ergreifen, sondern ein stiller, neutraler Beobachter ist und bleibt. Sie sind ein Beleg für das Wachstum Ihrer psychischen Entität.

Das gerichtete Ich handelt, trifft Entscheidungen und organisiert unser Leben. Wenn sich die feinen Empfindungen einstellen, die unmittelbar mit der Kristallisation des psychischen Körpers einhergehen, und wenn Sie mit allem umgehen können, was Ihnen begegnet, bedeutet das, dass Ihr gerichtetes Ich stärker und stabiler geworden ist und Sie weniger zerstreut sind – kurz: dass Sie sich in die richtige Richtung bewegen.

Frage: Die alten Schriften besagen, und Sie bestätigen es, dass es kein Ego gibt und eine solche Instanz in Wirklichkeit gar nicht existieren kann. Warum sollte man sich dann überhaupt um ein gerichtetes Ich bemühen?

Antwort: Aus drei Gründen: Erstens wird die Schaffung eines gerichteten Ich die Konflikte auf psychologischer Ebene reduzieren, die von ständig widerstreitenden Subpersönlichkeiten erzeugt werden. Alle Menschen, die im Leben Erfolg haben, verfügen über ein starkes gerichtetes Ich, das am besten funktioniert, wenn es eine klare Zielsetzung hat. Eine glückliche Paarbeziehung und beruflicher Erfolg tragen dazu bei, unbewusste Konflikte zu verringern.

Zweitens verbessert das gerichtete Ich eines Suchenden die Qualität seiner Arbeit an sich selbst. Regelmäßiges Verweilen in Stille und der Abbau der psychologischen Schichten beschleunigen die Kristallisation der psychischen Entität, der Seele. Die Lebendigkeit der eigenen Seele zu erfahren verringert die Urangst vor dem Tod.

Drittens können Sie nicht in sich geeint sein, solange Ihre verschiedenen Anteile nicht gebündelt sind. Das ist aber erst dann möglich, wenn das gerichtete Ich sich voll und ganz auf den Prozess des metaphysischen Hinterfragens eingelassen hat. „Wer bin ich? Wer nimmt wahr? Was ist die Wirklichkeit?" sind die entscheidenden Fragen. Erinnern Sie sich an die Sage der vielköpfigen Hydra in der griechischen Mythologie: Wenn der Held die Köpfe nicht alle auf einmal abschlägt, wachsen sie immer wieder nach. Dieses Ungeheuer steht für das Ego, für seine unzähligen Haltepunkte und vielfältigen Identifikationen. Nur das gerichtete Ich eines Suchenden, das vollständig auf das metaphysische Hinterfragen fokussiert ist, kann seine sämtlichen Anteile zusammenführen. Erst dann kann das Schwert des Differenzierens sie mit einem einzigen Streich abtrennen.

Frage: Wir alle bezeichnen uns als „Ich". Was ist dieses „Ich"?

Antwort: Es ist der grundlegende Identifikationsmechanismus und der Aspekt Ihrer selbst, der Ihrer wahren Natur am nächsten kommt. Wenn das Ich nur noch von seiner eigenen Essenz getragen wird, kann es seine Flügel ausbreiten und frei sein – dann kann es alles sein.

Frage: Wie gelange ich dorthin?

Antwort: Indem Sie sich ernsthaft bemühen, sich hinterfragen, forschen, sich in Stille versenken und dem Leben völlig vertrauen.

Frage: Könnten Sie bitte mehr darüber sagen?

Antwort: Alles, was wir vom Bewusstsein kennen, ist sein Wahrnehmen – entweder vom Subjekt zum Objekt, etwa wenn wir eine Liebesbeziehung eingehen, oder vom Objekt zum Subjekt, wenn wir zum Beispiel in ein Problem vertieft sind oder wenn wir uns auf das metaphysische Hinterfragen konzentrieren. Durch ein solches Fokussieren wird das Bewusstseinsniveau vorübergehend angehoben und das macht uns lebendiger. Leider fällt man dann bald wieder in einen unbewussteren Teil seiner selbst zurück, der die Tür zum Absoluten niemals wird öffnen können. Der Kern der Arbeit besteht deshalb darin, sich einen scharfen Verstand zu bewahren.

Frage: Wie können wir vom Subjekt-Objekt-Bewusstsein zum Absoluten gelangen?

Antwort: Der Weg dorthin besteht in der genauen Beobachtung Ihrer Gedanken und Gefühle, um zu verstehen, was das Subjekt-Objekt-Bewusstsein ist, wie mentale Reflexe ablaufen und wie der Mechanismus der Dualität funktioniert. Dieses Verständnis wird Sie zu einem höheren Bewusstseinsniveau bringen, was schließlich zu einem plötzlichen Aufschwung und zu einer Öffnung führt, durch die das Erwachen geschieht. Der Prozess des Desidentifizierens wird zusammen mit dem scharfen metaphysischen Hinterfragen die Tür zu Ihrer wahren Natur aufschließen. Erst wenn das Subjekt-Objekt-Bewusstsein den Bezug zur Zeit verliert, offenbart es sich als das Absolute. Ein Gefühl dafür bekommt man in dem Intervall, das zwischen zwei Gedanken liegt, und unbewusst sucht man es auch bei gefährlichen Sportarten. In jeder riskanten Situation, bei jedem Flirt mit dem Tod, verschiebt sich unsere Verbindung zur Zeit und wir öffnen uns für kurze Momente einer anderen Dimension. Suchen Sie gefährliche Situationen nicht vielleicht auch, um damit dem Leben näher zu kommen?

Frage: Was ist Bewusstsein?

Antwort: Bewusstsein ist das, was der Wirklichkeit, der Wahrheit, dem Absoluten erlaubt, seiner selbst gewahr zu werden. Die Wirklichkeit, die Wahrheit, das Absolute ist das, was sich nicht verändert. Das Subjekt-Objekt-Bewusstsein, das reflexhafte Bewusstsein, hält die Illusion von Bewegung und Zeitkontinuum durch Identifikation aufrecht. Wenn diese Illusion entlarvt wird, treffen Bewusstsein und Absolutes zusammen.

Frage: Was geschieht in diesem Moment?

Antwort: Unser Weltbild, das auf der Vorstellung eines in Zeit und Raum existierenden Universums beruht, beginnt zu bröckeln. Wir sind nun nicht mehr in diesem Universum – es ist vielmehr das Universum, das in uns ist. Wir sind reines Bewusstsein. Wir sind, was wir nie aufgehört haben zu sein.

Frage: Wie nimmt das Bewusstsein wahr?

Antwort: Bewusstsein nimmt nicht wahr. Es ist reines Gewahrsein.

Frage: Könnten Sie das bitte näher erläutern?

Antwort: Wenn beide, das wahrgenommene Objekt und das wahrnehmende Subjekt, verschwunden sind, gibt es nur noch glückseliges grenzenloses Gewahrsein. Das Bewusstsein – das Leben – entdeckt sich selbst wieder. Das Überraschendste daran ist, dass man beim Erleben dieses Zustands gleichzeitig erkennt, dass man schon immer in diesem Zustand war. An diesem Punkt verstehen Sie, dass Sie ewig sind: Weil das, was Sie sind, nicht geboren wurde, kann es auch nicht sterben.

Frage: Das ist beruhigend.

Antwort: Wen beruhigt das?

Frage: Ich verstehe, was Sie meinen: Es gibt keine Person.

Antwort: Erinnern Sie sich daran, dass das Wort Person vom lateinischen „persona" stammt – eine Maske, wie sie die Schauspieler im alten Rom auf der Bühne trugen. So etwas wie eine Person gibt es nicht, es hat nie eine Person gegeben und es wird auch nie eine geben. Aber das zu wissen nützt Ihnen jetzt nichts, denn Sie können nur einen Teil Ihrer Person so lange an Ihrer Person arbeiten lassen, bis die Maske fällt.

Frage: Wer bin ich also?

Antwort: Man nimmt den Körper wahr; dann den Verstand, der den Körper wahrnimmt; dann den Zeugen, der den Verstand wahrnimmt. Dort, wo dieser Zeuge nicht wahrgenommen werden kann, sind Sie.

Frage: Manchmal wünsche ich mir dies, manchmal das.

Antwort: Das Gespaltensein und seine Aufrechterhaltung liegt in der Natur unserer psychologischen Abläufe.

Frage: Was Sie sagen, bringt mich nicht weiter.

Antwort: Die einzige Person, die Ihnen helfen kann, sind Sie selbst, indem Sie das wenige an Bewusstsein trainieren, das Sie haben, um Ihr Unbewusstes mutig und entschlossen zu erforschen. Das Leben, das Göttliche, hat in Sie einen Samen des Absoluten gepflanzt. Als

Neugeborenes waren Sie noch eng mit diesem Samen verbunden, der sich seiner selbst nicht bewusst war. Um Ihr verletzliches Kind vor den Aggressionen der Welt zu schützen, legten Sie sich eine Rüstung zu. Diese Rüstung schuf den Konflikt zwischen dem, was Sie wollen, und dem, was Sie nicht wollen. Sie müssen diesen Panzer erforschen, denn dadurch können Sie ihn allmählich ablegen. Das wird Energie freisetzen und es Ihnen ermöglichen, ein gerichtetes Ich und eine Seele zu erschaffen. Als Ergebnis werden Sie bei dem, was Sie wollen, viel geeinter sein.

Frage: Das sehe ich ein, aber ich weiß auch, dass kein Wunsch mir jemals völlige Befriedigung geben wird.

Antwort: Nur Ihre wahre Natur wird den ständigen Fluss Ihrer Wünsche zur Ruhe bringen.

Lassen Sie uns noch einmal rekapitulieren: Mit Hilfe des Distanzierens und Durchdringens beginnt Ihre Rüstung aufzubrechen, sodass Sie Ihre Angst- und Schuldgefühle besser erkennen. Sobald Sie ein bewusstes Ich aufgebaut haben, das alle Ihre Anteile, alle Subpersönlichkeiten akzeptiert, werden zwei Aspekte in den Vordergrund treten: erstens ein gerichtetes Ich, das Ihr Leben steuern wird, sofern Ihre Erziehung und Vergangenheit den Aufbau eines starken Ich bisher verhindert haben. Dann werden Sie weniger konfliktbelastete Entscheidungen treffen können und in sich geeinter und mutiger sein. Sie können jetzt auch leichter Ja oder Nein sagen und sehen Situationen sehr viel klarer, weil die meisten Prismen, durch die sie bisher verzerrt wurden, aufgelöst sind.

Zweitens werden Sie auf einer höheren Ebene einen psychischen Körper, eine Seele aufbauen. Durch das allmähliche Ablegen Ihres psychologischen Panzers wird die bewusste Lebensenergie den Samen, den Sie in sich tragen, zum Keimen bringen. Anhand Ihrer körperlichen Empfindungen werden Sie spüren, wie sich Ihre Seele entwickelt und wächst. Wenn Sie diese Empfindungen in der Stille kultivieren, werden Sie sich für neue Dimensionen öffnen. Eines Tages, zu einem Zeitpunkt, an dem Sie es am wenigsten erwarten, wird Sie die richtige Frage wie ein Brennpunkt mit der Tatsache konfrontieren, dass Sie absolut nicht sind – erst dann werden Sie von allen Wünschen frei sein. Denken Sie daran, dass Ihnen auf dem Weg dorthin umso mehr geholfen werden kann, je weiter Sie sich entwickeln.

Frage: Von wem wird mir geholfen?

Antwort: Von Ihren eigenen geflügelten Anteilen, denn während sich Ihre Seele entwickelt, kommt sie mit den höheren Ebenen der psychischen Welt in Berührung. Engel, die in jeder Tradition erwähnt werden, sind bewusste Energien des Lichts, die in anderen Dimensionen leben. Je mehr Sie mit diesen Dimensionen in Verbindung stehen, desto größer wird die Hilfe sein, die Sie von ihnen erhalten. In dem Maße, wie sich die psychische Materie kristallisiert, aus der Ihre Seele besteht, beginnt sich Ihr Bewusstseinsniveau zu heben. Letztlich sind Sie die Gesamtheit all dessen, was ist: Sie sind nicht im Universum, sondern das Universum ist in Ihnen. Während Sie sich entwickeln, verändert sich Ihre Reaktion auf Ihre Innen- und Außenwelt. Infolgedessen werden andere Dimensionen Sie leichter erreichen, um Ihnen zu helfen. Sie haben bestimmt schon einmal erlebt, dass alles, ohne dass Sie eine Sekunde daran zweifelten, in Ihrem Sinne geschah und Sie tun konnten, was Sie wollten – sei es, sich aus einer scheinbar unlösbaren Situation zu befreien oder den richtigen Menschen zu finden, mit dem Sie den Rest Ihres Lebens teilen wollen.

Frage: Die Bücher über positives Denken, die ich gelesen habe, raten dazu, beständig zu wiederholen: „Ich wünsche mir Geld, ich wünsche mir Erfolg".

Antwort: Wenn Sie sich daran halten, was diese Bücher Ihnen sagen, wird die Energie des Lebens Ihnen die Botschaft zurückschicken: „Ich will Geld, ich will Erfolg". Dadurch wird sich lediglich der Wunsch, nicht aber die gewünschte Realität verwirklichen.

Sie müssen so denken und handeln, als ob diese Realität bereits eingetroffen wäre. Viele der Bücher, die sich mit diesem Thema befassen, darunter der Bestseller „Das Geheimnis" von Rhonda Byrne, bieten verschiedene Schlüssel dafür an. Damit diese Schlüssel funktionieren, müssen Sie das richtige Schloss besitzen, und das bedeutet, geeint zu sein, was wiederum voraussetzt, dass Sie Ihre inneren Konflikte und Widersprüche aufgelöst haben. Dazu müssen Sie sich von Ihren falschen Sicherheiten verabschieden, die Sie an der Oberfläche festhalten, und sich mehr und mehr von Ihren tief sitzenden Ängsten befreien. Wenn Sie wollen, dass sich etwas ändert, hören Sie auf, so zu denken und zu handeln, wie Sie es bislang tun. Praktizieren Sie ernsthaft die ersten beiden D, dann werden sich bald Ergebnisse zeigen. Es gibt keinen Grund, warum Ihnen das nicht gelingen sollte, es sei denn, Sie halten beharrlich an Ihrem Ballast aus Angst- und Schuldgefühlen fest. Indem Sie in sich graben und sich über diesen Ballast hinaus entwickeln, erhalten Sie Zugang zu einem viel reicheren Leben.

Frage: Wie soll ich also positives Denken umsetzen?

Antwort: Beginnen Sie mit den Worten: „Das Göttliche, das Leben, das Universum" – nehmen Sie den Begriff, der Ihnen am sinnvollsten erscheint – „schickt mir Liebe, Erfolg, Geld". Vielleicht fällt es Ihnen dann leichter, es zu akzeptieren. Affirmationen funktionieren jedoch nicht, wenn Sie bloß oberflächlich daran glauben, sondern nur dann, wenn Sie in sich geeint sind und wissen, dass das, was Sie sich wünschen, bereits vorhanden ist. Die Energie des Lebens betrügt nicht. Alles ist bereits in der ewigen Gegenwart da. Verstehen Sie, dass es eine natürliche Ordnung gibt, mit der Sie verbunden sind – oder auch nicht. Sie wissen bereits, dass Bewusstsein Energie ist. Wenn Materie und Bewusstsein Energie sind, dann ist im Kern dieses Einsseins alles möglich. Die Quantenmechanik zeigt, dass der Beobachter das Beobachtete beeinflusst. Was wir Wunder nennen, sind Naturphänomene, die mit anderen Bewusstseinsebenen verbunden sind, für die die Wissenschaft bisher aber noch keine Erklärung gefunden hat. Wer ist letztlich der Beobachter? Auf der Stufe, auf der Sie sich befinden, können Sie erkennen, dass es nicht hier den Denker und dort das Gedachte gibt, denn der Beobachter ist das Beobachtete. Finden Sie heraus, wer Sie wirklich sind! Halten Sie das Feuer Ihres Forschens am Leben. Nur Ihre wahre Natur wird Sie von Angst und Verlangen befreien. Wenn Sie alles sind, fehlt es Ihnen an nichts. Streben Sie nach dem Erwachen, und der Rest wird von allein seinen Platz finden.

Frage: Bitte sprechen Sie darüber, auf welche Weise das Ego uns blockiert.

Antwort: Angst lässt uns das ablehnen, was ist. Sie ist mit Schmerz verbunden, der sich körperlich ausdrückt, während Leiden sich auf das Mentale bezieht. Schmerzen signalisieren, dass der Körper Aufmerksamkeit braucht, weil er in Gefahr ist. In ähnlicher Weise zeigt Leiden an, dass das Individuum, diese brodelnde Masse aus mehr oder weniger verdrängten Erinnerungen, mit denen wir uns identifizieren, Gefahr läuft, sich zu verändern und seine Haltepunkte zu verlieren.

Frage: Könnten Sie bitte etwas genauer darauf eingehen?

Antwort: Die Weisen, die sich die Energie des Lebens zunutze machen, akzeptieren alles, was ist. Sie wissen, dass das Gras auf der anderen Seite nie grüner ist. Der grundlegende Mechanismus des Ego besteht in seiner Weigerung, das, was ist, zu akzeptieren sowie in der Projektion von etwas anderem als Ersatz. Dieser Mechanismus ist aus der unwillkürlichen Abwehr gegen den Geburtsschmerz entstanden. Sie haben vielleicht schon beobachtet, wie sich zwei- bis dreijährige Kinder während der Trotzphase jeder Veränderung widersetzen. Leid und Angst entstehen aus der Bindung an Gewohnheiten, aus dem Widerstand gegenüber Neuem und der Weigerung, dem Fluss des Lebens zu folgen.

Frage: Wie kann ich mich von Angst, Leid und dem Elend der Welt befreien und Gott finden?

Antwort: Indem Sie verstehen, dass Angst, Leid und das Elend der Welt in Ihnen sind und durch Ihre inneren Konflikte hervorgerufen wurden. Sie haben zwar nur wenige Möglichkeiten, auf die äußere Welt einzuwirken, aber mit mutiger Entschlossenheit und dem Praktizieren der ersten beiden D können Sie das Leid in sich selbst abbauen. Durch diesen Prozess wird der psychische Körper, die Seele, geboren. In dem Maß, wie Ihr Bewusstseinsniveau steigt, wird sich auch Ihr Gottesbegriff verändern. In einem bestimmten Moment werden Sie alles loslassen und aufhören, sich an Haltepunkte zu klammern, die letztlich nichts anderes sind als Projektionen Ihrer selbst. Sie werden Gott niemals finden, aber dem Leben erlauben, sich im leeren Spiegel Ihres Seins zu erkennen, der Sie geworden sind. Das ist der Zustand, den die Buddhisten das Erwachen nennen, die Hindus Erleuchtung und die Christen und Sufi-Mystiker Gott oder Einssein.

Frage: Mein Problem ist, dass ich sehr unter Angst und Furcht leide.

Antwort: Das Ego dient ausschließlich der Angstbewältigung und nutzt dafür einen Fluchtmechanismus, um dem Schmerz auszuweichen, sowie ein Kompensationssystem, um nicht mit ihm umgehen zu müssen. Angstattacken bieten eine gute Gelegenheit, das Ego unmittelbar zu erforschen. Furcht und Angst stammen aus unterdrückten Emotionen und sind im Körper gespeichert. Fragen Sie sich, wenn

Angstgefühle aufkommen: „Wer hat Angst? Welcher Teil von mir hat Angst?" Sie werden dann bald feststellen, dass hinter der Angst ein Mangel an Vertrauen steht und sich wiederum dahinter verdrängte Schuldgefühle verbergen. Beobachten Sie das Ganze einfach, ohne Schlussfolgerungen zu ziehen, denn sonst würden Sie ein intellektuelles System nähren, das einen weiteren Fluchtweg bietet, aber keine Lösung. Erforschen Sie deshalb die Angst. Lassen Sie sie in Ihrem Nervensystem zirkulieren. Wenn Sie das elektrisierende Gefühl der Angst spüren, wie es sich im Körper ausbreitet, werden Sie feststellen, dass es weder angenehm noch unangenehm ist. Es sind lediglich elektrische Impulse, die durch Ihre Nervenbahnen fließen. Indem Sie sie akzeptieren, wird Ihre Furcht abnehmen, denn wenn Sie die untere Schicht identifizieren und annehmen, verliert die darüber liegende ihre Wirkung. Dann wird sich Ihr Leben bald zum Besseren wenden, weil Sie Ihre jeweilige Situation jetzt so sehen, wie sie wirklich ist, und nicht mehr verzerrt durch die Prismen der Furcht. Auch Ihr Handeln wird sich besser auf das einstellen, was Ihnen begegnet, und Sie werden mehr Erfolg haben.

Frage: Sie sagen also, was mich wirklich beunruhigt, sei die Angst vor der Angst?

Antwort: Wenn man etwas in sich bekämpft, wird es dadurch verstärkt. Das, was das Ego aufrechterhält, ist die Flucht vor der Angst. Stellen wir uns vor, ein Mann fürchtet, von seiner Partnerin verlassen zu werden. Alles, was ihn an diese Möglichkeit erinnert, äußert sich auch in körperlichen Empfindungen, das heißt, die Erregung des Emotionalkörpers setzt sich im Physischen fort. Sobald er diese Empfindungen als Angst identifiziert hat, wird er so schnell wie möglich nach einem Ausweg, nach einem anderen Haltepunkt suchen – meist in Form von Essen, Sex oder Arbeit. Deshalb ist es wichtig zu verstehen, wie dieser Mechanismus funktioniert, ohne aber Schlussfolgerungen daraus zu ziehen. Das gilt für alles, was Ihnen Angst macht: der mögliche Verlust der Familie, Ihres Geldes, Ihrer Gesundheit und so weiter. Das Ego ist eine Festung, die zu dem Zweck errichtet wurde, der Angst zu entkommen. Erforschen Sie sie, denn dadurch werden Sie die Angst auch wieder abbauen.

Frage: Wie kann ich sie abbauen?

Antwort: Durch stilles Zuhören.

Frage: Was ist das?

Antwort: Stilles Zuhören – die Achtsamkeit der Buddhisten, die Position des Zeugen – entspricht dem Distanzieren, eine mentale Technik, die Ihnen bei richtiger Anwendung erlaubt, den Fluss Ihrer Gedanken zu beobachten. Solange Sie diese Bewegung allerdings nicht sehen, hat sich noch nichts geändert.

Frage: Das fällt mir schwer.

Antwort: Trainieren Sie Ihre Aufmerksamkeit, indem Sie Sehen, Hören und die Schwere Ihres Körpers zu einer einzigen Wahrnehmung vereinen. Das nenne ich, wie Sie inzwischen wissen, Distanzieren. Nach einer Weile werden Sie den Fluss Ihrer Gedanken und Gefühle mit etwas Abstand beobachten können und mit zunehmender Klarheit auch feststellen, dass Sie rein mechanisch funktionieren und nur sehr selten agieren, sondern meistens reagieren. Ihr System erzeugt Angst, die als das geringste Übel dazu dient, Ihre Identifikationen aufrechtzuerhalten. Warum wohl produziert die Filmindustrie so viele Filme, die Angst machen sollen? Weil Ihre Identität von Angst abhängig ist. Sie füttern das, wovor Sie eigentlich fliehen wollen, und bleiben dadurch an den immer gleichen alten Haltepunkten hängen.

Frage: Was soll ich also gegen meine Ängste unternehmen?

Antwort: Ihre psychologische Struktur hat sich selbst erschaffen, um der Angst zu entkommen, und diese Flucht ist der Versuch, sie zu kontrollieren. Angst verursacht Leid – diesen Zusammenhang muss man akzeptieren, um ihn zu verstehen. Lassen Sie die physischen Empfindungen zu, die auftauchen, wenn Sie Angst verspüren – ohne sie zu benennen, damit sie sich frei bewegen können, und ohne dass Ihre Gedanken dabei die Oberhand gewinnen. Bleiben Sie einfach bei den Empfindungen, beobachten Sie sie, aber ziehen Sie keine Schlüsse. Dadurch wird Ihr Verstand schärfer und wacher. Ab einem bestimmten Zeitpunkt wird er erkennen, dass er nicht die Wiederholung der Ängste ist, die auf Schuldgefühlen beruhen, und auch nicht das Gedächtnis, das unser System durch Gedanken am Laufen hält. Dann wird das ganze emotionale Magma langsam weniger werden und die Angst nicht länger nähren. Eine natürliche Folge dieser Anhebung Ihres Bewusstseinsniveaus wird auch sein, dass Sie sich nicht mehr in den Gedankenschleifen verlieren, die diese Ängste ausgelöst haben.

Frage: Ich fühle mich morgens beim Aufwachen oft von Furcht erdrückt. Was kann ich dagegen tun?

Antwort: Erkennen Sie, dass Ihre psychologische Struktur Sie in einer permanenten Subjekt-Objekt-Dynamik festhält, und akzeptieren Sie die Angst und Furcht, die unweigerlich damit einhergehen. Spüren Sie die körperlichen Empfindungen, die die Angst begleiten, ohne sie zu kompensieren, indem Sie versuchen, der Angst zu entfliehen. Mit Kompensation meine ich, an etwas anderes zu denken, einen Freund anzurufen oder den Kühlschrank zu plündern. Beobachten Sie die Empfindung und lassen Sie zu, dass sie sich entfaltet, ohne sie mit dem Begriff Angst zu etikettieren und ohne sich in gedanklichen Assoziationen zu verfangen. Sie werden bald feststellen, dass Angst, wie schon gesagt, nichts anderes ist als eine elektrische Empfindung, die durch unsere Nervenbahnen fließt.

Wenn Sie dieser Empfindung Raum geben, ohne sie zu benennen, verliert sie ihren unangenehmen oder negativen Bezug und wird einfach zu einer neutralen körperlichen Wahrnehmung. Betrachten Sie die Realität dieses psychologischen Mechanismus, der sich selbst nährt, indem er die Empfindung als Angst benennt oder sich in verschiedenen Gedankenassoziationen verirrt. Wenn Sie dies wirklich erkennen, entsteht eine neue Wahrnehmung, die sich im Raum ausdehnt, denn Ihr Bewusstsein bewegt sich jetzt über die Angst, über den Schatten hinaus. Entwickeln Sie ein Verständnis für das Wesen Ihrer psychologischen Identifikationen, um sie loslassen zu können, und machen Sie weiter mit Ihrer Meditation, dann werden Sie bald in einer positiven Gemütsverfassung aufwachen.

Frage: Was ist der Ursprung der Angst?

Antwort: Schmerz, Schuldgefühle und Gewalt, da wir auf dem Planet der Affen leben. Wir sind die gewalttätigste Spezies der Erde, weshalb wir sie auch beherrschen. Um mit den Schrecken dieser Gewalt umzugehen, haben wir eine psychologische Instanz entwickelt, das Ego, als Ergebnis von jahrtausendelanger Evolution und ebenso langer Konfrontation mit Gewalt. Dieses Ego muss die Dualität aufrechterhalten, und dafür darf es seine Identifikationen nie loslassen. Die Menschheit besteht inzwischen aus mehr als sieben Milliarden Affen, die ihre Identifikationen entschlossen verteidigen und deren wichtigster wirtschaftlicher Imperativ darin besteht, anderen Affen die Bananen wegzunehmen und auf dem Baum der Affenhierarchie möglich weit nach oben zu klettern.

Dies führt unweigerlich zu Gewalt, die wir zu vermeiden versuchen, indem wir vor ihr davonlaufen. Unsere Gesellschaft wurde geschaffen, um diese Gewalt zu begrenzen und uns je nach sozialem Status und Kaufkraft Fluchtwege zu bieten. In dem Moment, in dem wir glauben, dass wir aufgrund von Geldmangel unsere Position in der Hierarchie verlieren könnten, packt uns sofort die Furcht. Wir müssen also lernen, loszulassen und klug zu werden. Weise Menschen empfinden keine Angst, denn sie haben das Affenstadium und die Gewalttätigkeit hinter sich gelassen.

Frage: Ich habe Angst vor der Zukunft, und deshalb fürchte ich mich sehr. Was raten Sie mir?

Antwort: Ängste aus der Vergangenheit erzeugen Furcht, und die Flucht davor wird auch Ihre Zukunft prägen. Wenn Sie wollen, dass sich das ändert, müssen Sie sich entschlossen und mutig Ihren Ängsten in denjenigen Situationen im Leben stellen, die Sie lieber vermeiden würden. Verändern Sie Ihren Umgang mit der Welt. Beobachten Sie sich auf Ihrem eigenen Kriegsschauplatz und hinterfragen Sie sich. Sie werden sehen, dass Ihre Ängste nicht real sind, und können dadurch Ihre Blockaden schnell abbauen. Wahrer Mut besteht darin, sich dem zu stellen, was Sie in sich selbst nicht sehen wollen.

Frage: Ich bin mir meines Mangels an Großzügigkeit bewusst.

Antwort: Sie können nicht wirklich großzügig sein, solange Sie von Angst beherrscht werden. Wenn Sie das wirklich verstanden haben, wird sich alles von selbst ändern.

Frage: Wie erklären Sie Depressionen?

Antwort: Die Depression ist ein Mechanismus, der die Haltepunkte verstärkt, wenn diese zu versagen drohen, und ist – wie immer – eine Wahl des geringsten Übels. Woher kommen Depressionen? In der Regel durch einen Verlust, zum Beispiel eines nahe stehenden Menschen oder von Liebe, oder aber durch den Verlust von Geld bis hin zum Bankrott oder Ruin. Eine postnatale Depression entsteht aus dem Verlust der Identifikation mit dem Schwangersein. Erinnern Sie sich daran, dass es das Wesen des Ego ist, seine Identifikationen nie loszulassen. Wenn das Leben Sie dazu zwingt, eine Reihe von Identifikationen aufzugeben, wird das Ego neue Haltepunkte schaffen. Freud hat beispielsweise gut beschrieben, wie Melancholie entsteht, wenn die Libido abnimmt.

Frage: Sie sagen, dass wir selbst alles anziehen, was uns begegnet. Ich habe meinen Vater im Alter von zwölf Jahren verloren, was mein Leben sehr durcheinandergebracht hat. Das habe ich aber doch wohl nicht selbst verursacht?

Antwort: Wir ziehen alles an, was uns geschieht. Wenn wir diese Tatsache nicht akzeptieren, werden wir auch niemals tief genug in uns graben und die Ursachen beseitigen können, die uns dazu bringen, so zu handeln, wie wir es tun. Technisch gesehen ist es unser Programm, das Angenehme zu suchen und das Unangenehme zu meiden, das uns dazu verleitet, jemand anderem die Schuld zu geben, sei es Vater, Mutter, Bruder, Großvater, Schicksal, Karma, Gottes Wille oder was auch immer. Wie lässt sich das auf Ihren Fall anwenden? Wichtig ist, zu verstehen, dass Sie zwar nicht dafür verantwortlich sind, was Ihnen zugestoßen ist, wohl aber dafür, was Sie daraus gemacht haben. Natürlich haben Sie den Tod Ihres Vaters nicht verursacht, aber Sie müssen die Verantwortung für Ihre Reaktionen darauf und Ihr Handeln übernehmen. Wenn Sie darauf beharren, eine Verbindung zwischen Ihren gegenwärtigen Problemen und Ihrem alten Trauma herzustellen, ohne dabei tief genug in sich zu gehen, kann Sie das von einer Krise zur nächsten treiben. Oder anders gesagt: Indem Sie an der Oberfläche bleiben, blockieren Sie sich selbst und ebnen den Weg für die nächste Krise. Sie ziehen immer das an, was Ihnen begegnet. Verstehen Sie den Teil von sich selbst, der am meisten von der Krise und von der Vergangenheit profitiert, und lassen Sie ihn los – dann werden Sie lebendiger.

Frage: Ich werde bald einen liebenswerten Mann heiraten, bekomme aber massiven Druck von ihm und seiner Familie, seine Religion anzunehmen.

Antwort: Ob Sie konvertieren oder nicht, ist letztlich Ihre Entscheidung. Sie haben sicher Recht, Ihrer bisherigen Religion treu zu bleiben, denn sie gehört zu dem kulturellen Kontext, in den Sie hineingeboren wurden. Aber bei jeder der alten Religionen finden

Sie Schriften von Mystikern, die den Sprung von der Zweiheit zum Einssein erfahren haben. Schärfen Sie Ihren Verstand, indem Sie lesen, was sie über ihre Erfahrung des Erwachens geschrieben haben. Religion bedeutet wörtlich „Rückverbindung". Je mehr Sie Stille und Introspektion praktizieren und metaphysische Texte lesen, desto mehr werden Sie Ihre eigene Religion erschaffen. Verwandeln Sie den Glauben in Erfahrung. Lassen Sie die Konfektionsware liegen und werden Sie stattdessen Ihr eigener Designer: Hüllen Sie Ihr Sein in ein Kleid aus Licht.

Frage: Mir erscheint das Leben manchmal wie eine Tragödie.

Antwort: Das Leben ist eine Tragikomödie. Je weiter Sie sich entwickeln, desto mehr werden Sie das Leben eher als Komödie denn als Tragödie betrachten. Warum wohl werden die chinesischen Buddhafiguren immer schallend lachend dargestellt? Weil sie das Leben als reine Komödie ansehen.

Frage: Was bedeutet der Glaube für Sie?

Antwort: Glaube ist eine tiefe Überzeugung, die sich auf Zweifel stützt. Ein Teil von Ihnen glaubt, der andere zweifelt. Indem Sie den Zweifel erforschen, werden Sie Ihren Glauben stärken und der Zweifel wird abnehmen. Dieses Erforschen muss sich auf Vernunft stützen, die auch Ihre Introspektion leiten sollte. Ihr Glaube wird dadurch wachsen. Vergessen Sie nie, dass es die erleuchtete Vernunft ist, die Sie Toleranz lehrt.

Ursprünge und Haltungen

Frage: Wir wissen alle, dass wir sterben werden. Könnten Sie etwas über den Tod sagen?

Antwort: Alles verändert sich zu jeder Zeit und auf allen Ebenen, sei es das Atom oder die Zelle. Alle organischen Formen sterben, aber unsere wahre Natur jenseits des Verstandes stirbt nicht und verändert sich nicht. Das Ego sucht allerdings durch ständige mentale Bewegung nach Kontinuität, denn es muss seine Identifikationen und Glaubenssysteme um jeden Preis bewahren, einschließlich der Auferstehung von den Toten, der Reinkarnation, des Jüngsten Gerichts und so weiter. Alle Glaubenssysteme sind kompensatorische Reaktionen auf die Angst. Indem Sie die Ursachen der Angst erforschen, öffnen Sie die Tür zum Leben. Ihre wahre Natur war schon bei Ihrer Geburt vorhanden, Ihr Ego ist das, was Sie seither angesammelt haben. Fordern Sie sich deshalb selbst mit aller Kraft heraus, indem Sie die scharfe Klinge der Selbsterforschung nutzen, um Ihre mentalen Knoten zu durchtrennen. Dann werden Sie erkennen, dass der Tod – wie auch das Erwachen – lediglich das Ende Ihrer mentalen Gewohnheiten bedeutet, und dass dieses Ende wie das Aufwachen aus einem Traum ist.

Frage: Ich fürchte mich vor dem Tod.

Antwort: Seien Sie eins mit dem Leben, dann werden Sie sich vom Tod befreien. Dafür müssen Sie die mentale Maske abnehmen, die Sie durch ihr Identifikationssystem dazu gebracht hat, dass Sie sich für Ihren Körper halten. Sobald Sie diese Identität abgelegt haben, verwandeln Sie sich in das Leben, das sich durch den Körper selbst erfährt. Sie sind nicht mehr Ihr Körper. Sie sind das Leben selbst, und das Leben stirbt nicht.

Frage: Was geschieht vor der Geburt?

Antwort: Endlich eine richtige Frage – gehen Sie ihr nach!

Frage: Wie lautet denn die Antwort?

Antwort: Distanzieren und Durchdringen werden Ihnen helfen, Ihre Identifikationen loszulassen. In dem Raum, den Sie dadurch in sich selbst schaffen, lässt das Verweilen in Stille Ihre Seele wachsen. Wenn die Substanz, aus der sie besteht, eine kritische Masse erreicht, findet ein Kristallisationsprozess statt und es entsteht ein bewusstes Vehikel, das Ihnen eine nicht durch Begriffe gefärbte, sondern energetische Antwort gibt – eine Teilantwort auf die Frage. Die ganze Antwort kann nur aus Ihrer eigenen völligen Abwesenheit kommen. Wenn Sie diese Schwelle überschreiten, sind Sie frei. Aus der Perspektive dieses Zustands gesehen gibt es weder Ursache noch Wirkung, da die Kausalität mit dem Erwachen verschwindet. Aber aus Sicht der Seele bedeutet das Erwachen eine phantastische Beschleunigung ihres Wachstums und stellt einen echten Quantensprung in ihrer Entwicklung dar. Später wird die Seele ihre wahre Natur mit zunehmender Leichtigkeit finden: das Einssein.

Frage: Wie passt dann die Reinkarnation in dieses Bild?

Antwort: Denken Sie an eine Glühbirne und den elektrischen Strom, der sie zum Leuchten bringt. Die Glühbirne leuchtet, weil der Glühfaden Wärme abgibt. Ist der Glühfaden verbraucht, stirbt die Glühbirne. Nun könnte man sich vorstellen, dass die Erinnerung der Glühbirne in einer anderen Birne reinkarniert, aber das ergibt nicht viel Sinn, denn Ihre wahre Natur ist der elektrische Strom und nicht die Glühbirne. Es ist nicht die Elektrizität, die leuchtet, sondern die Glühbirne, aber es ist der Strom, der das Ganze bewirkt. Oder wie die Mystiker sagen: Gott tut nichts, aber alles geschieht durch Ihn.

Frage: Aber ist Reinkarnation denn nicht eine Tatsache? Die östlichen Traditionen scheinen jedenfalls davon auszugehen.

Antwort: Wenn die Seele zum Zeitpunkt des Todes die vier Dimensionen – drei räumliche und eine zeitliche – noch nicht überwunden hat, wird sie danach streben, ihre Entwicklung fortzusetzen. Aber dies kann nicht mittels der Erinnerung des bisherigen Individuums geschehen, das in einem neuen Körper reinkarniert. Damit sich der psychische Körper entwickeln kann, müssen Sie außerhalb Ihrer Gedanken und Gefühle wie auch Ihrer Vorstellungen stehen. So etwas wie eine Kontinuität des Gedächtnisses gibt es nicht. Unabhängig von einem psychologischen Gedächtnis kann die Seele, wenn sie es wünscht, ihre Entwicklung weiterverfolgen, das heißt, das Bewusstsein jenseits der vier Dimensionen, die der eigenen Illusion zugrunde liegen, vollständig verwirklichen.

Frage: Was sagen Sie zum Konzept des Karma?

Antwort: Karma umfasst nichts anderes als Ihre Geburt: Ihre Eltern, Ihre Gene, Ihr soziales Umfeld, Ihre Nationalität oder die Kultur, in die Sie hineingeboren wurden, sind alle in den Umständen Ihrer Geburt enthalten. Sie tragen die psychischen Energien Ihrer Eltern in sich, die Sie als Kind in sich aufgenommen haben. Frei vom eigenen Karma zu werden bedeutet, das Beste von diesen Energien zu nehmen, sie zu transzendieren und die Last aus Angst und Schuld loszulassen, die mit ihnen einhergeht. Im Brahma-Sutra, dem Fundament der hinduistischen Philosophie, steht geschrieben, dass derjenige, der sich befreit hat und erwacht ist, auch seine Ahnen befreit. Befreien Sie sich und Sie werden die ganze Kette Ihrer Vorfahren befreien – Ihre Kinder werden es Ihnen vermutlich danken.

Frage: Sie sagen, dass das Erwachen durch eine echte Frage ausgelöst wird. Was ist eine echte Frage?

Antwort: Das ist eine Frage, auf die es keine einfache Antwort gibt. Eine solche Frage stellt einen energetischen Kern dar, einen Brennpunkt, der eine Öffnung in Ihrem neuronalen Netz bewirkt. Damit erschaffen Sie einen Diamanten ohne Unreinheiten. Je mehr die Motive hinter Ihrer Frage psychologischer Natur sind, je mehr Sie sich dadurch mit Ihrem Schatten und dem, was verdrängt wurde, beschäftigen, desto mehr Unreinheiten klären sich. Falls die Frage metaphysischer Natur ist, hat sie Kraft und ist relativ frei von Unreinheiten. Die Antwort darauf, oder das Fehlen einer Antwort, kann zu Ihrer Auflösung führen. Und in dieser Auflösung liegt die Freiheit.

Frage: Welche Rolle spielt der freie Wille bei alledem?

Antwort: Da es im Grunde genommen kein Ego gibt, gibt es auch niemanden, der eine Wahl treffen könnte. Der freie Wille ist abhängig von der Erinnerung. In den ersten Phasen unserer bewussten Entwicklung gibt es fast keinen freien Willen. Unbewusste Energien drängen auf die Bühne des Bewusstseins und ergreifen das Mikrofon. Durch die Erziehung und die Arbeit an sich selbst formt sich nach und nach ein gerichtetes Ich. Damit wird der freie Wille zu einer Realität, denn Sie sind nun der bewusste Gestalter Ihrer Wahl zwischen Gut und Böse, zwischen „Ich sollte das tun" und „Ich sollte das lassen". Je besser das gerichtete Ich funktioniert, desto stärker ist auch die Vorstellung eines freien Willens verankert. Wenn Sie sich dann weiterentwickeln, verwandelt sich Ihr gerichtetes Ich immer mehr in das gerichtete Ich eines Suchenden, das zunehmend subtiler wird und immer weniger auswählt. Stattdessen ist es immer mehr die Situation, die sein Handeln bestimmt. So wird das Ego zu einem Zeugen der Vorgänge, die sich vor ihm entfalten. Auf dieser Stufe wird die Frage des freien Willens zum Gegenstand metaphysischen Forschens: „Wer wählt was? Was ist die Natur dieses ‚Ich', das wählt?" Wenn man sich ganz und gar in diese Fragen vertieft, gelangt man zum eigentlichen Kern des freien Willens.

Frage: Gibt es so etwas wie Schicksal?

Antwort: Sie haben nicht nur eines, sondern Tausende von möglichen Schicksalen. Stellen Sie sich einen durchsichtigen Würfel vor, der durch einen schwarzen Sternenhimmel schwebt. Auf einer Seite des Würfels befindet sich ein Eingang: Ihre Geburt. Von diesem Eingang geht eine Linie aus, die sich in Tausende von Linien verzweigt, die zur gegenüberliegenden Seite des Würfels führen, wo es ebenso viele Ausgänge gibt. Je nachdem, welche Wahl Sie jeweils treffen, bewegen Sie sich von einer Linie zur anderen, denn sie sind alle miteinander verbunden. Reisen Sie auf den bestmöglichen Linien Ihres Schicksals! Ob sie Erfolg bringen oder nicht, hängt von den Entscheidungen ab, die Sie treffen, und von der Logik, die dahintersteht. Wenn Sie zur anderen Seite des Würfels gelangen, werden Sie weniger Ihre Fehler und schlechten Handlungen bereuen, sondern viel eher die Dinge, die Sie hätten tun können, aber unterlassen haben. Leben Sie deshalb in vollen Zügen und bringen Sie Leben in Ihr Leben! Und vergewissern Sie sich, dass Sie auf der bestmöglichen Flugbahn sind.

Frage: Wie sollte die Einstellung eines Suchenden zum Leben sein?

Antwort: Keine Einstellung zu haben.

Frage: Sagen Sie denn aber nicht, dass der Suchende suchen muss?

Antwort: Suchen heißt Risiken eingehen. Es bedeutet, die Komfortzone Ihrer psychologischen Ersatzhandlungen zu verlassen und Ihr Festhalten an den Glaubenssätzen zu beenden, mit denen Sie sich identifiziert haben. Suchen bedeutet, Ihr Bewusstsein zu erweitern. Dazu gehört, Zweifel und Unsicherheit zuzulassen und vor allem sich selbst herauszufordern. Auf diese Weise können Sie Ihre Identifikationen loslassen, und das ist der Kern der Suche.

Frage: Ich kann mit der Heuchelei der Gesellschaft und von Menschen, denen ich begegne, nur schwer umgehen. Was kann ich da tun?

Antwort: Heuchelei entsteht aus dem Gegensatz zwischen dem inneren Selbstbild, das wir um jeden Preis aufrechterhalten wollen, und dem äußeren Selbstbild, das wir auf die Welt projizieren. Je größer der Unterschied zwischen diesen beiden Bildern ist, desto größer ist die Heuchelei.

Betrachten Sie Ihr äußeres Selbstbild. Wenn Sie sich beobachten, werden Sie merken, wie viel Energie Sie aufwenden, um gut auszusehen und intellektuell brillant oder anziehend zu wirken. Die Welt kann Ihnen dann als Spiegel dienen, der das innere Bild bestärkt, das auf Angst und geringem Selbstwertgefühl beruht. Heuchelei liegt in der Natur des Ego, denn es ist im Grunde genommen ein Dieb, der durch seine verschiedenen Identifikationen jede unserer Wahrnehmungen für seine eigenen Zwecke entwendet.

Frage: Wer bin ich also?

Antwort: Zuerst wird der Körper wahrgenommen, dann wird dieser vom Verstand wahrgenommen, dann nimmt der Zeuge den Verstand wahr. An diesem Punkt treffen physische und psychische Empfindungen aufeinander, und man kann eine neue Energie spüren. Bleiben Sie dort so lange und so oft wie möglich. Es gibt nichts weiter zu tun. Bleiben Sie bei dem, der wahrnimmt, und nicht bei dem Wahrgenommenen.

Frage: Ich habe Sie sagen hören, das „Ich“ sei nichts anderes als ein Gedanke, der sich mit sich selbst identifiziert. Könnten Sie das bitte erklären?

Antwort: Das Denken hat das „Ich“ durch die Identifikation des Subjekts mit dem Objekt geschaffen: Sie sind das Subjekt, und das, was Sie nicht sind, ist das Objekt. Dieses „Ich“ liegt Ihrer Welt zugrunde, die so real erscheint wie die zahllosen Spiegelungen, die entstehen, wenn Sie zwei Spiegel einander gegenüber aufstellen. Aber wenn Sie auch nur einen der beiden Spiegel entfernen, bricht die ganze Perspektive zusammen. Auf ganz ähnliche Weise erhält das „Ich“ als Subjekt sich selbst, weil es ein Objekt hat. Das Subjekt kann ohne ein Objekt nicht existieren, so wie das Objekt nicht ohne Subjekt existieren kann. Sie sind voneinander genauso abhängig wie die Spiegelungen von der Existenz beider Spiegel.

Das Subjekt wird, sobald es durch den Akt der Vorstellung als Subjekt erfasst wird, sofort zum Objekt, daher kann das Subjekt als solches niemals erfasst werden. Wenn das Subjekt aber gar nicht erfasst werden kann, wo ist dann das Objekt?

Frage: Was Sie sagen, verunsichert mich sehr.

Antwort: Sie können nicht wahrnehmen, was Sie sind. Sie können nur wahrnehmen, was Sie nicht sind.

Frage: Wie soll ich damit umgehen?

Antwort: Experimentieren Sie mit sich selbst, indem Sie zunächst zu verstehen versuchen, was „Ich bin" bedeutet. Dann lösen Sie sich abrupt davon und lassen sich von der Empfindung des Seins tragen. Bleiben Sie einfach dabei. Kommen Sie nun wieder zurück zu „Ich bin" mit dem starken Wunsch zu verstehen, was das bedeutet. Lassen Sie noch einmal los und spüren Sie wieder die Empfindung des reinen Seins, ohne ihr etwas hinzuzufügen. Wenn Sie dies konsequent üben, werden Sie eine Öffnung und eine Verdichtung des Raums in sich selbst spüren, die sich mit dem äußeren Raum verbindet. Bleiben Sie nicht in einem intellektuellen Verständnis dessen stecken, was ich Ihnen gesagt habe, sondern gehen Sie praktisch vor und üben Sie immer wieder. Eines Tages werden Sie erkennen, dass das, was Sie sind, nie einen Anfang hatte. Nur das, was Sie nicht sind, beginnt und endet.

Frage: Was verstehen Sie unter „Raum"?

Antwort: Raum wird vom Körper wahrgenommen. Desidentifizieren Sie sich von Ihren unterdrückten Strukturen im Körper, und Ihre taktilen Empfindungen werden sich räumlich ausdehnen. Dann wird sich in Ihnen, im Kern Ihres psychischen Körpers, ein völlig neuer Raum entfalten. Je besser Sie sich in diesem neuen Raum bewegen können, desto mehr wird das Verständnis für Ihre Identität wachsen.

Frage: Und wie verhält es sich mit der Zeit?

Antwort: Alles, was wir kennen, ist die Vergangenheit, die auf die Gegenwart projiziert wird, die sich wiederum auf die Zukunft auswirkt. Wenn wir einen Gegenstand sehen, identifizieren wir seine Form mit Hilfe unserer Konditionierungen, und unser Gedächtnis gibt ihm seinen Namen. Diese Klassifizierung mit Namen und Form erschafft die Welt, wie wir sie kennen. Diese Welt formt die sich wiederholenden Muster unserer Gedanken und einen Großteil unserer Emotionen und Wünsche. Wir leben in einer imaginären Welt, die unseren Projektionen entspringt. Die Zukunft entsteht aus der Konditionierung unserer Erinnerungen. Der Mechanismus unserer Identifikationen beraubt uns ständig der Gegenwart, indem er uns dazu bringt, sie mit Namen und Formen zu überlagern. In der ewigen Gegenwart ist unsere Dimension der Zeit – von der Vergangenheit bis zur Zukunft – enthalten. In unserer Dimension der Zeit jedoch kann die Gegenwart nie erfahren werden.

Frage: Welche Rolle spielt die Erinnerung im erwachten Zustand?

Antwort: Das Gedächtnis ist dann völlig frei von Selbstbildern, ein rein funktionales Gedächtnis, das nicht mehr ist als ein Werkzeugkasten. Aus diesem Gedächtnis heraus entstehen spontan Gedanken, die für den Umgang mit der jeweiligen Situation passend sind. Sie dienen also lediglich als Werkzeug und machen nicht mehr unsere Identität aus.

Frage: Können Sie sagen, wodurch das Erwachen geschieht?

Antwort: Eine gute Analogie ist die Wasserstoffbombe, die aus zwei Komponenten besteht: einerseits Plutonium, andererseits ein genau abgestimmter Sprengsatz, dessen Detonation beim Plutonium eine Kettenreaktion auslöst und die Bombe explodieren lässt. Das Erwachen ist die Explosion des Ego. Bei dieser Metapher steht Plutonium für das metaphysische Hinterfragen und Abstrahieren, wofür Sie inzwischen eine Vorliebe entwickelt haben. Indem Sie sich mit Fragen herausfordern, auf die Sie nicht unbedingt Antworten finden, haben Sie das Plutonium nach und nach angereichert und verfeinert. Es wartet nun darauf – wie all die anderen Aspekte Ihrer selbst, die mit Essen, Sex und Geld zu tun haben –, das Mikrofon zu ergreifen und Zugang zu Ihrem Bewusstsein zu erlangen. Der Sprengsatz stellt dagegen die psychologische Krise dar, die aus der Introspektion erwächst.

Eines Tages wird durch die konsequente Anwendung von Distanzieren und Durchdringen eine alte Struktur, eine alte emotionale Schicht abgebaut sein, wodurch eine Krise ausgelöst wird. Da diese Krise frisch ist, wird Sie sie dazu zwingen, sich auf eine brennende Frage zu konzentrieren. Ihre metaphysische Subpersönlichkeit, die Sie durch die Lektüre der klassischen Lehrer entwickelt, bestärkt und mit drängenden Fragen herausgefordert haben, wird Ihr Bewusstsein in Besitz nehmen und den Sprengsatz der Krise auslösen. Es ist die Konfrontation der beiden, die das Ego zerstört. Und weil die Krise neu ist, wird auch die Energie der Fragen: „Wer bin ich? Wer nimmt wahr?“ neu sein, was jedoch voraussetzt, dass das Denken nicht eingreift.

Frage: Warum bin ich noch nicht erwacht?

Antwort: Weil Ihr Denken durch das, was Sie bisher in sich nicht geklärt haben, noch ungeordnet ist. Da Sie sich mit der Steuerung Ihrer Person identifizieren, sind Sie auf ein Selbst fixiert, das es gar nicht gibt. Sie schauen ständig in die falsche Richtung, denn das Innere und Äußere sind nicht da, wo Sie es vermuten.

Frage: Geschieht das Erwachen plötzlich oder allmählich?

Antwort: Im 7. Jahrhundert beschloss der Fünfte Patriarch der Ch'an-Schule in China, seinen Nachfolger auszuwählen, indem er den Posten demjenigen anbot, der das beste Gedicht schreiben würde. Der intellektuell brillanteste Mönch des Klosters, Shen Xiu, verfasste diesen Vers: „Der Geist ist wie ein klarer Spiegel auf einem Gestell; poliere ihn allezeit mit Eifer, lass keinen Staub daran haften.“ Jeder im Kloster war sicher, dass er gewinnen würde. Daraufhin diktierte Hui Neng, ein ungebildeter Mönch, der in der Küche arbeitete, einem seiner Gefährten folgenden Vers: „Da ist kein klarer Spiegel auf einem Gestell, im Ursprung ist da kein Ding – worauf soll sich Staub legen?“ Natürlich gewann Hui Neng den Wettbewerb, aber das verursachte einen solchen Aufruhr, dass er so schnell wie möglich aus dem Kloster fliehen musste. So entstand die Schule des Südens, auch als Schule der plötzlichen Erleuchtung bekannt, im Gegensatz zur Schule des Nordens, die einen progressiven Weg vertritt.

Nur durch metaphysisches Hinterfragen und indem man sich vom Falschen entfernt, kann man seine wahre Natur integrieren, und das geschieht sehr abrupt, wenn man versteht, dass man absolut nicht ist und dass das „Ich" der Ausgangspunkt ist. Dieses „Ich" kann sich ebenso wenig kennen, wie das Auge sich selbst sehen kann. Es kann sich nur in einem Spiegel sehen, wie auch das Ich sich selbst nur über ein Objekt wahrnimmt. Damit das „Ich" erwachen kann, muss es verschwinden, nachdem das Objekt verschwunden ist. Erst dann offenbart sich das „Ich" als das Absolute.

Frage: Was sind die größten Hindernisse auf dem Weg?

Antwort: Im Ch'an-Buddhismus ist das erste Hindernis die diffuse Leere, also Geisteszustände, in denen das Denken verschwimmt. Noch gefährlicher ist das zweite Hindernis, nämlich die Erstarrung eines non-dualistischen Verständnisses zu einem intellektuellen System. Die Bekämpfung des ersten Hindernisses ist sehr einfach: Sobald Ihre Aufmerksamkeit nachlässt, stehen Sie auf, gehen etwas umher und kehren dann zu Ihrer Meditation zurück. Zur Überwindung des zweiten Hindernisses fordern Sie sich selbst mit Fragen heraus, die Sie innerlich aufrütteln. Wenn Sie es richtig machen, können Sie spüren, wie die physischen Empfindungen des Emotionalkörpers sich innerhalb Ihres Schattens zu bewegen beginnen, weil er durch das Hinterfragen bedroht wird.

Frage: Wie definieren Sie das Denken?

Antwort: Das Denken ist eine zweischneidige Sache, denn es befreit und bindet uns gleichzeitig. Das Bewusstsein wird seit Jahrtausenden von Angst, Konflikten, Kämpfen und Auseinandersetzungen genährt, und wir erfahren das Leben von der Geburt bis zum Tod als getrennte Individuen. Nur sehr selten stellen wir unsere Identität in Frage. Wenn Sie darüber nachdenken, werden Sie erkennen, dass Ihre Identität auf den Gedanken beruht, mit denen Sie sich identifizieren: Ich bin klein – groß, Mann – Frau, weiß – schwarz, Amerikaner – Chinese, ich liebe dies – hasse jenes. Die Gedanken, so wie wir sie erleben, entstehen aus Identifikationen und werden umgekehrt von ihnen genutzt. Sie entwickeln sich durch unsere Erfahrungen und werden im Gedächtnis als abrufbares Wissen angehäuft, während das Unbewusste sie nutzt, um immer wieder ähnliche Erfahrungen herbeizuführen. Das Denken ist unsere Identität, ständig auf der Suche nach Kontinuität.

Die meisten Menschen setzen Denken mit Bewusstsein gleich: „Ich denke, also bin ich." Diese Aussage ist jedoch grundlegend falsch, denn sie beschreibt lediglich den Mechanismus der Identifikation, der sich durch das Denken selbst erhält. Wichtig zu wissen ist, dass das Denken auch eine physische Realität in Form von elektrischen Impulsen besitzt, die durch unsere Nervenbahnen fließen. Als feinstoffliche Materie hält das Denken unser Sein in einem Netz aus Meinungen, Überzeugungen, Überlegungen und Bildern gefangen – lauter Identifikationen. Sobald man versteht, dass das Denken eine physische Realität besitzt, kann man das Gehirn von seinen Konditionierungen befreien. Differenzieren – richtig eingesetztes Denken während des metaphysischen Hinterfragens –löst den neuronalen Kurzschluss aus, der dies ermöglicht.

Frage: Warum ist der Mensch gewalttätig?

Antwort: Wir haben uns auf der Grundlage von Schmerz entwickelt: der Schmerz während der Geburt und der Schock, der uns vom Stadium des Embryos in das eines Neugeborenen katapultiert hat. Dieser verdrängte Schmerz hat Angst und Schuldgefühle verursacht. Seither befinden wir uns in der Dualität und damit im Konflikt, denn wenn es nicht nur mich, sondern auch andere gibt, sorgt dies meist für Konflikte. Deshalb haben wir ein psychologisches System für den Umgang mit Angst und Schuldgefühlen entwickelt, das uns in Auseinandersetzungen und Gewalt flüchten lässt und zu unserer Identität geworden ist. Dies hat uns dahin gebracht, dass wir heute die Erde beherrschen. Unser Ego beruht auf der Kontrolle von Angst und Gewalt.

Frage: Wie können wir den Kreislauf der Gewalt durchbrechen?

Antwort: Indem wir akzeptieren, dass die Gewalt in uns ist, und indem wir ihren Ursprung verstehen. Wir sind durch einen gewaltsamen Vorgang, die Geburt, auf die Welt gekommen. Das ist umso bedeutsamer, als wir die Erinnerung daran verdrängt haben. Dann haben uns unsere Eltern und Lehrer ihre Weltanschauung eingeprägt, die ihnen wiederum von ihren Eltern und Lehrern vorgegeben worden war. Diese Weltsicht ist in der Regel von Gewalt, Zwang und Dominanz bestimmt. Dazu kommt die Indoktrinierung durch unsere Geschichtsschreibung sowie durch die Filmindustrie und andere Medien, die Gewalt in uns gesät hat. Wir sind dazu erzogen worden, Mitglied einer Nation zu sein, indem uns die Siege vor Augen geführt werden, die das Volk errungen hat, mit dem wir uns jeweils identifizieren. Die Priester der etablierten Religionen haben außerdem alle möglichen Sünden erfunden, um uns durch Angst- und Schuldgefühle zu kontrollieren. Das hat uns dazu gezwungen, unsere eigene Natur zu unterdrücken, was ebenfalls zu mehr Gewalt führt. Wir sagen zwar heute, dass wir in einer gewaltfreien Welt leben wollen, aber welcher Teil von uns will das wirklich? Und wie groß ist dieser Teil? Warum hat Jesus gepredigt, man solle auch die andere Wange hinhalten? Natürlich um den Kreislauf der Gewalt zu durchbrechen. Nur eine so paradoxe Reaktion wie das Hinhalten der anderen Wange kann das Denken dazu bringen, seine Haltepunkte aufzugeben.

Frage: Was soll ich also tun?

Antwort: Seien Sie sich einfach Ihrer Umgebung bewusst, denn sie bestimmt stets Ihr Handeln, und machen Sie sich nie zum Gefangenen einer Strategie. Da Situationen sich ständig ändern, sind fixe Strategien nicht sinnvoll. Andernfalls ist die Wahrscheinlichkeit groß, dass sich Ängste daran knüpfen und sie deshalb scheitern. Vorausgesetzt, Sie sind nicht in Ihren eigenen Projektionen gefangen, können Sie damit beginnen, die grundlegenden Ursachen abzubauen, durch die sie aktiviert werden. Da Angst Gewalt in Ihnen erzeugt, projizieren Sie die Gewalt auf andere, weshalb Sie lieber zuerst angreifen, bevor die anderen es tun. Durch die etablierten Religionen haben Sie außerdem einen Teil Ihrer sexuellen Natur verdrängt und Ihr Verhalten entsprechend unterdrückt, aber was verdrängt wurde, wird sich immer auf die eine oder andere destruktive Weise seinen Weg bahnen. Daher müssen Sie sich dem stellen, was Sie in sich selbst nicht verarbeitet haben, sonst können Sie sich nicht von dem befreien, was Sie bindet. Die Religionen haben ein Objekt – Gott – geschaffen, dem Sie als Subjekt unterworfen sind. In der Folge bestand ihre Funktion nicht darin, Sie zu ermutigen, Ihre göttliche Natur zu integrieren, sondern sie haben sich darauf beschränkt, die Gesellschaft zu strukturieren. Nach 2000 Jahren Krieg haben die jüdisch-christlichen Religionen immerhin unser westliches Gesellschaftsmodell hervorgebracht, einschließlich der Menschenrechte und der Demokratie, und trotz aller Unvollkommenheiten ist unsere Gesellschaft heute als relativ offenes und tolerantes System zumindest etwas weniger gewaltbereit.

Frage: Wie können Sie von einem Rückgang der Gewalt sprechen, wenn die Welt seit dem 11. September immer wieder von neuen Gewaltausbrüchen erschüttert wird?

Antwort: Der 11. September war das letzte in einer langen Reihe von kriegerischen Ereignissen, die im 7. Jahrhundert nach Christus in Arabien begannen. Eine Religion ist immer ein Abbild ihres Gründers. Es besteht kein Zweifel, dass Mohammed das Einssein erlebt hat, und man kann die Intensität seiner mystischen Erfahrung im Koran spüren. Aber in den späteren Medina-Suren waren aus den Feinden des Propheten Feinde Gottes geworden, und Mohammed war sowohl Mystiker als auch Kriegsherr. Die Stärke des Islam liegt darin, dass er die verschiedenen Aspekte der menschlichen Natur erfolgreich in ein einziges Glaubenssystem integriert hat, was seine ungewöhnlich weite Verbreitung erklärt. Der Mensch ist, wie gesagt, die gewalttätigste Spezies auf diesem Planeten. Mohammeds ursprüngliche Leistung bestand darin, diese Energie zu kanalisieren und für einen heiligen Krieg – den Dschihad – zu nutzen. Wenn der Islam nicht in seiner mystischen Dimension verstanden wird, wie bei den Sufis, die erkannt haben, dass der Dschihad kein äußerer, sondern ein innerer Kampf ist, kann diese Gewalt nicht aufhören. Schauen Sie sich doch die islamische Welt an: Viele der Länder Nordafrikas und des Nahen Ostens werden immer noch von Diktatoren, Königen und Scheichs regiert, die über außerordentlich große Macht verfügen. Und es ist kein Zufall, dass ein transzendenter Gott, dem unser Leben unterworfen ist und der unser Schicksal in seiner Hand hält, seinen Ausdruck in der Person eines allmächtigen Königs oder Anführers findet. Wir im Westen haben Jahrhunderte gebraucht, um dieses Prinzip hinter uns zu lassen – erst durch die Aufklärung konnten wir uns davon befreien. Die moderne westliche Welt mit ihrer Bildung, Emanzipation und ihrem wirtschaftlichen Erfolg hat das Gerüst der meisten islamischen Gesellschaften in Gefahr gebracht. Als Bin Laden damals von Kreuzzügen sprach, folgte er der Logik dieser langen Reihe von kriegerischen Auseinandersetzungen. Hoffen wir, dass die muslimische Welt ihren Weg in die Demokratie findet und der Islam seinen eigenen Luther und seine eigene Aufklärung hervorbringt, indem er die Weisheit der Sufis wiederentdeckt.

Um zu überleben, müssen wir Darwins These vom Wettbewerb der Arten überwinden, die zur Folge hatte, dass der Mensch die Erde heute beherrscht. Diese Dynamik ist so tief in uns verwurzelt, dass sie sich längst zu einem Kampf auf Leben und Tod innerhalb unserer Spezies gewandelt hat. Wir brauchen einen Quantensprung im Bewusstsein, denn nur dadurch werden wir die Systeme aufgeben, die in Angst- und Schuldgefühlen wurzeln und durch theologische Verirrungen noch verstärkt wurden. Der Grund dafür, dass das Konzept eines gesetzgebenden Gottes nach wie vor erfolgreich ist, liegt darin, dass es immer noch unserer gegenwärtigen Entwicklungsstufe entspricht. Es erlaubt den Männern, Frauen zu dominieren, und ermutigt sie, Alphatiere zu sein, die umso gewaltbereiter sind, je mehr sie sich als dominant empfinden. Während die Religionen den Gesellschaften ursprünglich die Möglichkeit gaben, sich zu strukturieren, wirken sie sich heute meistens eher destruktiv als konstruktiv aus. Das Konzept eines stammesbezogenen Schöpfergottes ist schlecht: schlecht für die Frauen, schlecht für die Menschenrechte, schlecht für den Frieden, und es war fatal für das World Trade Center. Es fördert Schuldgefühle, die unsere Angst nähren, was wiederum Gewalt erzeugt. Wir müssen eine globale metaphysische Vision entwickeln, die auf dem basiert, was uns verbindet, und nicht auf dem, was uns trennt. Eine gründliche Kenntnis der mystischen Literatur der verschiedenen Traditionen könnte uns die Richtung weisen. Gott spricht nicht. Wie könnte sich die Einheit, das Absolute, in ein sprechendes Subjekt und ein zuhörendes Objekt aufspalten? Nur die Erwachten sprechen, aber daraus errichten ihre Jünger dann schnell eine Religion. Wenn die irrigen Vorstellungen eines Gottes nach dem Bild des Menschen aufgegeben würden, gäbe es weder Selbstmordattentäter, die Tausende in Seinem Namen töten, noch Anführer mit direkter Hotline zu Ihm. Um diesen Wahnsinn richtig einzuordnen, erinnere man sich daran, dass auf den Gürteln der Nazisoldaten „Gott mit uns“ eingraviert war.

Frage: Sie sagen, Gott spricht nicht, aber war es nicht Gott, der Mohammed den Koran übermittelt hat?

Antwort: Natürlich nicht! Mohammed war ein Wissender, der sich der unteilbaren Einheit bewusst war, weshalb er auch sagte, dass es Gabriel war, der ihm den Koran übermittelt habe. Von den drei abrahamitischen Religionen ist der Islam am besten geeignet, um unsere metaphysische Entwicklung zu fördern. Denn hier wird zum Beispiel die Aufmerksamkeit durch das Alkoholverbot unterstützt und jeglicher Götzendienst durch das Verbot von Gottesbildern unterbunden. Das Fehlen von Geistlichen, zumindest im sunnitischen Islam, verhindert außerdem die Etablierung einer zentralen Machtstruktur. Die einzige Autorität besteht in den Fünf Säulen, die von den Gläubigen eingehalten werden müssen. Sie enthalten das Bekenntnis, dass es außer Allah keinen Gott gibt und Mohammed Sein Prophet ist, dazu fünf Aufrufe zum Gebet, die den Tag strukturieren, das Gebot der Wohltätigkeit gegenüber den Armen, das Fastengebot während des Ramadan und, wenn möglich, zumindest einmal im Leben eine Pilgerreise nach Mekka.

Außerdem sollte man wissen, dass es nicht nur einen Islam gibt, sondern mehrere, denen nur die Fünf Säulen gemeinsam sind. Der Islam im spanischen Andalusien sowie der Islam der Sufis war offen und tolerant, denn es war derjenige von Ibn Arabi beziehungsweise der von Rumi. In Malaysia und Indonesien gibt es ebenfalls einen toleranten Islam, woran sich zeigt, dass auch die klimatischen Verhältnisse eine gewisse Rolle gespielt haben. Das Problem heute besteht darin, dass die am stärksten wachsende Richtung des Islam der Wahhabismus ist, der von einem mittelalterlich geprägten Wüstenvolk stammt und weder offen noch tolerant ist. Der Islam des 7. Jahrhunderts förderte zwar eine Kultur, die der Natur des Menschen entspricht, aber Mohammed war nicht nur Mystiker, sondern eben auch ein Kriegsherr, von dem sein Umfeld verlangte, dass er gegen Feinde vorging. Die sozialen Strukturen, die er begründete, waren dennoch ein Sprung nach vorne, weshalb der Islam so schnell wuchs und sich ausbreitete. Dazu kommt, dass die arabische Wissenschaft im 11. und 12. Jahrhundert im Vergleich zur übrigen Welt am weitesten entwickelt war, denn im Islam wird zwischen Vernunft und Glaube klar unterschieden. Hätte Galilei zu der Zeit in Andalusien gelebt, als es von den Mauren regiert wurde, wären seine Entdeckungen wahrscheinlich auf keinen Widerstand gestoßen.

Frage: Worin besteht Ihrer Meinung nach die größte Veränderung in der menschlichen Entwicklung während der letzten fünfzig Jahre?

Antwort: Es ist weder die Globalisierung, noch sind es die Fortschritte bei der Informationstechnologie und der Massenkommunikation, sondern unser Verhältnis zu Schmerzen. Wir leiden heute nicht mehr auf die gleiche Weise wie früher. Denken Sie an alle die Schmerzen, die unsere Vorfahren noch ertragen mussten: an Zahnschmerzen, die möglichen Komplikationen bei einer Geburt und an die Qualen des Sterbens – und das alles ohne Betäubung.

In unserer industrialisierten Welt hat sich unser Umgang mit Schmerzen stark verändert. Religiöse Glaubenssysteme haben immer versucht, Schmerzen mittels Akzeptanz zu lindern, und waren dadurch die Wahl des geringsten Übels bei der Schmerzbewältigung. Während in Asien Schmerzen im Licht früherer Verfehlungen nach dem Prinzip des Karma gesehen und ertragen werden, haben wir Christen im Westen uns unter der Last der Erbsünde gebeugt, indem wir uns jahrhundertelang dem Denkmuster unterwarfen: „Gott setzt uns solchen Schmerzen aus, weil er uns liebt. Nur weil er das Beste für uns will, machen wir elenden Sünder so viel Leid durch." In diesen religiösen Systemen wird die Schuld dazu genutzt, um Schmerzen zu rechtfertigen, anzunehmen und zu bewältigen. Aber heute müssen wir immer weniger Schmerzen ertragen: Seit mindestens vierzig Jahren sind wir in der Ersten Welt über die in Genesis 3,16 formulierte These hinaus, dass Frauen „unter Schmerzen gebären sollen", denn heute bekommen immer mehr Frauen im Westen ihre Kinder schmerzfrei durch die Anwendung der Epiduralanästhesie. Wir erfinden auch ständig neue Wirkstoffe, um mit körperlichen und seelischen Schmerzen fertig zu werden, wodurch sich die alten religiösen Systeme, die den Schmerz erklärten und rechtfertigten, immer mehr überholt haben. Aber vergessen wir trotzdem nicht, dass sie Perlen von seltenem Wert enthalten: die Schriften der Mystiker.

Frage: Warum zerstören wir die Natur?

Antwort: Das Problem ist, dass unser Bewusstseinsniveau mit dem technologischen Fortschritt nicht mithalten kann. Der Mensch hat sich nicht verändert, wohl aber seine technologischen Möglichkeiten. Es ist jedoch keine Frage von Mensch oder Natur, denn der Mensch ist Teil der Natur. Schaffen Sie deshalb keine Trennung zwischen den beiden.

Zur Blütezeit des Römischen Reiches zum Beispiel wurden die Löwen in Nordafrika wegen der unersättlichen Nachfrage durch den römischen Zirkus fast völlig ausgerottet. Man sagt auch, dass die Bewohner der Osterinseln ihre Welt zerstört haben, als sie alle Bäume fällten, um mit ihnen die Statuen ihrer Götter zu transportieren. Wir werden erst dann aufhören, unserer Umwelt zu schaden, wenn unser Bewusstseinsniveau gestiegen ist, das heißt, wenn wir der Furcht entwachsen sind, die sich auf Angst gründet und uns einen Ausgleich durch die Flucht in übertriebenen Konsum suchen lässt. Je höher das Bewusstseinsniveau ist, das wir anstreben, desto mehr werden wir mit unserer Umgebung in Harmonie leben.

Frage: Wie können wir die Gesellschaft vom Rassismus befreien?

Antwort: Die Wurzeln für Rassismus liegen in der Angst vor dem Anderen, dem Unbekannten begründet, denn durch diese Angst gerät unser Identifikationssystem in Gefahr. Deshalb lehnen wir den Anderen ab, indem wir eine negative Bewertung auf ihn projizieren, wodurch wir ihn als schlecht oder böse wahrnehmen. Er kann nämlich nur dann gut sein, wenn wir uns mit ihm identifizieren können. Worauf beruht aber unser System der Identifikation mit dem Guten oder Bösen? Auf den kollektiven Glaubenssätzen unseres Volkes, die überwiegend Angst und Schuld sowie den Konflikt zwischen Gut und Böse aufrechterhalten. Die Verkündigungs-Religionen – Judentum, Christentum und Islam – sind mitverantwortlich für unsere neuronale Konditionierung, indem sie auf der einen Seite einen Schöpfer präsentieren, den Anführer der Mächte des Guten, und auf der anderen Seite einen Teufel, den Hauptakteur der Mächte des Bösen. Je radikaler die Anhänger dieser Religionen sind, je mehr sie sich mit ihrem Moralkodex identifizieren, desto intoleranter, rassistischer und homophober sind viele von ihnen.

Das ist insofern verständlich, als ihre Identifikationen durch das, was anders ist als sie, gefährdet werden. Die Dämonisierung des Anderen, des Fremden, ist in den meisten Kulturen präsent, wo sie immer wieder gewaltsam in Erscheinung tritt, sei es im Konflikt zwischen Hutu und Tutsi in Ruanda, Hindus und Muslimen in Indien oder zwischen Chinesen und Malaien in Malaysia, aber auch in vielen anderen Ländern. Der Rassismus wird erst dann verschwinden, wenn wir uns von den Archetypen lösen, die unsere Angst durch den Konflikt zwischen Gut und Böse nähren. Erst wenn sich unser Bewusstseinsniveau über die brodelnde Masse von Angst und Schuld erhebt, werden wir das Andere, das Fremde, das Unbekannte akzeptieren – und das nicht nur oberflächlich als Ausdruck politischer Korrektheit, sondern vollständig und wahrhaftig, weil wir unsere auf Angst basierenden Identifikationen losgelassen haben. Um unser Herz zu öffnen, müssen wir unsere Angst bewältigen.

Frage: Glauben Sie nicht, dass ein Unterschied besteht zwischen den Schuldgefühlen aufgrund unseres Geburtstraumas und dem Gefühl von Schuld infolge eines eigenen Fehlverhaltens?

Antwort: Es liegt in der Natur des Ego, dass es als Nicht-Entität versucht, seine eigene Fiktion aufrechtzuerhalten. Diese Fiktion beruht auf seiner ersten Identifikation mit dem Schmerz der Geburt und der Angst, die daraus erwuchs. Als grundlegende neuronale Prägung wird diese Identifikation wie jede andere versuchen, immer weiterzubestehen. Warum fühlen Sie sich beispielsweise unter bestimmten Umständen dazu gedrängt, sich entgegen den gesellschaftlichen Leitlinien zu verhalten, die besagen, dass Sie andere Menschen so behandeln sollten, wie Sie selbst behandelt werden möchten?

Sie verhalten sich zum Beispiel boshaft oder selbstsüchtig, weil die Schuldgefühle, die Ihrem Ego zugrunde liegen, immer wieder neu durch ein System von Verlockungen gestützt werden. Diese Köder, Ihre aggressiven Subpersönlichkeiten, bedienen sich dafür einer inneren Logik, die ihr Verhalten rechtfertigt. Als Wahl des geringsten Übels sind sie es, die die Schichten der unbewussten Schuld nähren. Das können Sie daran erkennen, dass Schuldgefühle bei Ihnen immer dann auftauchen, sobald sich die Energie dieser Subpersönlichkeiten ausgedrückt hat.

Frage: Was meinen Sie damit?

Antwort: Erinnern Sie sich an das letzte Mal, als Sie sich Ihren Eltern oder Kindern gegenüber aggressiv verhielten und Sie so in Ihrer Gereiztheit gefangen waren, dass es Sie dazu gebracht hat, Dinge zu sagen, die Ihnen später leid taten. Wie haben Sie sich danach gefühlt?

Frage: Aber gibt es denn nicht auch so etwas wie berechtigte Schuldgefühle?

Antwort: Da Sie offenbar eine schützende Barriere rechtfertigen wollen, die Sie als berechtigte Schuldgefühle bezeichnen: Beobachten Sie doch einfach, wie unsere Gesellschaft damit umgeht. Schuldgefühle erzeugen vor allem Angst – Angst vor Strafe, vor Gott, oder die Angst, sich nicht korrekt verhalten zu haben. Wenn Sie sich jetzt fragen, wohin diese Angst führt, kommen Sie schnell auf Gewalt.

Frage: Ich meine aber eine einfachere Art von Schuld: Eigentlich sollte ich vor ein paar Tagen einen Freund im Krankenhaus besuchen, bin aber nicht hingegangen und habe mich deswegen schlecht gefühlt.

Antwort: Sie sprechen von einem Gefühl, das mit dem Schutz Ihres Selbstbildes zu tun hat. Als Ihr Bild in Gefahr geriet, war dieses Gefühl das einfachste Mittel, um es wieder zu stabilisieren.

Frage: Am nächsten Tag habe ich ihm dann ein Geschenk mitgebracht; hat sich mein Schuldgefühl also nicht doch als sinnvoll erwiesen?

Antwort: Um Ihr Selbstbild aufrechtzuerhalten, haben Sie eine Kompensation geschaffen, die Ihr Bild wieder gefestigt und Ihren Freund vielleicht glücklich gemacht hat. In diesem Sinn war das Schuldgefühl nützlich. Sie leben in einer Welt, in der Sie ständig kompensieren und überkompensieren, um dadurch ein Gleichgewicht wiederherzustellen, das Ihnen aber immer wieder entgleitet. Der Abbau Ihrer Kompensationsmechanismen ist die Essenz der Arbeit an sich selbst.

Frage: Sie sagen, dass Schuld universell ist. Aber in China und Japan scheint es gar keine Schuldgefühle in Bezug auf Sex zu geben.

Antwort: Die Einstellung zu sexuellen Themen ist im Osten eine ganz andere als im Westen. In Japan etwa ist es tabu, Schamhaare im Fernsehen zu zeigen. Und sehen Sie sich an, wie sehr Schuldgefühle die östlichen Gesellschaften beherrschen. Warum geschehen dort regelmäßig Selbstmorde aus Scham? Warum wendet man sich in China, wenn man eigentlich sagen will, dass alles gut läuft und man glücklich ist, stattdessen schnell an die Götter und Geister und verkündet ihnen das genaue Gegenteil, nämlich, dass es einem gar nicht gut geht und die Geschäfte schlecht laufen? Es geht nämlich darum, die Götter und Geister nicht zu verärgern und eifersüchtig zu machen. Warum glauben manche Asiaten, dass sie ihre Vorfahren erzürnen und Unheil über sich bringen, wenn sie nicht jedes Jahr Spielgeld oder edle Geschenke aus Papier verbrennen und den Rauch ins Jenseits schicken? Worauf gründen sich all diese Glaubenssysteme, wenn nicht auf verdrängte Angst- und Schuldgefühle? Und nehmen Sie die Mayas, die einst Tausende von Menschen opferten, um sich dadurch den Schutz der Götter zu sichern. Oder die Schiiten, die sich rituell geißeln, um so des Todes ihres Anführers Hussein zu gedenken. In manchen afrikanischen, südamerikanischen und asiatischen Ländern ertragen die Menschen sogar freiwillig körperliche Schmerzen, um sich zu reinigen oder ihre Gemeinschaft zu schützen. In der Hierarchie ihres Stammes gelten sie nämlich oft erst dann etwas, wenn sie sich selbst Schmerzen zufügen.

Man kann auch gut beobachten, wie sich Angst- und Schuldsysteme auf der bewussten Ebene auswirken: Personen mit Zwangsstörungen, die sich täglich dreißigmal oder öfter die Hände waschen, ihre Schritte oder die Gegenstände in ihrer Umgebung zählen und aus einem geraden oder ungeraden Ergebnis zukünftiges Glück oder Unglück ablesen. Solche Störungen liegen auch Gewohnheiten wie ständigem Kartenlegen oder Weissagen zugrunde, immer auf der Suche nach der passenden Antwort, die das Gemüt beruhigen soll.

Auf einer anderen Ebene sollten wir uns auch die Mechanismen genauer ansehen, die uns dazu bringen, mit einer höheren Instanz einen Handel abzuschließen, damit sie uns gibt, was wir wünschen, wenn wir uns im Gegenzug dazu verpflichten, dies zu tun oder jenes zu unterlassen. Solche Verhaltensmuster beruhen ebenfalls auf unterdrückten Angst- und Schuldgefühlen und sind das geringste Übel zu ihrer Aufrechterhaltung.

Sobald der Schatten Sie nicht mehr im Griff hat, ändern sich die Dinge. Ein gutes Beispiel dafür ist das Anfängerglück. Da ein Anteil beim Anfänger ganz neu ist, also noch nicht mit dem alten System aus Angst und Schuld verbunden ist, kann sich die Gewinnerseite in ihm frei entfalten. Alle Casinos kennen das Phänomen des Anfängerglücks bei neuen Spielern, die zunächst viel Geld gewinnen. Schuld ist einfach das schlüssigste Konzept, um die Auswirkungen zu erklären, die der Schatten auf unser Leben hat.

Frage: Wie würden Sie Ihre Lehre in aller Kürze definieren?

Antwort: Schauen Sie an, was Sie in sich selbst nicht sehen wollen.

Liebe

Frage: Jeder Mensch sucht nach Liebe. Was können Sie dazu sagen?

Antwort: Sie können erst dann wissen, was Liebe ist, wenn Sie sich mit sich selbst, also mit den Anteilen in Ihnen, die Sie nicht lieben, vollständig ausgesöhnt haben. Sonst ist das, was Sie Liebe nennen, lediglich eine Projektion, die nur allzu leicht in Ressentiments oder Hass umschlagen kann, je nachdem, welcher Teil von Ihnen von der Haltung des Gegenübers betroffen ist. Das müssen Sie gründlich durchdenken, da es eine zentrale Frage ist: Gibt es Liebe überhaupt?

Je näher Sie Ihrer wahren Natur kommen, desto mehr wird die Qualität der Liebe, die Sie erfahren und derer Sie fähig sind, sich der wahren Liebe annähern. Die vollkommenste Liebe, die das Ego geben kann, ist die Liebe der Eltern zu ihrem Kind. Weil sie sich als Vater oder Mutter vollständig mit den Bedürfnissen des Kindes identifizieren, fühlt sich diese Liebe wie echte Liebe an. Warum suchen Sie nach Liebe? Weil die Liebe den Duft Ihrer wahren Natur verströmt, und unbewusst zieht Ihre Sehnsucht, sich im Absoluten aufzulösen, Sie zu diesem Duft hin. Je mehr Ihr Bewusstseinsniveau steigt und je mehr Sie in sich geeint sind, desto mehr wird Ihre Fähigkeit zu lieben wachsen.

Frage: Was meinen Sie mit der „Fähigkeit zu lieben"?

Antwort: Wenn Sie sich von Ihren alten Mustern aus Angst und Schuld befreit haben, müssen Sie nicht mehr so viel Zeit für die Bewältigung Ihrer Fehlfunktionen aufbringen und sind deshalb weniger damit beschäftigt, sie zu kompensieren. Als Folge werden Sie den Menschen, die Ihnen nahestehen, mehr Aufmerksamkeit schenken können. Liebe ist ein Geschenk des eigenen Selbst, das durch Selbstvergessenheit entsteht.

Wenn allerdings diese Aufmerksamkeit, die Sie jemand anderem schenken, aus Angst vor dem Verlassenwerden oder aus einer anderen Projektion entsteht, ist es keine Liebe. Erst wenn Sie erkennen, wie wenig Sie wirklich lieben, werden Sie fähig sein, mehr zu lieben. Lassen Sie Ihre Konditionierungen hinter sich, und Ihre Liebesfähigkeit nimmt zu. Sobald Sie sich selbst wirklich verändern, werden Sie andere Menschen nicht mehr verändern wollen, sondern sie so akzeptieren, wie sie sind. Erst dann können Sie damit beginnen, sie zu lieben.

Frage: Wie sehen Sie Beziehungen?

Antwort: Beziehungen bieten hervorragende Gelegenheiten, um die Selbsterforschung zu vertiefen. Finden Sie heraus, inwieweit Sie Ihren Partner idealisieren und bei ihm Aspekte bewundern, die Sie bei sich selbst verdrängt haben, oder umgekehrt, inwiefern Sie ihm Eigenschaften vorwerfen, die Sie selbst besitzen, aber nicht akzeptieren können. Die andere Person ist ein Spiegel – nutzen Sie ihn. Wenn Sie das Distanzieren anwenden, wird Ihr Partner unweigerlich Situationen schaffen, in denen Sie Ihr Durchdringen vertiefen können.

Frage: Gibt es so etwas wie ein ideales Paar?

Antwort: Ja, sofern es auf fünf Ebenen harmoniert. Die erste Ebene ist die körperliche Ebene, in der sich die Sexualität als ein Spiel entwickelt, das dem Partner Vergnügen bereiten soll.

Auf der zweiten Ebene, der psychologischen, werden die Neurosen des Paares entweder kompatibel sein oder sich überhaupt nicht vertragen. Dann werden sich die Partner zum Beispiel über Details weitgehend einig sein oder aber sich schon wegen Kleinigkeiten streiten. In der Regel dauert es einige Wochen, bis sich geklärt hat, ob man in dieser Hinsicht zusammenpasst.

Die dritte Ebene, die intellektuelle, wird durch gemeinsame kulturelle Interessen und Vorlieben gefördert – die Liebe zum Reisen, zur Musik oder zur Kunst. Hier wird das Paar immer neue Anregungen teilen, die ihm Gelegenheiten zur Erneuerung der Beziehung bieten, wodurch sie dauerhaft wird.

Die vierte Ebene ist das Reich der Seele und braucht Zeit für ihre Entfaltung. Dann ist es möglich, dass die Partner die innere Verfassung des anderen auch bei dessen Abwesenheit spüren. Während sich beide entwickeln, werden ihre Seelen lernen, zu verschmelzen, sich zu trennen und wieder zu verschmelzen. Das ist die Ebene, auf der sie mit den Göttern tanzen.

Damit die fünfte Ebene entstehen kann, ist eine metaphysische Vision erforderlich, die auf der gemeinsamen Erfahrung des Erwachens beruht – der Freiheit als vollständige Integration des Lebensziels. Diese

Stufe wird in der hinduistischen Mythologie sehr schön durch die Liebe von Vishnu und Lakshmi oder von Shiva und Parvati dargestellt.

Wenn diese fünf Ebenen mit Leben erfüllt sind, schwingt die Harmonie des Paares vollständig im Einklang; sie muss ebenso gestimmt werden, wie man ein Instrument stimmt. Damit ein glückliches gemeinsames Leben möglich ist, muss das Paar zumindest auf den ersten drei Ebenen miteinander harmonieren.

Frage: Was ist mit Liebe und Leidenschaft?

Antwort: Leidenschaft drückt Ihr Urbedürfnis aus, mit dem Leben zu verschmelzen, aber nicht aufgrund Ihrer wahren Natur, sondern wegen der Illusion, die Ihre Identität ausmacht. Der Kern dieser Illusion ist Ihr verletzliches Kind, und der Zustand der Verliebtheit – Leidenschaft und romantische Liebe – ist der Versuch, das Einssein zurückzugewinnen. Jeder kennt Menschen, die sich immer wieder neu verlieben und dabei unbewusst nach diesem Einssein suchen. Die Wiederholung von Mustern, die das Scheitern schon in sich tragen, setzt bedauerlicherweise das Leiden fort, was wiederum die Verletzlichkeit aufrechterhält. Alles in uns strebt verzweifelt nach Dauer.

Frage: Ist es also ein Fehler, sich zu verlieben?

Antwort: Ganz und gar nicht. Wenn Sie sich zu einem möglichen Partner hingezogen fühlen, vibriert Ihr Emotionalkörper im Einklang mit der Frische der Situation. Diese Frische verdeckt vorübergehend Ihre verdrängten Schichten, die in jedem von uns mit der eigenen Geschichte sowie mit den Energien unserer Eltern verbunden sind, die wir zwar integriert, aber zugleich auch abgelehnt haben. Solange diese Energien nicht aktiviert sind, erleben wir den Duft der Einheit. Es ist dieser Duft, der uns zu einem möglichen Partner hinzieht.

Wenn sich die Beziehung dann mehr und mehr entfaltet, kommen die ungelösten Anteile an die Oberfläche und vertreiben den Duft. Indem wir uns dann konsequent selbst beobachten und immer wieder in Frage stellen, kann der Partner zu einem Spiegel werden, durch den wir erkennen, was uns blockiert.

Frage: Wollen Sie damit sagen, dass es gut ist, sich zu verlieben?

Antwort: Hören Sie auf, in Begriffen von gut oder schlecht zu denken. Letzten Endes ist alles positiv, was Ihnen widerfährt. Versuchen Sie, die Mechanismen zu verstehen, die Sie antreiben. Sie haben alles, was Sie brauchen, um an Ihrer unmittelbaren Umgebung zu wachsen, um sich selbst zu erkennen und um Ihren Schatten zu bewältigen.

Frage: Hat denn die Liebe auch einen Platz im Erwachen?

Antwort: Erwachen ist reine Liebe. Wenn Sie mit allem eins sind, sind Sie Liebe. Ihre Persönlichkeit ist ein Panzer, der Ihnen ermöglicht, dem zu begegnen, was anders ist als Sie. Wenn der Panzer wegfällt, gibt es nur noch Liebe. Denken Sie an eine Kinoleinwand, auf die ein Film projiziert wird. Der Film steht für Ihre Persönlichkeit mit ihrer eigenen Geschichte. Die Leinwand ist Ihre wahre Natur, die von den Bildern des Films überdeckt wird, der von all Ihren Identifikationen handelt. Gegensätze wie Gut und Böse, Krieg und Frieden, Liebe und Hass schreiben das Drehbuch Ihres Films. Ihre wahre Natur ist die Leinwand, die durch den Film nie verändert wird, aber ohne sie gäbe es keinen Film. In dem Moment, in dem Sie entdecken, dass Sie die Leinwand sind, sind Sie das Leben, das sich selbst liebt.

Frage: Können wir Liebe erfahren, solange wir uns in der Illusion des Films befinden?

Antwort: Je mehr Sie Ihre Ängste beherrschen, desto mehr werden Sie fähig sein, zu lieben. Ihr Ego ist nichts anderes als der Verwalter Ihrer Ängste und von daher soll die Liebe, die vom Ego kommt, immer etwas kompensieren. Öffnen Sie sich der Liebe immer wieder. Jedes Mal, wenn Sie sagen „Ich liebe dich" und sich von den Wellen der Liebe getragen fühlen, erscheint Ihre wahre Natur in ihrer ganzen Tiefe.

Die Seele

Frage: Was ist die Natur der Seele?

Antwort: Der Begriff Seele bezeichnet eine Zwischenstufe in der Entwicklung des Subjekt-Objekt-Bewusstseins hin zu der unveränderlichen Realität. Diese Zwischenstufe ist zugleich eine Tür zu den feinstofflichen Welten. Der physische Körper entwickelt sich auf der grobstofflichen Ebene, der psychische Körper, die Seele, entsteht auf der feinstofflichen Ebene. Das eine schließt allerdings nicht notwendigerweise das andere mit ein – das ist eine große Täuschung, die auf die monotheistischen Religionen zurückgeht, die erklären, dass jeder Mensch von vornherein eine Seele habe. In dem Moment, in dem Sie tatsächlich eine Seele entwickelt haben, werden Sie sie mit der gleichen Gewissheit erkennen, mit der Sie sich Ihres Körpers sicher sind.

Viele Traditionen haben dieses Thema zwar behandelt, die meisten Menschen wissen allerdings nur wenig darüber. Im Hinduismus und im tibetischen Buddhismus werden die tantrischen Praktiken und die Kundalini-Methode, die beide intensiv mit Energien arbeiten, in verschlüsselter Form für die Entwicklung der Seele genutzt. In seinem Gleichnis von den Talenten spricht Jesus ebenfalls davon, genauso wie Mohammed in seiner Lehre. Mit dem „Geheimnis der Goldenen Blüte“ bietet der Taoismus, wie auch Gurdjieff in seinen Schriften, ein Handbuch für die Kristallisation der Seele. In der ältesten Tradition überhaupt, der ägyptischen, ist es die Vereinigung des ba – des am weitesten entwickelten spirituellen Aspekts – mit dem ka – dem konditionierten Aspekt –, die ein höher entwickeltes ka hervorbringt. Aber wir sollten an dieser Stelle nicht weiter auf diese komplexen Zusammenhänge eingehen, da sie oft nicht hilfreich sind. Abschließend kann man sagen, dass die Schriften mancher Mystiker wahre Perlen enthalten, die jedoch teilweise im Sand der religiösen Glaubenssysteme verschüttet worden sind.

Schauen wir uns also an, wie sich die Seele entwickelt: Unser verletzliches Kind, das mit unserer Essenz verbunden ist, trägt den Samen für die Entwicklung der Seele in sich, der unter den Schichten unserer Identifikationen vergraben liegt. Mit Hilfe des Durchdringens zerstören wir allmählich diese Schichten aus Angst und Schuld und befreien uns von Eifersucht, Aggression, Schüchternheit und so weiter. Indem wir unsere Haltepunkte loslassen, spüren wir, wie unser alter Emotionalkörper vibriert und sich zu öffnen beginnt; uns wird bewusst, dass wir eine Last abgelegt haben. Sobald wir uns von diesen alten Strukturen gelöst haben, öffnen wir uns für eine intensivere geistige Stille, durch die andere energetische Frequenzen angezogen werden, die den Abbau des unterdrückten Emotionalkörpers weiter beschleunigen. Wenn sich nach und nach ein ausreichend großer Vorrat an feinstofflicher Energie in den von uns freigelegten inneren Räumen angesammelt hat, werden wir irgendwann ein feines elektrisches Kribbeln spüren, das durch den Körper läuft und sich am Kopf entlang des Scheitels, am Hinterkopf und zwischen den Augen bemerkbar macht – ein Zeichen dafür, dass die niedrige Energie, die mit Hilfe des Durchdringens abgebaut wurde, von einer höheren Energie umgewandelt wird. Wenn Sie die Techniken anwenden, die ich Ihnen gezeigt habe, werden Sie diese Empfindungen in einigen Monaten selbst spüren können.

Sie sind der physische Beleg für die Entwicklung der feinstofflichen Substanz, aus der der psychische Körper besteht und die nicht durch den Tod zerstört werden kann, sofern der Kristallisationsprozess weit genug fortgeschritten ist. Sie brauchen nur regelmäßig Introspektion zu praktizieren und in Stille zu verweilen, denn das ist die schnellste Methode, um die Seele zu entwickeln. Aber auch dieser psychische Körper ist nur eine weitere Stufe der Illusion. Nisargadatta Maharaj und andere Erwachte haben beschrieben, dass sie bei ihrer Suche Göttern und Göttinnen begegneten, die jedoch nicht von größerem Interesse für sie waren. Was zählt, ist die Freiheit, und die Freiheit liegt jenseits unserer physischen, psychologischen und seelischen Bedingtheiten. Durch die Entwicklung Ihrer Seele werden Sie auf einer anderen Ebene lebendig und weniger ängstlich sein, wodurch Ihr Ego weiter geschwächt wird. Das Erwachen, die Erleuchtung, wird die Entwicklung Ihres psychischen Körpers weiter beschleunigen, mit dessen Hilfe Sie schließlich im Einssein aufgehen können.

Frage: Was soll ich tun, um meine Seele zu entwickeln?

Antwort: Die Welten der Seele bestehen aus Raum, Licht, Information und Energie, die alle im Bewusstsein enthalten sind. Die heutige Wissenschaft lehrt, dass Materie und Bewusstsein Energie sind. Es liegt an uns, unsere Seele mit Hilfe dieser Energien zu entwickeln.

Stellen Sie sich eine Reihe russischer Matroschka-Puppen aus unterschiedlich getöntem Glas vor. Die kleinste Puppe ist die dunkelste – dort befinden sich derzeit die meisten von uns –, während die größte, die alle anderen Puppen enthält, am hellsten und transparentesten ist. Um Ihrer Seele bei der Entwicklung zu helfen, müssen Sie lernen, die Energie von der hellsten Puppe auf die dunkelste zu übertragen, sodass sie nach und nach immer transparenter wird.

Sie haben bereits festgestellt, dass der erste Teil der Arbeit psychologischer Natur ist, und dafür Beobachtung und Introspektion angewendet. Die richtige Interpretation Ihrer Träume hat außerdem Ihr Durchdringen geschärft. Indem Sie Ihre verdrängten Strukturen teilweise abgebaut haben, ist in Ihrem psychologischen Labor ein Raum entstanden. Dadurch und durch das Verweilen in Stille haben Sie eine Verbindung von der dunklen kleinsten Puppe zur nächstgrößeren hergestellt, was Sie an einem Kribbeln zwischen den Augen und auf dem Scheitel sowie an den feinen elektrischen Empfindungen spüren, die durch den ganzen Körper laufen.

Von nun an wird alles viel schneller gehen. Sie werden lernen, sich für die Energie der nächstgrößeren Puppe zu öffnen, um sie in sich aufzunehmen, und damit den Abbau der dunkleren Puppen – Ihres Schattens – zu beschleunigen. Während Ihrer Meditationen werden Sie lernen, eine zugleich aktive und passive Haltung einzunehmen, mit deren Hilfe Sie die Anteile in sich identifizieren können, die Widerstand leisten oder blockiert sind, was sich auch in Ihrem Körper zeigt: Erinnern Sie sich daran, dass psychologische Probleme auch immer durch physische Empfindungen zum Ausdruck kommen. Sie werden außerdem lernen, sich dieser höheren Energie hinzugeben, die Ihre Schattenstruktur auflöst und sie nach und nach in einen Lichtkörper umwandelt. Dadurch werden Sie allmählich von den irdischen Archetypen – die nichts anderes sind als psychische Strukturen, die aus unseren Glaubenssystemen erwachsen – zu den kosmischen Dimensionen gelangen. Ihre wahre Natur ist die größte der russischen Puppen; es ist diejenige, deren Licht unendlich ist und die alle anderen Puppen enthält.

Frage: Sie sagen, dass ich mich, um meine Seele zu entwickeln, für eine höhere Energiefrequenz öffnen muss. Gibt es eine Möglichkeit, wie ich diesen Prozess beschleunigen kann?

Antwort: Um sich für andere energetische Frequenzen zu öffnen, müssen Sie in einem Zustand frei von Gedanken in Stille verweilen. Auf diese Weise entwickelt sich Ihre Seele.

Mehrere Jahre lang habe ich an Orten meditiert, die mit einem Archetyp christlicher Energie verbunden sind. Dazu gehörten große Kathedralen oder auch die Basilika in Santiago de Compostela. Wenn Sie sich an einem solchen Platz in Stille versenken, an dem sich seit Jahrhunderten Millionen von Menschen durch ihre Gebete mit demselben Archetypus verbinden, werden Sie, sofern Sie feinfühlig genug sind, diese höhere Frequenz spüren.

In Jerusalem ist die Klagemauer ein besonderer Ort der Kraft, und in London ist die St. Faith Chapel in der Westminster Abbey energetisch stark aufgeladen. In Asien gibt es viele Orte, wie etwa den Tempel in Kandy auf Sri Lanka, wo ein Zahn des Buddha aufbewahrt wird. Oder stellen Sie sich die geballte Energie in Mekka vor, wohin sich fünfmal am Tag mehrere hundert Millionen Menschen zum Gebet wenden. Aber auch Gegenstände können energetisch aufgeladen sein. Im Royal Ontario Museum in Toronto zum Beispiel gibt es zwei interessante Buddha-Statuen, und im Guimet-Museum in Paris kann man Gebetsscheiben aus Jade sehen, die als Tore zu den feinstofflichen Welten dienen. Manche Künstler können, nachdem sie einen Bewusstseinsdurchbruch erfahren haben, dies auch in ihren Werken ausdrücken. Der Koreaner Lee Ufan etwa hat Kunstwerke geschaffen, die sich einer anderen Dimension öffnen.

Die beste Vorgehensweise im Umgang mit diesen Kräften besteht darin, sich mit der dazugehörigen Energie zu verbinden, dabei aber so frei wie möglich von dem Archetypus desjenigen Glaubenssystems zu bleiben, dem sie entspringen. Wenn man solche Plätze besucht, ist es, als würde man sich an ein feinstoffliches Netz anschließen. Probieren Sie es aus, denn es ist faszinierend, aber vertrauen Sie nur Ihren eigenen subtilen Körperempfindungen. Achten Sie dabei auch auf Ihre Phantasie, da sie versuchen könnte, sich einzumischen, indem sie sich der psychologischen Aspekte des jeweiligen Archetyps bedient. An diesen Orten völlig frei von Gedanken zu bleiben ist außerordentlich wichtig.

Frage: Ist ein Erwachen auch ohne Seele möglich?

Antwort: Natürlich, durch einen Schock oder an der Schwelle des Todes, denn durch die Brutalität eines extremen Ereignisses kann die Persönlichkeit abgestreift werden, sodass Sie gezwungen sind, Ihre gesamten Haltepunkte loszulassen. Das Erwachen ist Ihr natürlicher Zustand. Es ist immer da und erscheint, sobald das Ego sich auflöst, das nur aus dem besteht, was Sie angesammelt haben. Nach dem Erwachen wird sich das Ego entsprechend der Stufe von Desidentifikation, die es zuvor erreicht hatte, wieder neu formieren. Die psychologischen Fragmente, bei denen das Durchdringen noch unvollständig war, fügen sich je nach ihren gemeinsamen Merkmalen wieder zusammen. Solange nämlich das Bewusstsein den Schatten nicht überwunden hat, der die Identifikationen mit Angst und Schuld enthält, wird es sich für das Denken halten. Die Identifikationen zu entwirren ist die Vorarbeit, die die Kristallisation der Seele ermöglicht.

Frage: Brauchen wir also eine Seele, um uns zu entwickeln?

Antwort: Sie ist Teil des menschlichen Wachstumsprozesses. Aber nur deshalb an sich zu arbeiten, um eine Seele zu entwickeln, wäre ein Irrweg. Sie sollten an sich arbeiten, um sich selbst zu erfahren, das Leben zu verstehen und das Göttliche zu erkennen. Sie müssen herausfinden, welcher psychologische Beweggrund Ihnen dafür am sinnvollsten erscheint. Das Göttliche zu erkennen scheint mir das erstrebenswerteste Ziel zu sein, denn es ist der mächtigste Archetyp – zumindest war es das für mich.

Frage: Wer hat eine Seele und wer hat keine?

Antwort: Allein durch die Tatsache Ihrer Geburt sind Sie nicht automatisch seelisch lebendig. Alles steht, wie gesagt, mit der Evolution in Zusammenhang. Aus zehntausend Lachseiern werden nicht mehr als drei oder vier ausgewachsene Fische, aus zahllosen Eicheln wächst nur eine einzige Eiche heran. Von zweihundert Millionen Spermien schaffen es nur etwa zweihundert durch den Eileiter, und nur eines davon wird mit einer Eizelle verschmelzen. Von mehreren Milliarden Menschen wird nur ein Bruchteil ein höheres Bewusstsein entwickeln und davon wiederum nur ein Bruchteil das Erwachen erfahren. Dieser Planet ist eine Fabrik zur Erzeugung von Bewusstsein. Leider ist die Fabrik heute in einem ziemlich schlechten Zustand. Das mögen Sie bedauerlich finden, aber alles geschieht nach den Gesetzen der Evolution; auf dieser Ebene gibt es keine Menschenrechte.

Frage: Ich verstehe, was Sie sagen, aber es ärgert mich trotzdem.

Antwort: Wie oft soll ich es noch erklären: Ärger schützt die Angst, Angst schützt die Schuld, und Schuldgefühle, verbunden mit der Urangst, halten das ganze System am Laufen. Erkennen Sie das! Diese Methode ist progressiv, aber sie kann auch abrupt sein. Es hängt alles von Ihrem Charakter ab. Sobald Sie das Falsche in seinem ganzen Ausmaß erkennen, kommt die Wahrheit zum Vorschein. Sie waren schon immer die Wahrheit. Ihre Konditionierung ist ein schlechter Traum, aber der Träumer kann an dem Traum arbeiten und ihn zum Besseren wenden. Der Träumer kann auch bewusst auf sein Traumleben einwirken und es von innen heraus verändern. Das ist eines der Dinge, die die Seele tun kann. Aber was der Träumer vor allem anstreben sollte, ist das Erwachen, denn das ist seine wahre Bestimmung.

Frage: Würden Sie bitte noch etwas über die feinstofflichen Welten, die Welten der Seele, erzählen?

Antwort: Das ist nicht sinnvoll, es könnte im Gegenteil sogar Ihren Fortschritt behindern.

Frage: Was wollen Sie damit sagen?

Antwort: Dass Sie sich nicht in Vorstellungen verlieren sollten.

Frage: Aber...

Antwort: Wenn ich von den übersinnlichen Welten spräche, würden Sie sich ein Bild davon machen, das Sie blockiert. Es ist aber wichtig, sich von Vorstellungen möglichst fernzuhalten. Andernfalls erschafft Ihre Phantasie eine Illusion der feinstofflichen Welt, in der Sie sich vermeintlich bewegen und womöglich sogar noch vergangene Leben erfinden, um sich damit Ihre aktuellen Probleme zu erklären. Wenn Sie Ihre Vorstellungskraft nicht im Griff haben, wie wollen Sie dann jemals durch seelische Dimensionen reisen? Die Grundlage ist das Verweilen in Stille. Falls es Ihnen dabei nicht gelingt, den Fluss der Gedanken anzuhalten, stehen Sie am besten auf, machen ein paar Schritte und kehren wieder zu Ihrer Meditation zurück – das ermöglicht Ihnen ein gutes Distanzieren. Sollten Sie eine übersinnliche Erfahrung machen, vergessen Sie sie am besten wieder, denn sonst würde sie zu einem Haltepunkt werden.

Die moderne Physik hat gezeigt, dass der Beobachter das Beobachtete beeinflusst. Je mehr sich der Beobachter dessen bewusst ist, dass er zugleich der Beobachtete ist, desto schneller wird sich der psychische Körper, die Seele, entwickeln und desto besser wird er sich in diesen Welten bewegen können. Falls Sie jedoch solche Erfahrungen machen, sollten Sie sich nicht mit ihnen identifizieren, sonst werden sie zu einem weiteren Fluchtweg, das heißt zu einem neuen Identifikationssystem. Freiheit ist auf diesen Ebenen nicht leicht zu erringen, sofern das Erwachen nicht bereits stattgefunden hat. Das Tor zur Freiheit wird sich erst durch Fragen öffnen wie „Wer bin ich?" oder „Wer nimmt wahr?"

Frage: Könnten Sie die Natur der Seele näher erläutern?

Antwort: Die Seele „badet" in Wahrnehmung. Wir leben in einer Welt aus Gedanken und Worten. Worte werden durch andere Worte erklärt, Gedanken folgen auf andere Gedanken, und alles ist mit Erinnerungen verbunden, die über Assoziationen funktionieren. Wahrnehmung geschieht aber nicht über Assoziationen. Je mehr sich die Seele entwickelt, desto mehr erweitert sich auch ihre Wahrnehmung. Für die Menschen zu Beginn des 17. Jahrhunderts ging die Sonne im Osten auf und im Westen unter, woraus sie schlossen, dass sich die Sonne um die Erde dreht. In der Mitte desselben Jahrhunderts zeigte der große Astronom Kepler mit Hilfe eines einfachen Teleskops, dass das Gegenteil der Fall ist, nämlich dass die Erde um die Sonne kreist. Heute hat sich unser Wahrnehmungshorizont im Universum durch die Weltraumteleskope enorm erweitert. Das Wesen der Seele besteht darin, sowohl Subjekt als auch Objekt der Wahrnehmung zu sein. Sie erschließt sich Räume, die sich immer weiter ausdehnen, was aber nicht durch Assoziation geschieht. Ihre Bestimmung ist es, sich im All aufzulösen. Die Seele als Objekt kehrt dann zum ultimativen Subjekt, dem ultimativen Wahrnehmenden zurück: dem Absoluten.

Frage: Was meinen Sie damit, dass die Seele sowohl Subjekt als auch Objekt der Wahrnehmung ist?

Antwort: Am Anfang ihrer Entwicklung ist die Seele ein Objekt Ihrer Wahrnehmung. Das ermöglicht Ihnen, energetische Felder, Auren, die Welt der Archetypen zu sehen. Wenn die Seele dann wächst, wird sie zu einem Subjekt, das seine kosmische Entwicklung verfolgt, aber die Tatsache verinnerlicht hat, dass der Beobachter der Beobachtete ist.

Schließlich wird die Seele als Objekt zum ultimativen Subjekt hingezogen, zu dem Einen, in dem sie sich auflöst.

Frage: Sie sagen, dass die feinstofflichen Welten real sind.

Antwort: Ihre Realität hängt vom Bewusstsein des Wahrnehmenden ab. Innerhalb dieses Bewusstseins hat sich eine psychische Entität gebildet, die die feinstofflichen Welten wahrnehmen kann. Dies ist die nächste Stufe der Evolution, aber noch nicht die Freiheit, die wir suchen, sondern nur ein Weg, der zu ihr führen kann. In der Regel wird man mit einem entwickelten feinstofflichen Körper wohlwollender, mitfühlender und kraftvoller, manchmal aber auch dunkel und böse. Freiheit ist nie auf der Ebene der psychischen Entität zu finden, wie verfeinert sie auch sein mag. Durch die Arbeit an sich selbst und das Verweilen in Stille wird sich die Seele, der psychische Körper, kristallisieren. Dann wird sie eine Schwelle im Prozess der Evolution überschritten haben.

Durch ihre eigenen Erfahrungen wird diese Seele wissen, dass sie nicht mehr an einen physischen Körper gebunden ist. Dies wird die grundlegende Angst des Ego vor dem Tod reduzieren und es dadurch schwächen. Wichtig ist, sich daran zu erinnern, dass Freiheit niemals innerhalb der Dualität erscheinen kann. Selbst auf den am weitesten entwickelten Ebenen des kollektiven Unbewussten befindet man sich immer noch in einer Illusion. Aber von diesen Stufen der Illusion aus ist es viel einfacher, sie loszulassen und zu lernen, sich in der höchsten Realität, der Essenz des Lebens, aufzulösen.

Frage: Was sind die seelischen Kräfte?

Antwort: Wenn Sie die Kräfte der Seele erfahren wollen, müssen Sie zuerst psychologisch an sich arbeiten. Verweilen Sie außerdem in Stille, dann wird sich allmählich ein feinstofflicher Körper kristallisieren, was zur Entwicklung von Siddhis, von psychischen Kräften, führen kann. Dazu gehört die Intuition, die Fähigkeit, Auren und energetische Felder zu sehen, den Körper zu verlassen und auf den feinstofflichen Ebenen, den potentiellen wie den virtuellen, zu agieren. Das beinhaltet auch die Fähigkeit, zum Licht höherer Ebenen aufzusteigen, zum Beispiel zu anderen Raum-Zeit-Ebenen, wie sie in Platos Ideenlehre beschrieben werden. Dazu gehört auch der Zugang zur Welt der Symbole, des kollektiven Unbewussten und zu dem, was C. G. Jung die Archetypen genannt hat, und damit eine Öffnung hin zu Welten, die ihre eigene Realität besitzen, die an der Grenze zwischen Manifestem und Nichtmanifestem existieren und randvoll mit Daten sind.

Obwohl Siddhis ein sicheres Zeichen für Fortschritte sind, werden sie von vielen Lehrern als Hindernis auf dem Weg betrachtet. Sie tauchen dann auf, wenn das Ego sich entwickelt hat, indem es durchlässiger und feiner geworden ist und sich sein Bewusstseinsniveau verändert hat. Wenn Ihre Motive allerdings unklar sind, oder falls Sie vergessen, dass diese Siddhis zur mentalen Welt gehören, Sie sich mit diesen Kräften identifizieren und sie ohne das erforderliche Durchdringen nutzen, können Sie in die Falle einer noch schwerer durchschaubaren Form von Identifikation geraten. Dies kann erhebliche psychologische Probleme und sogar körperliche Symptome nach sich ziehen.

Wenn Sie sich der Realität nicht öffnen, nach der Sie streben, werden Sie die größten Schwierigkeiten haben, Ihrem eigentlichen Ziel näherzukommen: Freiheit, Einssein, Nirvana, das Himmelreich. Abschließend lässt sich sagen, dass die Siddhis vor dem Erwachen eher eine Bremse für Ihre Entwicklung darstellen, aber nach dem Erwachen von allein ihren natürlichen Platz finden.

Frage: Wie sieht es mit der Entwicklung der Seele aus?

Antwort: Es liegt im Wesen der Seele, sich zwischen Zeit und Realität zu bewegen. Wenn das Erwachen stattgefunden hat, wird die Seele ihren Weg zur Realität mit zunehmender Leichtigkeit finden, denn sie weiß, dass das, was ist, niemals wird, und dass das, was wird, niemals ist. Eine wirklich entwickelte Seele weiß, wie sie das Werden loslassen kann, um vom Sein absorbiert zu werden.

Frage: Was geschieht, wenn wir sterben?

Antwort: Der Tod bedeutet das ultimative Loslassen. Er gibt Ihnen eine Möglichkeit, Ihre wahre Natur wieder zu integrieren, wenn Sie bereits zu Lebzeiten erwacht sind. Ist dies noch nicht geschehen, stellt der Tod die letzte Gelegenheit für das Erwachen dar. Es ist wichtig, zu verstehen, dass Ihre psychologischen Identifikationen die feinstoffliche Substanz prägen, die sich im Lauf Ihres Lebens angesammelt hat. Dann können Phänomene auftauchen, die mit Ihrer Erinnerung zusammenhängen und Sie auf eine falsche Fährte führen, das heißt, die Phänomene werden den Traum unseres Lebens nach dem Tod in den feinstofflichen Dimensionen beeinflussen. Dieser Traum wird sich auf Ihr jeweiliges Glaubenssystem beziehen, wie zum Beispiel die tibetischen Bardos, die das Äquivalent von Himmel und Hölle bei den monotheistischen Religionen darstellen, oder die ewigen Jagdgründe der Prärie-Indianer, je nachdem, was die Archetypen des kollektiven Unbewussten enthalten. Wenn Sie in diese Welt kommen, bringen Sie das Potenzial mit, einen Diamanten zu kristallisieren, um sie lebend wieder zu verlassen. Es liegt an Ihnen, dieses Potenzial zu verwirklichen. Falls die Kristallisation zum Zeitpunkt Ihres Todes noch nicht genügend Substanz besitzt, wird sich alles im kollektiven Unbewussten auflösen. Wenn Ihre Seele dagegen ein bestimmtes Energieniveau erreicht hat, lassen Sie die Archetypen dieses Planeten hinter sich, und Ihr Schicksal auf der feinstofflichen Ebene wird kosmisch.

Gott, Gut und Böse

Frage: Sie sprechen oft vom Absoluten, aber selten von Gott. Warum?

Antwort: Wenn Sie annehmen, dass Gott sich außerhalb von Ihnen befindet, machen Sie Ihn zu einem Objekt und schaffen damit eine starke Identifikation. Sie werden das, was Sie Gott nennen, erst dann finden, wenn Sie alle Haltepunkte aufgegeben haben. Aber da Sie das in Gefahr bringt, ziehen Sie es vor, sich an mehr oder weniger seltsamen Glaubenssystemen zu orientieren, um in der Dualität zu bleiben, das heißt, um an Ihrer Persönlichkeit festzuhalten. Erinnern Sie sich an Ihre wahre Natur: Sie sind alles, das Eine, das Absolute. Wenn Sie ein Bild von Gott, vom Erwachen, von irgendeiner Art von Sicherheit aufrechterhalten, schneiden Sie sich selbst von dem ab, was Sie in Wirklichkeit sind. Die Wahrheit ist etwas für Abenteurer, denn sie sind diejenigen, die Risiken eingehen und damit ihre Komfortzone verlassen.

Frage: Was bedeutet Gott für Sie?

Antwort: Die Energie des Lebens hat uns erschaffen. Warum sollte man sie Gott nennen? Wir wurden von unseren Eltern erzogen. Warum dann noch einer weiteren elterlichen Autorität folgen, die ebenso mit Belohnung und Strafe arbeitet? Unsere Angst bringt uns dazu, verzweifelt nach Sicherheit zu suchen, weshalb wir einen Gott erfinden, der für uns entscheiden soll. Dieses Konzept führt dann zu Vorstellungen wie „Ich bin in Gottes Hand“ oder „Es war Gottes Wille“ oder „Gott segne mein Vaterland“. Gott ist ein Konzept, auf das Sie das Gefühl der Sicherheit projizieren, das Ihnen so schrecklich fehlt. Es wäre hilfreicher, sich Gott als ein Glas vorzustellen, dessen Inhalt sich entsprechend Ihrem wachsenden Bewusstsein ändert. Seien Sie mutig. Geben Sie Ihre Haltepunkte auf und leeren Sie das Glas eines Tages für immer. Sobald es leer ist, verwandelt es sich in das Absolute. Dann erkennt sich die Energie des Lebens selbst.

Frage: Sagt Gott uns nicht, dass wir nicht mehr sündigen sollen?

Antwort: Meine Güte, Gott spricht doch nicht! Das Absolute ist das Bewusstsein des Lebens selbst, und dieses Bewusstsein ist Eins. Wie können Sie also erwarten, dass es sich in der Dualität ausdrückt? Wie kann Gott, das Subjekt, zu einem Objekt sprechen, das Er nicht sein kann?

Darüber sollten Sie nachdenken. Sobald uns erzählt wird, dass Gott spricht, fangen die Probleme an.

Was würde man heutzutage von einem Mann denken, dem seine innere Stimme befiehlt, er solle seinen kleinen Sohn auf den Gipfel eines Berges bringen und ihn dort opfern, weil das Gottes Wille sei? Wenn dieser Mann, der gerade im Begriff ist, sein Kind zu töten, nun wieder eine Stimme hört, die ihm sagt, es doch nicht zu tun, da Gott ihn einfach nur geprüft habe? Und wenn der Mann nach seiner Rückkehr vom Berg einen Busch sieht, der zwar brennt, aber nicht von den Flammen verzehrt wird? Sie würden wahrscheinlich erwarten, dass er in die Psychiatrie kommt und man ihm seinen Sohn sofort wegnimmt. Und der zuständige Arzt würde wohl zu dem Schluss kommen, dass der Mann an einer Psychose leidet. Aber auf der Grundlage genau dieses Mythos sind die abrahamitischen Religionen aufgebaut! Und dieser Mythos bildet auch den Ursprung der Definition des Auserwählten Volkes, des Einzigen Sohnes Gottes, des Einzigen Propheten.

Wir leben heute zwar immer noch im Wahn dieser Systeme, können ihre zerstörerischen Auswirkungen aber inzwischen viel besser erkennen. Beobachten Sie, wie Sie immer dann in den Angriffsmodus wechseln, wenn Sie das Gefühl haben, Ihr Identifikationssystem könnte in Gefahr geraten. Die ständigen vergeblichen Versuche, vermeintlich göttlichen Gesetzen zu gehorchen, stimulieren Ihre grundlegenden Schuldgefühle, was dazu führt, dass Sie Ihre Bedürfnisse und Neigungen in Bezug auf Sexualität, Essen und Verhalten unterdrücken. Diese Unterdrückung nährt wiederum unweigerlich Ihre Schuldgefühle und liefert Sie religiösen Klerikern aus, die oft nur äußerlich religiös sind und Sie dann im Namen der Religion von genau den Sünden befreien, die sie überhaupt erst geschaffen haben. Aber wenn Sie Ihr wahres Wesen unterdrücken, wird Sie das noch instabiler machen. Merken Sie, wie verrückt das alles ist?

Es gibt nur eine einzige Sünde: Ihre wahre Natur zu vergessen. Wenn Sie sich zur Religion hingezogen fühlen, lesen Sie am besten die Mystiker der verschiedenen Traditionen. Entwickeln Sie eine echte religiöse Kultur, nämlich eine, die auf den Erkenntnissen der Erwachten aufbaut, und Sie werden sehen, dass sie die einzigen sind, die etwas zu sagen haben. Praktizieren Sie Stille und Selbstbeobachtung, dann werden Sie verstehen, dass die einzige Person, gegen die Sie wirklich gesündigt haben, Sie selbst sind.

Frage: Wie erklären Sie das Böse, den Teufel?

Antwort: Der Teufel ist nichts anderes als die Manifestation der Energie, die verneint. Aus theologischer Sicht ist dies angesichts der Ablehnung Gottes durch den Teufel auch stimmig. Das gilt ebenso für die Zurückweisung Ihrer ersten Identifikation mit dem Geburtsschmerz. Diese Identifikation ist die Ursache für Ihre Maske aus Angst- und Schuldgefühlen, die das Böse fördert, dem Sie entkommen wollen. Dadurch unterstützen Sie natürlich einen Teufelskreis: Je mehr Böses man tut, desto mehr leidet man und desto gewalttätiger ist man. Und je gewalttätiger, desto mehr leidet man und desto mehr Böses tut man.

Wenn Sie zu Gott beten, dass er Sie vom Bösen erlösen möge, nähren Sie genau das, wovor Sie eigentlich zu flüchten versuchen. Wenn Sie menschliche Qualitäten auf Gott projizieren, indem Sie sagen: „Er ist gut, mitfühlend, alles verzeihend", erhalten Sie eine Reihe von polaren Eigenschaften aufrecht, die nur zusammen mit ihrem Gegenteil existieren können: ohne Gott kein Teufel, ohne Teufel kein Gott. Deshalb sprach der Buddha vom Mittleren Weg, um nicht der Identifikation zu verfallen.

In dem Moment, in dem Sie die Subjekt-Objekt-Dynamik hinter sich lassen, sind Sie das Absolute, und der Geschmack des Absoluten ist das Göttliche. Sobald Sie es objektivieren, erschaffen Sie den Begriff „Gott" und fallen damit in die Dualität zurück, in der alles nur in Beziehung zu seinem Gegenteil existiert.

Gott ist alles, was es gibt, bloß kein Objekt! Das sagen uns die erwachten Lehrer schon seit Jahrtausenden. Erinnern Sie sich an den Satz von Lin-Chi: „Wenn du dem Buddha begegnest, töte ihn!" In ähnlicher Weise äußerte sich Meister Eckhart bei einer Predigt gegenüber einer Gruppe von Nonnen: „Meine Schwestern, es ist höchste Zeit, dass ihr Gott loswerdet!"

Um das Ganze etwas anschaulicher zu machen, erzähle ich Ihnen die Geschichte eines Priesters aus der Gemeinde von Ars, einem Dorf im Herzen Frankreichs, der Mitte des 19. Jahrhunderts lebte, als großer christlicher Heiliger galt und eine hohe Stufe der Desidentifikation erreicht hatte. Da diese Zeit noch nicht so lange zurückliegt, gibt es viele Augenzeugenberichte über die Wunder oder, wie man auch sagen könnte, unerklärlichen physikalischen Phänomene, die ihm widerfuhren. Auf seiner Suche nach Gott stieß der Priester nämlich regelmäßig auf ein Hindernis, das er den Widerhaken des Teufels nannte. In manchen Nächten griff ihn der Teufel sogar an, sodass der Körper des armen Mannes am nächsten Morgen mit blauen Flecken übersät war. Es wird berichtet, dass ihm manchmal sogar Küchenutensilien entgegenflogen und ihn verletzten. Da der Priester auf der seelischen Ebene bereits sehr weit fortgeschritten war, entwickelte sein Ego, um sich aufrechtzuerhalten, eine dämonische Manifestation, um aus diesen Kampf Energie zu beziehen.

Es gibt keinen anderen Teufel außer uns selbst, und die Dämonen der verschiedenen Traditionen sind nichts anderes als unsere unterdrückten Subpersönlichkeiten, die gelegentlich psychische Formen erzeugen und sich auch auf der physischen Ebene manifestieren können. Es geht immer um uns selbst und nie um andere, und unsere Glaubenssysteme bestimmen darüber, was uns begegnet, je nach unserem Bewusstseinsniveau. Der wahre Wert eines Menschen beruht auf seiner Entscheidung, über seine Bedingtheit hinauszugehen, und es ist dieser Wert, der ihn erkennen lässt, dass seine Bedingtheit das Ergebnis seiner Glaubenssysteme ist.

Frage: Ich sehe aber Böses in mir. Wie soll ich damit umgehen?

Antwort: Es ist gut, wenn Sie sich die Tatsache bewusst machen, dass wir alle eine Mischung aus Hell und Dunkel sind. Je mehr Sie das Böse in sich verleugnen, desto mehr stärken Sie es. Und je mehr Sie es in sich eindringen lassen, desto mehr Macht bekommt es. Auch hierbei hängt alles von der Qualität Ihrer Selbstbeobachtung ab. Stellen Sie sich vor, Sie leben in einem Haus mit zehn Zimmern: Suchen Sie sich eines der Zimmer aus, in das Sie Ihren Teufel stecken. In diesem Raum kann er tun und lassen, was er will; er darf nur nicht herauskommen. Das ist die beste Art, mit ihm umzugehen.

Wenn Sie es nicht tun und sich weigern, seine Anwesenheit anzuerkennen, wenn Sie also diesen Teil von sich unterdrücken, wird er an Macht gewinnen und sich im gesamten Haus ausbreiten. Machen Sie sich bewusst, dass er nie genug bekommt, wenn Sie ihn füttern, und dass er versuchen wird, das ganze Haus in Besitz zu nehmen. Lassen Sie ihm also freie Hand in diesem einen Raum und setzen Sie ihn auf strenge Diät. Beobachten Sie diesen Teil von sich selbst und verstehen Sie seine Logik, dann wird er nach und nach an Macht verlieren.

Je mehr Fortschritte Sie bei der Selbsterkenntnis machen, desto sicherer wird Ihr Umgang damit sein.

Frage: Sie sagen, dass Gott weder sprechen noch Objekt sein kann, aber Gott ist doch allmächtig?

Antwort: Diese Formulierung trägt nicht gerade zum Verständnis des Themas bei. Es ist der Mensch, der die Macht hat, zu handeln, aber diese Macht projiziert er um ein Vielfaches vergrößert auf ein Bild, das er Gott nennt, um dadurch Sicherheit zu finden. Gott handelt nicht, und doch geschieht alles durch Ihn. Die Religionen haben unsere Intelligenz oft korrumpiert, anstatt die Menschen zur Selbsterkenntnis zu führen, sie Selbstbeobachtung und Stille zu lehren und zu metaphysischem Hinterfragen zu ermutigen. Stattdessen haben sie alle möglichen Sünden erfunden und Ihnen damit ein geistiges Bild aufgezwungen, in dem Sie sich dann hoffnungslos verloren haben. Das hat zur Folge, dass der Mensch als kleines Wesen ein großes Wesen erfindet, das ihn je nach Laune retten, beschützen oder bestrafen wird und ihm entweder ein Leben im Paradies verspricht oder mit ewiger Verdammnis droht. Wann wird man begreifen, dass es sich hierbei nur um die Projektion eines Elternbildes handelt, das ein System von Belohnung und Strafe beziehungsweise von Himmel und Hölle wiederholt, wodurch Angst- und Schuldgefühle genährt werden?

Sie glauben an Gott? Ausgezeichnet, aber schärfen Sie Ihre Intelligenz, denn nur sie kann Sie retten. Ich rate immer wieder dazu, die Mystiker der großen Traditionen zu lesen, eine religiöse Kultur zu entwickeln und sich vor allem selbst zu hinterfragen. Die Energie von „Ich will es unbedingt wissen, weiß aber so wenig" wird das Himmelstor weit öffnen, während die Energie von „Ich weiß, ich glaube, ich bin sicher" es schließen wird. Gehen Sie wie ein Wissenschaftler im Lichte dessen vor, was Sie selbst überprüft haben, dann werden Sie nach und nach Ihre Konditionierungen verlieren. Ihr Verstand ist von Ihrer Denktätigkeit völlig belegt und erschafft Probleme nur deshalb, um sie wieder zu lösen. Wenn Sie das wirklich erkennen, hört Ihr Verstand sofort damit auf. Und wenn er damit aufgehört hat, finden Sie das, was Sie Gott nennen. Es ist das Leben, das sich in völliger Abwesenheit von Konditionierung selbst erfährt. Es ist das Einssein des Lebens, das sich als solches in Ihnen erkennt, weil das Ego verschwunden ist. Gott hat weder Willen noch Macht, noch teilt Er sich auf. Erst in diesem Zustand, der frei von Angst ist, kann der Mensch wirklich gut sein.

Frage: Sie sagen uns immer wieder, dass Gott nichts will, und doch fühle ich mich von Ihm geliebt.

Antwort: Sie haben eine Liebe zu sich selbst entwickelt, wofür Ihnen Gott dient. Das ist ausgezeichnet, denn wenn Sie sagen, dass Gott Sie liebt, drücken Sie damit aus, dass ein Teil von Ihnen, der bereits dem Schatten entwachsen ist, Sie liebt. Sie haben sich auf den Weg der Liebe begeben, der in Indien Bhakti genannt wird. Auf diesem Weg wird der Teil von Ihnen wachsen, mit dem Sie sich selbst lieben, bis er Sie ganz ausfüllt. Bei diesem Wachstum ist Gott eine Stütze. Solange Sie sich nicht an einen Seiner Vertreter hängen, indem Sie zu Hause Fotos auf einem Altar aufstellen oder Rosenblätter zu Füßen des Gesegneten verstreuen, kann es funktionieren. Aber Sie sollten sich auch fragen, wie es sein kann, dass der Planet in dem Zustand ist, in dem er sich befindet, wenn Gott uns wirklich liebt. Unsere Identität ist ein persönliches Bewusstsein, und die Substanz dieses Bewusstseins ist das Denken.

Um mit seiner Angst umzugehen, hat der Mensch das Konzept eines persönlichen Gottes geschaffen, eines Erlösers. Sie erfinden eine Entität, die Sie Gott nennen, aber dieses Konzept ist so, wie Sie es benutzen, sehr begrenzt. Ist es nicht traurig, die Lebensenergie, die alle Galaxien und den gesamten Kosmos erschaffen hat, auf eine Vorstellung zu reduzieren, die lediglich in dem Wunsch besteht, von einem „gütigen Vater" beschützt zu werden? Die Lebensenergie liebt Sie bedingungslos – deshalb sind Sie hier. Aber diese Energie kann Sie nicht unter Bedingungen lieben, wie Menschen es tun. Sie sollten sich lieber fragen, ob das mit dem Denken identifizierte Bewusstsein durch eine echte Frage ausgelöscht werden kann. Stellen Sie sich die Frage, ob es so etwas wie ein Bewusstsein gibt, das frei von Gedanken, frei von Identifikation, frei von Gott ist. Und fragen Sie sich, ob ein solches Bewusstsein dann nicht mit dem Wesen der Liebe eins wäre.

Frage: Was ist meine wahre Natur?

Antwort: Ihre wahre Natur kann nicht zu einem Objekt gemacht werden. Sie ist weder Sein noch Nichtsein und jenseits der Abwesenheit. Sie ist da, wo Sie nicht sind. Sobald Sie nicht mehr da sind, erscheint Ihre wahre Natur und Sie erkennen, dass sie schon immer da war. Sie ist die bewusste Energie des Lebens. Sie ist reine Liebe, und da sie nie geboren wurde, kann sie auch nie sterben.

Träume

Frage: Sie legen großen Wert auf die Träume. Warum sind sie so wichtig?

Antwort: Tief in Ihrem Inneren gibt es eine außergewöhnliche Intelligenz, die Sie liebt und die Ihnen jede Nacht unablässig und unermüdlich immer wieder die gleichen Botschaften sendet: auf welcher Stufe Sie sich gerade befinden, was Sie tun sollten, um Ihr Bewusstseinsniveau anzuheben, und an welchem besonderen Aspekt Ihrer selbst Sie gerade arbeiten sollten. Nur hören Sie kaum jemals auf diese Intelligenz und verstehen sie meistens auch gar nicht. Trotzdem sind ihre Botschaften klar, denn sie bedient sich einer Sprache, die aus Elementen sowohl Ihrer persönlichen als auch der kollektiven Symbolsprache besteht. Lernen Sie die Sprache Ihrer Träume, und Sie werden herausfinden, wie Sie sie zur Beschleunigung Ihrer Entwicklung nutzen können.

Sie werden entdecken, dass Sie verschiedene Arten von Träumen haben. Ein Traum beschreibt in ein oder zwei Szenen die Blockade, mit der Sie es gerade zu tun haben. Ein anderer stellt eine Abfolge von Szenen dar, die Ihre psychologische Verfassung abbilden. Die erste Szene zeigt dann vielleicht Ihre aktuellen Probleme, die zweite weist auf deren Ursachen hin und die dritte bietet eine Lösung an.

Außerdem werden Sie feststellen, dass ein Teil von Ihnen die Situation, in der Sie sich gerade befinden, genau kennt. Diese innere Intelligenz wird sich so lange mit dem gleichen Problem beschäftigen, bis es weitgehend gelöst ist. Das ist auch der Grund, warum wir wiederkehrende Träume haben. Dieselbe Botschaft wird dann auf etwas unterschiedliche Weise präsentiert, um neue neuronale Verbindungen zu schaffen. Wenn Sie tief in den Sinn der Botschaft eindringen, gibt Ihnen das die Gelegenheit, in Ihren alten verdrängten Strukturen zu graben und sie schließlich loszulassen. Lernen Sie deshalb, auf Ihre innere Intelligenz zu hören, aber bedenken Sie, dass Träume Ihre Probleme zwar aufzeigen, aber nicht lösen können.

Frage: Ich erinnere mich morgens nie an meine Träume. Was kann ich dagegen tun?

Antwort: Legen Sie ein Notizbuch neben Ihr Bett, um Ihre Träume aufzuschreiben, und nehmen Sie sich beim Einschlafen vor, dass Sie sich beim Aufwachen an sie erinnern werden. Wenn Sie dann wach werden, bewegen Sie sich nicht, sondern gleiten Sie etwa zu zwei Drittel zurück in den Schlafzustand, und schon nach kurzer Zeit werden die Traumbilder an die Oberfläche steigen. Gehen Sie die Bilder mehrmals durch, um sie nicht zu vergessen und noch ein paar weitere einzufangen. Wenn die Bilder nun fest verankert sind, notieren Sie den Traum und interpretieren Sie ihn. Das gelingt auch dann, wenn Sie mitten in der Nacht aufwachen, oder wenn Ihnen tagsüber durch eine Gedankenassoziation zuerst ein Traumbild und dann der ganze Traum wieder einfällt.

Frage: Und wie interpretiere ich die Träume?

Antwort: Die Schlüssel zu Ihrem Traumleben liegen in einer Symbolsprache, die allein Ihnen gehört, die Sie aber, wie jede neue Sprache, zuerst lernen müssen. Ihre Grundstruktur wird durch die verschiedenen Charaktere ausgedrückt, die im Traum vorkommen und ganz einfach zu verstehen sind.

Fragen Sie sich: Was symbolisiert diese spezielle Figur mit ihren menschlichen Merkmalen momentan für mich? Welche Eigenschaften verkörpert sie derzeit für mich? Sobald Sie sich diese Fragen gestellt haben, müssen Sie schnell und entschlossen damit umgehen, um zu einer richtigen Antwort zu gelangen. Denn der Teil von Ihnen, der kurz vor der Enttarnung steht, weiß, was Sie vorhaben, und wird versuchen, Sie mit Täuschungsmanövern zu verwirren, indem er Sie zum Beispiel dazu bringt, erst später über die Interpretation nachzudenken oder eine völlig irreführende Antwort zu geben. Deshalb sollte die Frage möglichst spontan in eine Antwort umgesetzt werden, so wie man ein Pferd zum Sprung antreibt.

Zur besseren Veranschaulichung erzähle ich Ihnen einen Traum von George, einem meiner Schüler. In seinem Traum lief er in New York eine Straße mit Häusern aus braunem Sandsteinklinker entlang, die in strahlenden Sonnenschein getaucht war. Plötzlich erblickte er einen Freund, Dr. Walter. Da er ihn nicht grüßen wollte, wechselte er die Straßenseite.

George wollte natürlich wissen, was sein Traum bedeutet. Zuerst befragte ich ihn zu New York. Er antwortete, dass die Stadt für ihn ein Symbol der Freiheit war, denn dort entdeckte er mit neunzehn Jahren, wie sich das Leben als Erwachsener anfühlte. Weil heller Sonnenschein das Bewusstsein symbolisiert, war das Thema des Traums sein Aufbruch in Richtung Bewusstsein und Freiheit.

Und was war mit seinem Freund Dr. Walter? Welche Eigenschaften, welche Qualitäten verkörperte er? Tatsache war, dass dieser Arzt bei drei verschiedenen Gelegenheiten – zweimal bei Freundinnen und einmal bei seiner Mutter – jeweils völlig falsche Diagnosen gestellt hatte. George hatte außerdem bemerkt, dass Dr. Walter seine Frau kalt und arrogant behandelte. Er erkannte daher auch schnell die symbolische Bedeutung der Figur des Arztes, nämlich die eines Frauenfeindes.

Ich erklärte George, dass es bei seinem Traum nicht um Dr. Walter ging, der Frauen ablehnte, sondern um seine eigenen Subpersönlichkeiten, die einen entsprechenden Aspekt von Georges Charakter darstellten. Zum Schluss bat ich ihn, die Interpretation in einem Schlüsselsatz zusammenzufassen. Seine Antwort war: „Meine frauenfeindliche Seite blockiert meinen bewussten Weg zur Freiheit."

Seien Sie sich darüber im Klaren, dass diese Aspekte sich immer schützen werden, da unser Selbstbild bedroht wäre, wenn es mit der Realität konfrontiert würde. Vergessen Sie auch nicht, dass eines der Schlüsselprogramme des Ego darin besteht, das Angenehme zu suchen und das Unangenehme zu meiden. Angesichts eines verdrängten Aspekts, den ein Teil von Ihnen nicht sehen will, werden Sie sich selbst Fallen stellen, wie etwa den Traum vergessen, ihn nicht aufschreiben, seine Interpretation auf später verschieben, ihn nicht so genau hinterfragen, wie Sie es eigentlich könnten, oder seine Kernpunkte vergessen, während Sie den Traum verarbeiten. Außerdem werden Sie ausgeklügelte Vermeidungsstrategien entwickeln, um sich nicht mit der Botschaft zu konfrontieren, die das Gleichgewicht Ihres Schattens gefährden würde.

Wenn Sie einen Traum interpretieren, ist gutes Distanzieren wichtig sowie die Bereitschaft, die durch die Antworten freigesetzte Energie im ganzen Körper ungehindert fließen zu lassen. Dabei wird eine Schicht Ihres Egopanzers, eine Mauer Ihrer Festung teilweise abgebaut, und die Interpretation ergibt eine neue und präzise Botschaft, die es Ihnen ermöglicht, mit Hilfe des Durchdringens in tiefere Schichten vorzustoßen. Der einzige Weg zur Veränderung besteht darin, sich selbst so zu sehen, wie man wirklich ist, und davon nachhaltig aufgerüttelt zu werden. Die Deutung Ihrer Träume wird Ihnen helfen, diesem Schock zu begegnen und Ihre Fähigkeit des Durchdringens zu schärfen, damit die dunkle Energie, die Sie blockiert und unterdrückt haben, aufgelöst wird. Wichtig ist, dass der Schockzustand möglichst nur einen kurzen Moment andauert.

Sie müssen die persönliche Symbolsprache Ihrer Träume lernen. Es gibt zwar auch eine kollektive Symbolik – Wasser und Mond etwa beziehen sich auf das Unbewusste oder die Sonne auf das Bewusste und so weiter –, aber Sie haben es vor allem mit Ihren eigenen Symbolen zu tun.

Nehmen wir an, Sie träumen von einem Auto. Wer sitzt am Steuer? Ein Freund. Was bedeuten die Eigenschaften dieses Freundes zur Zeit für Sie? Wofür stehen sie? Seine Anwesenheit im Traum bedeutet, dass die Eigenschaften, die Ihnen beiden gemeinsam sind, momentan Ihr Leben steuern. Wenn Sie von einem oder mehreren Menschen träumen, den oder die Sie nicht kennen, betrifft dies einen Aspekt Ihrer selbst, dessen Sie sich noch nicht bewusst sind. Sich mit der eigenen Symbolsprache vertraut zu machen ist eine faszinierende Beschäftigung. Je besser man sie beherrscht, desto reicher wird sie im Ausdruck. Sie werden auch feststellen, dass die Traumbotschaften klar, stimmig und präzise sind und häufig das zeigen, was Sie in sich nicht sehen wollen. Der Traum wird oft zweimal dasselbe sagen, damit er auf jeden Fall verstanden wird. Bald werden Sie die außerordentliche Willenskraft erkennen, über die diese Traumintelligenz verfügt und mit der sie die Entwicklung Ihres Bewusstseins vorantreibt.

Bis Sie Ihre Träume einigermaßen gut interpretieren können, werden Sie rund sechs Monate brauchen, sofern Sie regelmäßig daran arbeiten. Um sie wirklich gut zu verstehen, dauert es etwa ein Jahr. Allerdings kann man auch sehr leicht falsch liegen. Wichtig ist, sich daran zu erinnern, dass die Deutung zwar vom Intellekt kommt, die Bestätigung dafür aber erst durch eine körperliche Empfindung erfolgt. Diese Empfindung entsteht durch die Bewegung Ihres Schattens, Ihres alten Emotionalkörpers, der jetzt durch die treffende Interpretation gefährdet ist.

Frage: Wie vermeidet man eine falsche Deutung?

Antwort: Sie müssen Ihren Traum strikt interpretieren und ebenso strikt bei der Frage bleiben: „Was symbolisiert dies oder das heute für mich?“ Der Erfolg hängt davon ab, gleich eine spontane Antwort zu finden und die gesammelten Informationen ebenso schnell zu interpretieren. Wenn Sie von einem bestimmten Menschen träumen, gibt es eine goldene Regel, nach der Sie fragen sollten: „Was bedeuten die Eigenschaften oder menschlichen Qualitäten dieser Person für mich?“ Mit wachsender Erfahrung werden Sie feststellen, dass Sie manchmal vor der Interpretation zurückschrecken, weil es in dem Traum um etwas Wichtiges geht, das Sie nicht sehen wollen. Vergessen Sie dabei aber nie, dass das Ego ein Abwehrsystem ist, das ständig aktiv ist. Je mehr es sich bedroht fühlt, desto gröber werden die Methoden sein, mit denen es versucht, sich auf mechanische Weise zu schützen. Die subtile und nicht-mechanische Intelligenz, die Sie durch das Distanzieren erschaffen haben, wird dies aber bemerken. Ihr Intellekt wird Sie oft zu ungenauen Interpretationen verleiten oder Sie daran hindern, den Traum so tief wie möglich zu ergründen. Deshalb ist es wichtig, die körperliche Empfindung zu spüren, die sich bemerkbar macht, wenn Sie auf die richtige Interpretation gestoßen sind. Diese Empfindung, die oft mit einer emotionalen Irritation einhergeht, bestätigt, dass Sie den passenden symbolischen Schlüssel gefunden haben. Die Fähigkeit, die Schwingung des durch die Interpretation gefährdeten alten Emotionalkörpers, des Schattens, zu erkennen, steht bei der Entschlüsselung der Traumstruktur im Mittelpunkt. Die morgendliche Traumdeutung ist ein Test, der Ihnen die Qualität Ihres Distanzierens und Durchdringens zeigt.

Zu Beginn der Interpretation müssen Sie zunächst das Thema Ihres Traums herausfinden: zum Beispiel das Gleichgewicht zwischen männlicher und weiblicher Seite, den besonderen Aspekt, der Sie gerade blockiert, Ihre Einstellung zum Beruf oder die Entwicklung Ihrer Seele. Jeder Traum hat ein Thema, das meistens schon im ersten Bild enthalten ist und anschließend noch einmal bestätigt wird. Wenn Sie das Thema richtig verstehen, verringert sich die Wahrscheinlichkeit einer falschen Interpretation.

Um die Traumdeutung gut zu beherrschen, brauchen Sie zwei neue Subpersönlichkeiten: einen Detektiv und einen Dolmetscher. Zunächst sammelt der Detektiv die Beweise, stellt ein paar Fragen und fordert schnelle Antworten. Nach und nach enthüllt sich dann die Botschaft des Traums, ähnlich wie beim allmählichen Erscheinen eines Polaroidfotos. Der Detektiv wird sich jedoch hüten, vor dem Ende der Untersuchung irgendwelche Schlussfolgerungen zu ziehen. Sobald er alle Informationen zusammengetragen hat, wird der Dolmetscher sie jetzt in ein bis zwei kurzen, prägnanten Sätzen zusammenfassen, die Sie abschließend in Ihr Traumbuch schreiben. Wenn Sie später versuchen, sich an diese Sätze zu erinnern, werden Sie Ihre alte Logik erkennen, die genau das verhindern oder sabotieren will. Aber sobald Sie das bemerken, wird Ihr gerichtetes Ich gestärkt, und Ihr Durchdringen kann die Abwehrmechanismen derjenigen Schichten besser überwinden, die Sie abzubauen versuchen.

Je mehr Träume Sie interpretieren, desto klarer werden Sie erkennen, dass es Ihre Bestimmung ist, sich weiterzuentwickeln, dass das Leben Sie bedingungslos liebt und dass es Ihnen dabei helfen will, Ihren Panzer abzulegen.

Frage: Was kann ich – abgesehen von der Interpretation – mit meinen Träumen anfangen?

Antwort: Sie können sich selbst umprogrammieren, indem Sie die Traumbilder verändern. Das ist eine einfache und logische Methode, die sehr gut funktioniert.

Frage: Wie macht man das?

Antwort: Dafür müssen Sie einen Teil von sich selbst bewusst umprogrammieren. Sobald Sie sich von dem, was ich vorhin gesagt habe, überzeugt haben, nämlich dass die Traumintelligenz Ihnen klare, stimmige und präzise Botschaften übermittelt, können Sie zum nächsten Schritt übergehen, der darin besteht, dass Sie Ihrem Unbewussten in seiner eigenen Sprache antworten. Sie müssen dieses Experiment dann wie ein Wissenschaftler völlig unparteiisch beobachten.

Kehren wir dafür noch einmal zum Beispiel von Dr. Walter zurück, der für George einen Aspekt seiner eigenen Persönlichkeit darstellte, nämlich seine ziemlich schwierige Beziehung zu Frauen. Sie erinnern sich, dass eines der Grundelemente des Traums eine sonnige Straße in New York war, die George überquerte, um Dr. Walter auszuweichen. George muss jetzt in seinem Gedächtnis nach einem Freund suchen, der das genaue Gegenteil des frauenfeindlichen Dr. Walter ist, das heißt nach jemandem, der Frauen sehr schätzt. Sobald George einen solchen Freund gefunden hat, ersetzt er die Figur von Dr. Walter durch die des Freundes, behält aber die Hintergrunddetails bei. Und anstatt die Straßenseite zu wechseln, um ihm auszuweichen, stellt er sich jetzt vor, wie er auf seinen Freund zugeht und ihm herzlich die Hand schüttelt. Diese Vorstellung visualisiert er nun kurz vor dem Einschlafen in völlig entspanntem Zustand.

Denken Sie daran, dass der Traum eine Botschaft für Ihr Bewusstsein bereithält und sich dafür der symbolischen Sprache Ihres Unbewussten bedient. Wenn Sie das Unbewusste durch eine Veränderung der Traumbilder neu programmieren, beschleunigt das den Abbau Ihres Schattens.

Diese Technik erfordert jedoch Achtsamkeit und Ausdauer. Sie werden manchmal spüren, wie der Emotionalkörper in Ihrem physischen Körper darauf reagiert, dass Sie sich umprogrammieren. Das kann ziemlich unangenehm sein, da der Emotionalkörper, der Schatten, physische oder mentale Täuschungsmanöver anwenden wird, um sich jeglicher Veränderung zu widersetzen. Trotzdem ist es eine faszinierende Methode. Bei regelmäßigem Üben werden Sie bald merken, wie sich Ihre Einstellung zur Außenwelt zu verändern beginnt.

Sex, Geld, Krieg und Frieden

Frage: Wie kann ich meine sexuelle Energie kontrollieren?

Antwort: Bevor Sie versuchen, sie zu kontrollieren, sollten Sie ihr zuerst erlauben, sich auszudrücken. Zwischen Erwachsenen, die sich einig sind, sind keine Barrieren nötig. Sobald diese Tatsache im Zentrum Ihres gerichteten Ich fest verankert ist, werden Sie weniger Schuldgefühle deswegen haben. Sexualität ist eine Energie, die Ihrem Vergnügen dient, Sie beim Aufbau Ihrer Beziehungen unterstützt und ein Familienleben ermöglicht. Wenn Sie nicht mehr in unterdrückten Vorstellungen gefangen sind, werden Sie ein Gleichgewicht finden, das Ihnen dabei hilft, zwischen Ihren wirklichen Bedürfnissen, die sich immer mehr von Gedanken und Phantasien lösen, und Ihren falschen Bedürfnissen zu unterscheiden, die von den alten mentalen Mechanismen, den immer gleichen Verbindungen zu Ihrem Schatten, aktiviert wurden.

Frage: Ich habe gehört, dass das Zurückhalten des Spermas meinem spirituellen Wachstum hilft.

Antwort: Kennen Sie noch nicht die aktuelle medizinische Studie aus England, wonach Masturbation von jungen Jahren an das Risiko für Prostatakrebs um 30 bis 40 Prozent senkt?

Frage: Aber die Religionen sagen genau das Gegenteil.

Antwort: Zum Glück für uns alle wird die Macht der alten religiösen Systeme durch Wissenschaft und Forschung allmählich geschwächt, auch wenn sie immer noch verbissen um ihre Vorherrschaft kämpfen. Indem Regeln ins Wanken geraten, die einer vorgeblich göttlichen Offenbarung entspringen, nehmen die Schuldgefühle im globalen Maßstab immer mehr ab und das allgemeine Bewusstseinsniveau steigt. Genauso wie der Mensch vor 5000 Jahren nicht aus dem Nichts heraus innerhalb von sieben Tage erschaffen wurde und die Sonne sich nicht um die Erde dreht, so ist auch Masturbation keine Sünde, sondern im Gegenteil gut für die Gesundheit.

Was will jemand, der machtgierig ist? Natürlich noch mehr Macht. Religiöse Systeme werden, wie die meisten menschlichen Organisationen, von Menschen dominiert, die oft nur dem Namen nach religiös sind und deren vorrangiges Ziel es ist, ihre Machtposition zu erhalten oder zu vergrößern. Diese Machtmenschen werden immer für das System kämpfen, mit dem sie sich identifiziert haben, indem sie versuchen, andere mit Hilfe von Angst und Schuldgefühlen zu kontrollieren. Nur durch ein wachsendes Bewusstsein, eine bessere Bildung und durch die Sehnsucht nach Selbsterkenntnis wird es der Menschheit gelingen, sich von ihren archaischen Glaubenssystemen zu befreien.

Frage: Wie soll man also seine Sexualität leben?

Antwort: Indem Sie Ihren Bedürfnissen erlauben, sich frei zu entfalten. Sexuelle Energie ist der Motor unserer Spezies, den Sie nicht mit Schuldgefühlen, Angst und Furcht belasten sollten. Dann wird sie ganz von selbst die Schatten verlassen und sich in etwas Schönes verwandeln. Haben Sie schon einmal die Hindu-Statuen gesehen, bei denen die Götter und ihre Gefährtinnen eng umschlungen dargestellt sind, was ausschließlich zu ihrem Vergnügen geschieht? Warum schneidet man sich nicht einfach eine Scheibe davon ab?

Frage: Das klingt wunderbar, aber wie gehe ich da am besten vor?

Antwort: Beginnen Sie damit, alle Ihre sexuellen Wünsche zu akzeptieren, und Sie werden merken, wie Ihre Schuldgefühle diese Wünsche mit Hilfe Ihrer Gedanken nutzen, um sich selbst zu verstärken. Vergessen Sie nicht, dass unsere Denkmuster unsere wichtigsten Haltepunkte sind. Sie können erst dann frei werden, wenn Sie sie alle auf einmal loslassen.

Versuchen Sie, Ihre Sexualität ohne Bilder, Phantasien oder Gedanken zu leben. Beobachten Sie wie ein Wissenschaftler, was dann geschieht; bleiben Sie bei Ihren Empfindungen und mischen Sie sich so wenig wie möglich in das ein, was Ihnen dabei begegnet. Eine von Phantasien und Bildern begleitete Sexualität ist lediglich masturbatorisch. In einer entwickelten Sexualität verschwinden die Bilder allmählich und werden durch Gefühle von zunehmender Klarheit ersetzt.

Frage: Warum bestimmen Sex und Geld unser Leben in einem solchen Ausmaß?

Antwort: Für die meisten Menschen ist Geld gleichbedeutend mit Macht. Schauen Sie sich doch einmal Dokumentarfilme an, in denen es um die sozialen Beziehungen in Gemeinschaften von Menschenaffen geht, wo jeder Einzelne darum kämpft, Alphamännchen oder -weibchen zu sein oder zumindest einem solchen möglichst nahe zu kommen. Wir funktionieren genauso: In allen Kulturen sucht der einzelne Mensch den höchsten Status, den er in der Hierarchie erreichen kann, und strebt nach Reichtum oder möglichst guten Beziehungen zu den reichsten Mitgliedern der Gemeinschaft. Er will Befehle geben oder zumindest bei denjenigen Gehör finden, die am mächtigsten sind. Wir alle wollen in der Hierarchie möglichst weit oben stehen. Dass so viele Mystiker die Bedeutung der Armut betont haben, soll eine Hilfestellung für den Einzelnen sein, damit er seine Haltepunkte leichter loslässt. Das ist auch der Grund, warum Jesus in den Seligpreisungen sagte: „Selig sind die Armen im Geiste, denn ihrer ist das Himmelreich". Arm im Geiste bedeutet, alle Identifikationen aufgegeben zu haben.

Je mehr Geld man besitzt, desto mehr Macht hat man. Sein Verlust oder allein der Gedanke daran erzeugt Angst oder Furcht. Sex und Verführung sind dann die am leichtesten zugänglichen Kompensationsmittel, damit wir uns nicht dem stellen müssen, womit wir nicht konfrontiert werden wollen. Sie können als Haltepunkte zu erheblichen Abhängigkeiten führen. Sex ist die treibende Kraft unserer Spezies, die der Mensch mit unterdrückten Strukturen belastet hat, die gar nichts damit zu tun haben. So können uns zum Beispiel beim Meditieren oder Lesen eines Textes sexuelle Gedanken überkommen. Dann sollte man sie vorbeiziehen lassen und sich fragen: „Warum tauchen sie jetzt auf? Welche Logik bringt sie dazu?"

Wir sollten auch unsere Gedankenmuster im Zusammenhang mit Sex und Geld betrachten. Sobald wir sie als Krücken erkennen und verstehen, wann sie zur Kompensation dienen, können wir sie wegwerfen. Untersucht man diese Bereiche in sich selbst genauer, wird man feststellen, wie oft sie durch die Ängste und Schuldgefühle manipuliert werden, die in unserem Schatten verborgen liegen. Indem wir sie abbauen, erhöhen wir unser Bewusstseinsniveau und erkennen, dass Sex und Geld nichts weiter sind als neutrale Energien, die dazu dienen sollen, uns glücklich zu machen. Dadurch öffnen wir uns immer mehr der Freude, bis sie nach und nach zu unserer eigenen Natur wird. Versuchen wir zu spüren, wann wir sie jeweils wieder verlieren. Sobald wir gelernt haben, mit Sex und Geld auf gutem Fuß zu stehen, werden sie unser Leben nicht mehr so bestimmen wie früher und wir werden erfolgreicher sein.

Frage: Ich bin Geschäftsmann. Wie finde ich die richtige Balance zwischen dem, was Sie sagen, und meiner Arbeit?

Antwort: Ihr Ehrgeiz, finanziell erfolgreich zu sein, geht Hand in Hand mit Ihrem Wunsch, Ihr Bewusstsein zu schärfen. Das ist gut so. Denken Sie daran, dass das Wesen des Ego darin besteht, unbegrenzt wachsen zu wollen, und zwar finanziell genauso wie spirituell. Damit echtes Wachstum geschehen kann, müssen Sie Ihre eigenen Mechanismen verstehen. Am besten wäre eine Aufteilung von achtzig zu zwanzig: achtzig Prozent für Ihr Berufsleben, für all die weltlichen Herausforderungen, bei denen Sie sich engagieren müssen, sowie für Ihre Partnerschaft, und zwanzig Prozent für das Wichtigste, nämlich für Ihr spirituelles Leben. In den achtzig Prozent bleiben Sie ein bewusster ethischer Krieger sowie ein aufmerksamer Partner und Lebensgefährte. Aber seien Sie in den verbleibenden zwanzig Prozent ein Suchender, der sich in Introspektion übt, meditiert und die Mystiker liest.

Frage: Wie kann ich dann im Beruf erfolgreich sein?

Antwort: Indem Sie mit einem stabilen gerichteten Ich Ihre Ängste und Schuldgefühle beherrschen. Je besser Sie sie beherrschen, desto bewusster und rücksichtsvoller werden Sie sich bei Ihren verschiedenen Auseinandersetzungen verhalten. Der Krieger in Ihnen, der seine Kämpfe im Berufsleben austrägt, muss über seinem Schatten stehen, um Fehlentscheidungen zu vermeiden. Damit das gelingt, muss er sich dem Sucher in Ihnen unterordnen, denn dieser Sucher wird die neuen Werkzeuge für Ihren Erfolg erschaffen.

Wenn Sie das unbewusste Dickicht Ihrer eigenen Fehlentscheidungen erst einmal identifiziert und oft genug durchdrungen haben, wird Ihr Schatten allmählich seine Macht verlieren. Sein Einfluss auf Ihr Reden und Handeln wird nicht mehr so groß sein. Sie werden feststellen, dass Sie dann weniger reagieren und überkompensieren. Vergessen Sie nicht, dass das Auflösen der ersten Schichten am schwierigsten ist. Danach wird alles viel einfacher.

Das Durchdringen hat einen neuen bewussten Raum inmitten Ihrer Denkvorgänge eröffnet, und ein erfolgreiches bewusstes Ich beginnt Gestalt anzunehmen. Nach und nach erkennen Sie die Verlierer-Gedanken, die aus Ihrem Schatten kommen, weil Sie die hohe Energiedichte wahrnehmen, die sie begleitet. Gewinner-Gedanken sind mit einer prickelnden und leichteren Energie verbunden, die zuerst durch Kopf, Arme und Unterleib und dann nach und nach durch den ganzen Körper fließt.

Nach einer Weile werden diese energetischen Frequenzen an Intensität zunehmen. Bleiben Sie sich dieser Empfindungen bewusst, und lernen Sie, sie wieder einzufangen, sobald Sie sie nicht mehr spüren. Auf diese Weise werden Sie Ihren Schatten bewältigen und auf der Seite der bewussten Gewinner-Entscheidungen bleiben, denn Sie werden gelernt haben, sie nicht über den Intellekt, sondern mittels Ihrer Empfindungen zu erkennen.

Frage: Womit soll ich also anfangen?

Antwort: Entscheiden Sie sich für ein Ziel und lassen Sie es dann nicht mehr aus den Augen; auch wenn Sie noch nicht wissen, wie Sie dorthin gelangen werden, sollten Sie nicht daran zweifeln. Sie müssen außerdem drei Qualitäten entwickeln: erstens Intuition, die Sie zunächst erkennen lernen müssen und auf die Sie hören sollten, denn sie wird Sie in die richtige Richtung führen. Zweitens Anziehungskraft, denn mit einem starken Charisma werden Sie viele Türen öffnen und Ihre Produkte, Ratschläge oder Fähigkeiten besser verkaufen können. Je mehr Sie Ihre Ängste, Ihre Schüchternheit und Ihr geringes Selbstwertgefühl ablegen, desto spürbarer wird Ihre Anziehungskraft sein. Die dritte und letzte Qualität, die Sie brauchen, ist die Fähigkeit, die materielle und psychologische Realität, die Sie umgibt, so zu sehen, wie sie wirklich ist, und nicht, wie Sie sie projizieren. Solange Ihre Wahrnehmung mit der Realität übereinstimmt, werden Sie lauter erfolgreiche Entscheidungen treffen. Leider können unterdrückte Ängste und Schuldgefühle einen Schleier aus Furcht und Gier bilden, der den klaren Blick auf die Situation trübt und einen irrationalen Optimismus oder Pessimismus zur Folge hat. Dadurch koppeln Sie sich von der Realität ab und treffen weiterhin Fehlentscheidungen.

Wenn sich Erfolge einstellen, bleiben Sie wachsam. Hören Sie nie auf, Ihren Geist zu schärfen, damit der Sucher in Ihnen wächst. Bedenken

Sie, dass Erfolge das Prinzip der Wahl des geringsten Übels gefährden. Sie stehen zwar jetzt über Ihrem Schatten, aber der Erfolg hat das Gleichgewicht Ihrer Schuldgefühle gestört und das kann unbewusste Fehlentscheidungen nach sich ziehen.

Napoleon war außerordentlich erfolgreich, bis er 1812 die Fehlentscheidung traf, in Russland einzumarschieren. Richard Nixon legte nach seiner Wiederwahl die Saat für sein Verhängnis, indem er seine Gespräche im Weißen Haus aufzeichnen ließ und darüber die Unwahrheit sagte. Erfolg zu managen erfordert ein hohes Maß an Wachsamkeit: Zum Beispiel erhöhte Richard Fuld, der CEO von Lehman Brothers, das Risiko für sein Unternehmen durch den Ankauf zweitklassiger Hypotheken, selbst als der Markt die Schwäche dieses Sektors bereits aufgedeckt hatte, und verpasste dann die Gelegenheit, ein Viertel der Anteile zu verkaufen, wodurch die Bank hätte gerettet werden können.

Es gibt viele Beispiele von Menschen, die ein bestimmtes Erfolgsniveau erreicht hatten und sich dann selbst sabotiert haben. Denken Sie zum Beispiel auch an politische Führungskräfte, die ihre Karriere durch Sexskandale zerstört haben. Für einen dauerhaften Erfolg ist das ständige Aufrechterhalten Ihres Distanzierens und das Wachstum Ihres inneren Suchers erforderlich. Das Kennzeichen echter Entwicklung ist, dass man sich ohne Anstrengung beherrschen kann.

Frage: Warum müssen wir für unser Überleben kämpfen?

Antwort: Fragen Sie sich, woher die Vorstellung kommt, dass man dafür kämpfen muss.

Frage: Aber hat der Mensch nicht schon immer dafür kämpfen müssen?

Antwort: Da der menschliche Verstand kreativ ist, ist es zur Aufrechterhaltung dieses Glaubenssatzes erforderlich, ihn in die Tat umzusetzen. Es stimmt, dass wir Menschen eine gewalttätige und kämpferische Spezies sind. Sollten Sie irgendwelche Zweifel daran haben, schauen Sie sich einfach die Geschichte an. Aber wenn Sie an sich selbst arbeiten, bringen Sie Ihr Bewusstsein auf ein höheres Niveau, auf dem Sie Ihre Neigung zu Angst und Gewalt beherrschen. Auf dieser Ebene können Sie alles verändern.

Frage: Ist der Weltfrieden ein erreichbares Ziel?

Antwort: Das 20. Jahrhundert war geprägt von einer unendlichen Reihe von Konflikten. Der Erste Weltkrieg forderte zehn Millionen Todesopfer, der Zweite Weltkrieg sechzig Millionen. Seit 1945 ist die Entwicklung der Waffen immer ausgefeilter und teurer geworden. Die Kosten für einen einzigen B2-Bomber zum Beispiel übersteigen das Militärbudget der meisten Nationen.

In der Abschiedsrede von Präsident Eisenhower am 17. Januar 1961 mahnte er, dass die Macht des militärisch-industriellen Komplexes in Schach gehalten werden müsse. Es geht nicht so sehr um die Frage, ob der Weltfrieden erreichbar ist, sondern vielmehr um die Einstellung derer, die die Welt regieren.

Kriege wurden seit jeher von Männern begonnen, die entschlossen waren, ihre Machtposition zu vergrößern oder zu verteidigen. Solange Angst die Sehnsucht nach Macht erzeugt, wird dies unweigerlich tragische Folgen haben. Frieden kann nur dann herrschen, wenn sich diejenigen, die regieren, von Weisheit leiten lassen. Leider sind weise Herrscher wie etwa der römische Philosoph und Kaiser Marc Aurel die große Ausnahme. Die Gründerväter der Vereinigten Staaten wie auch ihre ersten Präsidenten teilten die Werte der Aufklärung und des Humanismus und strebten bis zu einem gewissen Grad nach Weisheit. An diesen Idealen sollte man sich heutzutage orientieren. Die entscheidende Frage ist, wodurch sich das brillante machthungrige Ego eines Herrschers selbst kennen lernen und verändern kann.

Ein scharfer Verstand, den ein mächtiger Schatten verfolgt, wird in der Erkenntnis seiner selbst viel schneller vorankommen als ein willensschwacher und weniger intelligenter Verstand. In der Offenbarung zitiert Johannes der Täufer einen Ausspruch Gottes: „... weil ihr lauwarm seid und weder kalt noch heiß, werde ich euch ausspeien aus meinem Munde". Es gibt keine Gleichheit in der Welt der Erscheinungen, sondern nur Wettbewerb, aber das Ziel des Lebens ist nicht Macht, sondern Freiheit und Erwachen.

Wenn dieser Gedanke, und sei es noch so allmählich, in die Köpfe der Mächtigen dringt, werden sie sich auf irgendeiner Ebene verändern, und dann kann sich alles andere auch ändern. Wir brauchen dringend politische Führer, die nach dem Licht streben.

TEIL III – ANHANG

BIOGRAPHIEN UND AUSGEWÄHLTE TEXTE

Einführung

Dieses Kapitel enthält eine kleine Anthologie non-dualistischer Philosophie und wurde aus drei Gründen zusammengestellt:

Erstens soll es dem Leser zeigen, dass der Weg, der zur Freiheit führt, von erwachten Lehrern aller wichtigen Traditionen gelehrt wurde und dass die Zeit, die er dem Studium dieser Philosophie widmet, ihn seiner wahren Natur näher bringt.

Das zweite Ziel besteht darin, den Leser zu ermutigen, sich selbst mit Fragen herauszufordern, und ihm zu zeigen, was für ein ganz besonderes Vergnügen das Gefühl sein kann, wenn die eigene psychologische Struktur durch einen einzigen Satz plötzlich ins Wanken gerät.

Drittens sollen die Texte zu einem geschärften metaphysischen Denken beitragen, denn nur so kann sich der Leser von den Glaubenssystemen befreien, die ihn geprägt haben.

Es liegt in der Natur von Glaubenssystemen, nach Kontinuität zu streben. Wenn ein Mönch sich für mehrere Jahre in eine Zelle zurückzieht, um sich auf die Wundmale und das Leiden Christi zu konzentrieren, können sich Stigmata bei ihm zeigen, wie man es bei einigen christlichen Mystikern beobachtet hat. Ein Wunder ist das allerdings nicht, denn Wunder gibt es nicht, und die Natur arbeitet niemals gegen ihre eigenen Gesetze. Diese Stigmata entstehen deshalb wohl aus dem Zusammenwirken von Bewusstem mit dem kollektiven Unbewussten – einer erstaunlichen und sehr mächtigen Kraft. Aber da Leben und Evolution in der Regel folgerichtig verlaufen, tritt diese Kraft erst dann in Erscheinung, wenn der Mensch sein Ego und damit seine Wünsche überwunden hat.

Heute liefert uns die Quantenphysik als eine Physik der Möglichkeiten rationale Erklärungen für diese Phänomene, indem sie argumentiert, dass es gar keine objektive Wirklichkeit gebe, sondern nur eine vom Beobachter beeinflusste Realität.

Die schöpferische Kraft des menschlichen Denkens hat theologische Konstrukte hervorgebracht, die sich zu mächtigen, die Gesellschaften strukturierenden Archetypen entwickelt haben. Damit diese Systeme Bestand haben, müssen ihre Haltepunkte entsprechend stark verankert sein. Das erklärt, warum auf Hoffnung beruhende, schuldkompensierende Konzepte wie die Wiederkunft Christi, der Mahdi, das Jüngste Gericht, der Verborgene Imam, der Messias und die Endzeit den Kern der monotheistischen Religionen bilden. Da alles in der ewigen Gegenwart bereits existiert, sollten wir mit unseren Glaubensvorstellungen vorsichtig sein.

Nehmen wir beispielsweise die Verse aus der Offenbarung 13, 16-17: „Und es macht, dass die Kleinen und die Großen, die Reichen und die Armen, die Freien und die Knechte allesamt sich ein Malzeichen geben an ihre rechte Hand oder an ihre Stirn, dass niemand kaufen oder verkaufen kann, er habe denn das Malzeichen, nämlich den Namen des Tiers oder die Zahl seines Namens." Diese Verse wurden vor etwa 2000 Jahren geschrieben, doch erst jetzt ist eine solche Technologie in den entwickelten Ländern zum Standard geworden. Wenn man heute zum Beispiel eine Zeitung kauft, hält man seine Hand über einen Scanner, der den Kaufpreis abbucht – ein Vorgang, der Furcht bewirkt und damit eine Reaktion auslösen könnte, die vom Ego sofort unterstützt wird, da Furcht einer seiner wichtigsten Haltepunkte ist.

Wenn der Verstand nach Haltepunkten verlangt, erzeugt er alle möglichen Phantasien, von denen einige dann Realität werden. Wir haben uns unsere eigene Umgebung geschaffen, und vieles von dem, was wir um uns herum sehen, ist durch unsere Gedanken entstanden. Wenn wir wollen, dass das Leben auf diesem Planeten weitergeht, müssen wir damit aufhören, massenhafte Angst- und Schuldgefühle zu nähren, die Negatives begünstigen und oft sogar erst herbeiführen. Wir sollten stattdessen das Denken in den Dienst der Selbsterkenntnis stellen und auf die erwachten Lehrer der ewigen Philosophie hören, die über die Religionen hinausgehen und in allen Traditionen zu finden sind. Sie bringen zum Ausdruck, was die menschliche Gemeinschaft eint, und zeigen uns, wie wir uns entwickeln und unsere wahre Natur integrieren können.

Angelus Silesius

(1624-1677) Als Sohn einer wohlhabenden lutherischen Familie in Schlesien studierte Angelus Silesius Medizin und lebte anschließend drei Jahre lang in stiller Kontemplation, nachdem er zum Katholizismus übergetreten war. Sein Werk folgt der Tradition von Meister Eckhart, Johannes Tauler und Jakob Böhme. Für ihn ist der Mensch ein Nichts vor dem Schöpfer, und doch kann Gott nur durch den Menschen Vollendung finden. Dazu muss der Mensch sein Ego und seine Identität ablegen, um das zu werden, was er wirklich ist.

„Ich bin nicht außerhalb von Gott, und Gott ist nicht außerhalb von mir."

„Gott ist ein völliges Nichts
jenseits von Zeit und Raum.
Je mehr du nach Ihm greifst,
desto mehr flieht Er vor deiner Umarmung."

„Sei still, Geliebter, sei still. Wenn du zur reinen Stille wirst, wird Gott dir mehr geben, als du dir je selbst gewünscht hast."

„Ich weiß, dass Gott ohne mich keinen Augenblick sein kann; wenn ich zum Nichts werde, muss Er sein Sein aufgeben."

„Das Tier wird Mensch und der Mensch wird Engel und der Engel Gott, wenn du vollständig geheilt bist."

Ashtavakra Gita

(ca. 5. Jh. v. Chr.) Die Ashtavakra Gita beinhaltet die Lehren der Upanishaden und des Advaita Vedanta, die sie nicht in Form eines rationalen Diskurses beschreibt, sondern vom Standpunkt eines erleuchteten Wesens aus. Jeder Vers ist ein meditativer Text, der dem Schüler, sofern er dazu bereit ist, die Tür zur Wahrheit öffnen kann.

„Du bist unveränderlich, unabhängig, ruhig, dimensions- und formlos, unerschütterlich, deine Natur ist eine Intelligenz jenseits jeder Vorstellung. Verstehe, dass du reines Bewusstsein bist."

„Alles kommt aus mir und löst sich wieder in mir auf wie ein Tontopf in Erde, eine Welle in Wasser und ein Armband in Gold."

„Die Vorstellung von der Dualität ist die Wurzel allen Leidens. Das einzige Heilmittel ist das Gewahrsein der Unwirklichkeit aller Objekte und die Verwirklichung des eigenen Selbst als Einheit, reine Intelligenz und Glückseligkeit."

„Du bist nicht der Körper, noch ist der Körper dein. Du bist weder der Handelnde noch der Erfahrende. Du bist das Bewusstsein selbst, der ewige, unpersönliche Beobachter. Lebe glücklich."

„Du bist reines Bewusstsein, und die Welt ist nicht von dir getrennt. Deshalb ist die Idee bedeutungslos, irgendetwas zu akzeptieren oder abzulehnen."

Für weitere Lektüre: Ramesh Balsekar: Duett der Einheit

Avadhuta Gita

(ca. 9.-10. Jh.) Die Avadhuta Gita („Gesang eines Erleuchteten") ist ein klassischer Text für fortgeschrittene Suchende. Wie die Ashtavakra Gita hat auch die Avadhuta Gita ihren Ursprung in den Upanishaden, die zusammen mit dem Advaita Vedanta den Kern des Hinduismus bilden. Sie wendet sich an diejenigen, deren Lebensziel darin besteht, die letzte Wahrheit zu erkennen und für immer frei zu sein.

„Du bist nicht das, was die fünf Sinne ausmacht: Klang, Berührung, Farbe, Geruch und Geschmack. Noch haben sie teil an deiner Natur. Du bist die höchste, alles transzendierende Wirklichkeit. Warum also sorgst du dich?" (1:16)

„Wisse, was Gestalt annimmt, ist unwirklich. Was keine Gestalt annimmt, ist ohne Unterscheidung. Wer diese Lehre empfängt, kann nicht wiedergeboren werden." (1:21)

„Die einen wählen die Non-Dualität, die anderen die Dualität. Sie verstehen nicht die Wahrheit, den Zustand der Ausgeglichenheit jenseits von Dualität und Non-Dualität." (1:36)

„Ich bin das ewige Prinzip. Frei von Anhaftung und Abneigung, frei von jedem Makel bin Ich. In mir gibt es weder Schicksal noch Vorsehung. Ewig frei von den Leiden der Welt, bin Ich das allumfassende Bewusstsein, das Unsterblichkeit verleiht." (3:13)

Für weitere Lektüre: D. Herbst: Avadhuta Gita – Gesang der Freiheit

Bhagavad Gita

(ca. 6.-4. Jh. v. Chr.) Die Bhagavad Gita, der „Gesang (gita) des Erhabenen (bhagavad)“, ein Abschnitt aus dem großen indischen Epos Mahabharata, erzählt von dem Konflikt zwischen zwei Familien: Durch die Lehren Krishnas wird Arjuna, das Oberhaupt der einen Familie, über den Weg des Handelns (Karma), der Liebe (Bhakti) und des Wissens (Jnana) von der menschlichen Ebene hinauf in die göttliche Sphäre erhoben. Zusammen mit den Upanishaden ist die „Gita“ einer der wichtigsten Pfeiler des Hinduismus; viele große indische Philosophen haben Kommentare über die „Gita“ geschrieben.

„Wer mich in allen Dingen sieht und alle Dinge in mir sieht, von dem trenne ich mich nicht, und er trennt sich nicht von mir.“

„Eingehüllt in die Illusion, die ich erzeuge, werde ich nicht von allen erkannt. Die blinde Welt kennt mich nicht – mich, das Ungeborene, das Unzerstörbare.“

„Oh Arjuna, vier Arten frommer Menschen beten mich an: diejenigen, die leiden, diejenigen, die nach Erkenntnis suchen, diejenigen, die nach persönlicher Erlösung streben, und die Weisen. Der Weise, der in ständiger Harmonie lebt, der den Einen liebt, ist der Vollkommenste. In Wahrheit bin ich dem Weisen überaus lieb und er mir.“

Für weitere Lektüre: Bhagavadgita: Der Gesang Gottes

Jakob Böhme

(1575-1624) Jakob Böhme war ein einfacher Dorfschuster aus Görlitz, der im Alter von 25 Jahren das Erwachen erfuhr, über das er entgegen dem Verbot der kirchlichen Behörden ein Buch schrieb, das er verbreitete. Jakob Böhme steht in der Tradition von Meister Eckhart.

„Alles Nachdenken über Gott und das Studium des Willens Gottes ist vergeblich, wenn es nicht mit einer Verwandlung des Geistes einhergeht.“

„Aber wie kann ich es ergreifen ohne den Tod des Willens? Wenn du es ergreifen willst, läuft es dir davon. Aber wenn du dich ihm ganz und gar hingibst, dann stirbst du dir selbst nach deinem eigenen Willen, und es wird zum Leben deiner eigenen Natur. Es lässt dich nicht sterben, sondern macht dich im Gegenteil nach seinem eigenen Leben lebendig. Danach lebst du nicht mehr nach deinem Willen, sondern nach Seinem Willen, denn dein Wille wird zu Seinem Willen. Und so stirbst du für dich selbst, aber lebst in Gott."

„Das Ego in seiner dichtesten Form ist die Wurzel allen Übels."

Für weitere Lektüre: Jakob Böhme: Morgenröte im Aufgang

Buddhismus

Gegründet von Buddha Shakyamuni (563-483 v. Chr.), auch Siddhartha Gautama genannt, als Antwort auf den Kreislauf des Leidens. Den Ursprung des Leidens sieht er in dem Glauben an ein Ego, dessen höchstes Prinzip darin besteht, unsere Individualität mit Hilfe von Wünschen immer aufrechtzuerhalten. Die Illusion der Dauer entsteht dabei aufgrund eines mentalen Tricks, der durch Anhaftung verursacht wird. Erst Introspektion und Meditation erzeugen ein tiefes Verständnis, das im Erwachen endet.

Worte des Buddha:

„Du bist deine eigene Zuflucht, es gibt keine andere. Diese Zuflucht ist mühsam zu erschaffen. Das Ich ist unser Meister, es gibt keinen anderen; er kann nur schwer befreit werden. Du kannst niemand anderen retten, du kannst nur dich selbst retten. Wenn du eine schlechte Tat begehst, wirst du bittere Früchte ernten. Wenn du sie nicht begehst, wird dein Ich gereinigt werden."

„Die Auslöschung des Begehrens, die Auslöschung des Zorns, die Auslöschung der Illusion ist das, was man Nirvana nennt."

„Hass endet nicht durch Hass. Hass endet nur durch Liebe."

„Der Sinn des Lebens besteht nicht darin, sich einen Ruf zu erwerben, moralisch untadelig zu werden oder sich auf Gelehrsamkeit zu konzentrieren. Es ist die unbeirrbare Befreiung des Herzens. Das ist das Ziel eines heiligen Lebens. Das ist sein Wesen und sein Ende."

Ch'an / Zen

Der Ch'an-Buddhismus gelangte durch Bodhidharma (470-543) von Indien nach China und von dort nach Japan, wo er als Zen bekannt wurde. Zu seinen wichtigsten Elementen gehören eine besondere geistige Unterweisung, keine Abhängigkeit von Worten und Texten sowie Lehren, die sich direkt an das Herz richten, da dies der Natur des Buddha entspricht. Sie kann erst dann integriert werden, wenn man erkennt, dass man als ein in der Dualität verhaftetes Wesen keinerlei Realität besitzt. Durch diese plötzliche Erkenntnis geschieht das Erwachen.

Dalai Lama

(1935-) Tenzin Gyatso, so der frühere Name des 14. Dalai Lama, gilt als das spirituelle Oberhaupt des tibetischen Buddhismus. Für die Tibeter ist er die Inkarnation des Buddha des Mitgefühls.

„Der schlimmste Aspekt des Stolzes ist, dass er uns daran hindert, uns zu verbessern."

„Wenn wir nicht freundlich zu uns selbst sind, können wir auch nicht freundlich zu anderen sein. Und wenn wir nicht daran arbeiten, unsere Haltung zu ändern, haben wir wenig Chancen, Frieden und Freude zu finden."

„Je mehr wir über die Leere und die gegenseitige Abhängigkeit aller Dinge lernen, desto schwieriger wird es, gleichzeitig die Idee eines Schöpfers zu akzeptieren, der aus sich selbst heraus existiert und unveränderlich ist."

„Demjenigen zu folgen, durch den wir unsere Fehler erkennen und unsere Qualitäten wachsen lassen wie der zunehmende Mond, und diesen höchsten Wächter mehr wertzuschätzen als das eigene Leben: Das ist die Praxis eines Bodhisattva."

„Wer lehrt, sollte nur von dem sprechen, was er selbst erlebt hat."

„Ein intellektuelles Verständnis von der Bedeutung der Leere zu haben ist nicht dasselbe, wie die Leere erfahren zu haben."

„Alle Buddhas wie Shakyamuni, die erwacht sind, waren zu einem bestimmten Zeitpunkt genauso wie wir und standen auf derselben Bewusstseinsstufe wie wir."

Für weitere Lektüre: Dalai Lama: Die Kunst des Glücklichseins

Deepak Chopra

(1946-) Indischer Arzt und Philosoph, der Millionen von Menschen ein besseres Verständnis vom Hinduismus vermittelt und durch seine Bücher dazu beigetragen hat, das Bewusstseinsniveau in den Vereinigten Staaten zu erhöhen.

„Reines Bewusstsein ist immer in allem vorhanden, unabhängig davon, woher es kommt oder welche Form es annimmt."

„Das Physische hat am wenigsten reines Bewusstsein, weil es von physischen Dingen und der Illusion der Getrenntseins beherrscht wird."

„Die unsichtbare Welt steht an erster Stelle. Sie enthält die Samen von Zeit und Raum."

„Der Glaube ermöglicht Ihnen den Zugang zu bestimmten Erfahrungen, hindert Sie aber an anderen."

„Manchmal ist der Feind außen, aber wenn man genau hinschaut, sieht man, dass er immer innen ist."

„Die Wirklichkeit nimmt umso mehr zu, je näher man der Quelle kommt."

Für weitere Lektüre: Deepak Chopra: Leben nach dem Tod – Das letzte Geheimnis unserer Existenz

Meister Eckhart

(1260-1327) Auch als Eckehart oder Eckhart von Hochheim bekannt. Er war Dominikanermönch, Lehrer und Mystiker und lehrte, dass es notwendig sei, sich selbst zu lassen, um die Ewigkeit zu durchdringen und Eins zu werden. So könne Gottes Plan erfüllt werden. Er starb vor Beginn des Prozesses, den die Kirche wegen Häresie gegen ihn vorbereitet hatte.

„Je höher sich eine Seele über sich selbst erhebt und je reiner und klarer sie ist, desto vollkommener kann Gott Sein Werk durch sie entsprechend ihrer Ähnlichkeit mit Ihm vollbringen."

„Liebe in ihrer höchsten und reinsten Form ist nichts anderes als Gott."
„Leere dein Ich von dir selbst und von allen Dingen und bedenke, was du in Gott bist, denn das ist dein wahres Ich."

„Wenn du den Punkt erreichst, an dem du keine Trauer oder Furcht mehr wegen irgendetwas empfindest und an dem die Trauer nicht mehr Trauer um dich selbst ist und an dem sich alles in einen tiefen Frieden für dich verwandelt hat, dann bist du wahrhaftig geboren."

„Die Seele muss ihr Vertrauen auf Gott setzen. Gott kann Sein göttliches Werk nicht in der Seele vollbringen, wenn alles, was in sie eintritt, durch Maße begrenzt worden ist. Ein Maß ist das, was die Dinge von innen und von außen verschließt."

„Was ist die Natur Gottes? Sich durch die Schöpfung zu verbreiten, immer gleich zu sein, nichts zu haben, nichts zu wollen, nichts zu wissen."

„Hier hat der Mensch durch seine Armut zurückerobert, was er ewig war und immer sein wird."

Für weitere Lektüre: Meister Eckhart: Predigten und Traktate

Albert Einstein

(1879-1955) Als Physiker erfasste Albert Einstein die fundamentale Einheit aller Dinge, indem er Materie und Energie in seiner Relativitätstheorie miteinander verknüpfte.

„Der wahre Wert eines Menschen ist in erster Linie dadurch bestimmt, in welchem Grad und in welchem Sinn er zur Befreiung vom Ich gelangt ist."

„Der Mensch erkennt die Nichtigkeit menschlichen Willens und Strebens, findet Ordnung und Perfektion dort, wo die natürliche Welt mit der Welt des Denkens zusammenfällt. An diesem Punkt begreift das Sein seine individuelle Existenz als eine Art Gefängnis und beginnt nach der Totalität des Seins zu streben, die ihm umfassend verständliche Einheit verspricht."

„Nach der allgemeinen Relativitätstheorie existiert das Konzept des von allen physischen Inhalten losgelösten Raums nicht."

„Wir stellen uns die Materie als etwas vor, das weder geschaffen noch zerstört werden kann."

„Auch wenn die Welten der Religion und der Wissenschaft klar voneinander getrennt sind, gibt es zwischen ihnen dennoch starke Beziehungen der Gegenseitigkeit und Interdependenz. Dies lässt sich so definieren: Wissenschaft ohne Religion ist lahm, Religion ohne Wissenschaft ist blind."

Für weitere Lektüre: Albert Einstein: Mein Weltbild

Geheimnis der Goldenen Blüte

(8. Jh.) Lu Tzu, der Autor von „Geheimnis der goldenen Blüte", war vermutlich ein entfernter Schüler von Laotse. Sein Text ist eine praktische taoistische Abhandlung darüber, wie die Seele kristallisiert werden kann.

„Das Umdrehen des Lichts ist ein Mittel, um die höhere Seele zu verfeinern und den Geist zu erhalten. Dadurch wird die niedere Seele kontrolliert."

„Wenn man die Gedanken auf den zentralen Punkt zwischen den Augen fixiert, scheint das Licht von selbst heraus. Der Vorgang des Fixierens der Gedanken zwischen den Augen führt zum Durchbruch des Lichts von innen."

„Der Schüler kennt die Mittel, um die niedere dunkle Seele vollständig zu destillieren, sodass sie zu reinem Licht wird."

„Man muss das Licht bewegen und fixieren. Dadurch bewirkt man das Umdrehen des Lichts. Nach einer Weile wird ein neuer spiritueller Körper geschaffen."

„Wenn der Mensch sein Herz sterben lassen kann, wird der ursprüngliche Geist zum Leben erwachen. Sein Herz sterben zu lassen bedeutet nicht, dass es verdorrt oder seine Farbe verliert. Es bedeutet jedoch, dass es zu einer unteilbaren Einheit geworden ist."

Für weitere Lektüre: Thomas Cleary: The Secret of the Golden Flower (englisch)

Georges I. Gurdjieff

(1877-1949) Ein spiritueller Lehrer, der davon ausging, dass der Mensch in einem Zustand der Hypnose oder des Schlafs lebt und wie eine Maschine durch eine Reihe von Mechanismen gesteuert wird.

„Eines der besten Mittel, den Wunsch nach der Arbeit an sich selbst wachzurufen, ist die Einsicht, dass man jeden Augenblick sterben kann. Und man muss lernen, das nicht zu vergessen."

„Alle von oben gesandten Propheten haben von dem Tod gesprochen, der uns in diesem Leben widerfahren kann, das heißt, vom Tod des ‚Tyrannen', von dem die Sklaverei herrührt, in der wir leben: ein Tod, von dem die erste und wichtigste Freiheit des Menschen abhängt."

„Die erste Voraussetzung, die erste Bedingung, die erste Prüfung für jeden, der an sich selbst arbeiten will, besteht darin, seine Wertschätzung gegenüber sich selbst zu verändern. Er muss sich nicht nur Vorstellungen machen, denken und glauben, er muss auch bestimmte Dinge in sich selbst sehen, die er vorher nicht gesehen hat – und sie tatsächlich sehen. Seine Wertschätzung wird sich nie ändern, wenn er weiterhin nichts in sich selbst sieht. Und um sehen zu können, muss er sehen lernen. Das ist die erste Initiation des Menschen auf dem Weg zur Selbsterkenntnis."

„Die Erkenntnis, dass Veränderung nur dann stattfinden kann, wenn er seine Haltung gegenüber der äußeren Welt ändert, ist sehr wichtig für einen Menschen, der an sich selbst arbeitet."

„Bewusste Liebe erweckt das Gleiche.
Gefühlsmäßige Liebe ruft das Gegenteil hervor.
Körperliche Liebe hängt von Typus und Polarität ab."

Für weitere Lektüre: P.D. Ouspensky: Auf der Suche nach dem Wunderbaren

Hadewijch von Antwerpen

(1220-1260) Hadewijch war Mitglied der Beginen, einer Religionsgemeinschaft, die unter weniger strengen Regeln als im Kloster lebt. In ihren Schriften, für ihre Gemeinschaft, die erst lange nach ihrem Tod bekannt wurden, geht es um die mystische Einheit.

„Lasse deine Gedanken nicht hier und da umherwandern, sondern lasse sie ihre Freude erst in der Ewigkeit finden."

„Was auch immer deine Sinne wahrnehmen, bewahre dein inneres Reich in der Ewigkeit, wie schmerzhaft es für dich auch sein mag, dich von zwei Wesen umkämpft zu fühlen."

„Der Kreis der Dinge muss eingeschränkt und aufgehoben werden, damit der Kreis der Nacktheit, einmal gewachsen und erweitert, das Unendliche umfasst."

„Im Schoß des Einen sind die Seelen rein und innerlich nackt, ohne Bilder oder Formen, als wären sie von der Zeit befreit, unerschaffen und von Grenzen unbegrenzt."

„Alles ist begrenzt: Ich fühle mich so groß. Was ich ewig zu suchen wünschte, ist eine unerschaffene Wirklichkeit."

„Die Seele, gegründet in reiner Nacktheit, in reiner Sterblichkeit, lässt alles entstehen, was ist und was sein wird."

Für weitere Lektüre: Hadewijch: Das Buch der Visionen und Buch der Briefe

Al-Hallaj

(857-922) Als Sufi-Mystiker erlebte Mansur Al-Hallaj die Einswerdung in brennender Liebe, in der das Leben sich selbst verzehrt. Für ihn bestand der Sinn des Lebens darin, mit Gott eins zu werden. Die menschliche Persönlichkeit muss sich selbst zerstören, damit Er einziehen kann. Nachdem er gesagt hatte: „Ich bin die Wahrheit, mein Ich ist Gott", wurde er der Blasphemie beschuldigt und für diese Aussage in Bagdad gekreuzigt.

„Wenn Gott ein Herz ergreift, entleert Er es von dem, was nicht Er ist."

„Wisse, dass der Mensch, der die Einheit Gottes verkündet, sich selbst bejaht."

„Ich habe über die vielen Religionen meditiert, um sie zu verstehen, und habe festgestellt, dass sie ein einziges Prinzip mit zahlreichen Verzweigungen hervorbringen. Verlange nicht von jemandem, eine bestimmte Religion anzunehmen, denn das würde ihn von dem Grundprinzip trennen. Es ist genau dieses Prinzip, das ihn suchen sollte."

Für weitere Lektüre: Al-Hallaj: Märtyrer der Gottesliebe

Hsin-Hsin Ming

(7. Jh.) „Die Meißelschrift vom Glauben an den Geist" ist einer der frühesten und einflussreichsten Ch'an-Texte und wurde von Chien-chih Seng-ts'an verfasst, dem dritten chinesischen Patriarchen. Er gilt als vollkommener Ausdruck der Metaphysik des Ch'an-Buddhismus.

"Der Große Weg ist nicht schwer,
Wähle einfach nicht aus.
Wenn du alle Vorlieben oder Abneigungen sein lässt,
Ist alles klar wie der weite Raum.

Mache den kleinsten Unterschied,
und Himmel und Erde sind getrennt.
Wenn du die Wahrheit sehen willst,
Denke nicht für oder gegen etwas.

Vorlieben und Abneigungen
Sind die Krankheit des Geistes.
Ohne den tiefen Sinn zu verstehen,
Kann man seine Gedanken nicht anhalten.

Klar wie der weite Raum,
Nichts fehlt, nichts ist zu viel.

Wenn du etwas willst,
Kannst du die Dinge nicht sehen, wie sie sind.

Lasse dich im Äußeren nicht in Dinge verwickeln.
Verliere dich im Inneren nicht in der Leere.
Sei still und werde Eins,
Und alle Gegensätze verschwinden.

Wenn du aufhörst, dich zu bewegen,
Um still zu werden: Die Stille bewegt sich immer.
Wenn du an Gegensätzen festhältst,
Wie kann man das Eine erkennen?"

Huang Po

(770-850) Ch'an-Meister und Lehrer von Lin-Chi (siehe unten). Er war ein Vorläufer der Rinzai-Schule, die in Japan noch heute besteht, und seine Reden und Predigten gehören zu den tiefgründigsten innerhalb des Ch'an-Buddhismus.

„Gewöhnliche Menschen blicken auf ihre Umgebung, während Schüler des Weges auf das Bewusstsein blicken. Das wahre Gesetz aber ist, dass man beides vergisst. Es ist leicht, Objekte zu vergessen, aber es ist sehr schwer, den Verstand zu vergessen. Viele haben Angst, ihren Verstand leer zu machen. Sie fürchten in die Leere zu fallen, und wissen nicht, dass ihr eigener Verstand die Leere ist. Aber nur im wahren Gesetz sind die Dinge so."

„Das Erwachen hat keinen Platz. Ebenso wenig hat Buddha das Erwachen erreicht, wie die Lebewesen es verloren haben. Es kann weder durch den Körper erlangt noch mit dem Verstand gesucht werden. Erwachen ist nicht etwas, das man findet. Man muss den Geist dessen hervorbringen, was nicht gefunden werden kann, und wenn man absolut nichts findet, wird das der Geist des Erwachens sein. Das Erwachen ist nirgendwo zu finden, deshalb kann es auch niemand finden."

„Der Irrtum hat keine Substanz, er ist ganz und gar das Produkt unserer Denkprozesse. Würdest du jede begriffliche Bewegung des Denkens verhindern und deine mentalen Prozesse stoppen, würden Fehler für dich ganz von selbst verschwinden."

„Zu erkennen, dass es in der Realität nichts gibt, an das man sich hängen kann, ist die vollkommene und höchste Weisheit."

„Alles läuft auf den Geist hinaus, und doch ist auch dieser Geist nicht auffindbar. Was sucht man also?"

Für weitere Lektüre: Der Geist des Zen: Die legendären Aussprüche und Ansprachen des Huang-Po

Hui Neng

(638-713) Sechster Patriarch der Ch'an-Schule, der seine Schüler lehrte, dass alles Leiden aus der Bindung des Menschen an sein Ego und an die Welt kommt. Er ist der Begründer der Schule der „Plötzlichen Erleuchtung" und besteht darauf, dass diese Methode jenseits aller Polaritäten und weder plötzlich noch progressiv ist. Für ihn „hängt alles von der Geschwindigkeit oder der Stumpfheit des Geistes ab. Das Studium der Lehre der Schule der Plötzlichen Erleuchtung kann nicht von Dummköpfen abgeschlossen werden."

„Jene Wesen, die den Großen Pfad studieren und die Energie haben, sich selbst aufmerksam zu beobachten, gehören zur gleichen Kategorie wie jene Wesen, die eine scharfe Intelligenz haben."

„Die großen Meister, die die Lehre der Plötzlichen Erleuchtung weitergegeben haben, und diejenigen, die den Willen haben, sie zu studieren, bilden ein Ganzes."

„Die Lehre erfordert Tausende von Mitteln, aber ihre vielen Divergenzen konvergieren zur Einheit. In der Höhle eurer dunklen und geheimen Leidenschaften wird von einem gewöhnlichen Augenblick an die Sonne der Großzügigkeit geboren werden."

„Wenn ihr den Pfad wirklich praktiziert, werdet ihr keine Fehler in dieser Welt sehen. Gründe für Kritik in dieser Welt zu sehen, beweist, dass du selbst kritisierbar bist."

„Das Ego ist für die Kritik an anderen verantwortlich. Ihr seid natürlich schuld an jeglicher Kritik, die vom Ego kommt. Nur durch die Unterdrückung des Geistes der Kritik werden Verunreinigungen, Leidenschaften und nutzloses Geschwätz vollständig zerstört. Falsche

Einstellungen gehören in diese Welt, und die wahre Einstellung ist der Ausgang aus dieser Welt, aber versteht, dass sowohl falsche als auch wahre Einstellungen verschwinden müssen."

„Im Innersten meines Herzens gibt es einen Buddha.
Dieser innere Buddha ist der wahre Buddha.
Wenn du nicht bereits den Geist Buddhas in dir tragen würdest,
Wo würdest du ihn suchen?"

Für weitere Lektüre: Hui Neng: Plattform-Sutra

Ibn Arabi

(1165-1240) Als Gelehrter verbrachte Ibn Arabi sein Leben auf Reisen und beeinflusste die islamische Welt mit dreihundert Büchern. Er behauptete, dass der Mensch, um die Wahrheit zu entdecken, sich selbst erst in seinem spirituellen Wesen verstehen müsse und sich nur in und durch Gott kennen lernen könne. Ibn Arabis Formulierungen sind paradox. Sie verhindern, dass der Verstand des Lesers stecken bleibt, und bringen ihn an den Punkt der Kapitulation, indem seine Rationalität aus dem Gleichgewicht gerät.

„Die Existenz der geschaffenen Dinge ist die Existenz des Schöpfers selbst."

„Gott ist also der Spiegel, in dem du dich selbst siehst, so wie du der Spiegel bist, in dem Er Seine Namen betrachtet."

„Wenn du denkst, dass Gott transzendent ist, dann denke, dass Er immanent ist. Wenn du denkst, dass Gott immanent ist, dann denke, dass Er transzendent ist."

Für weitere Lektüre: Reise zum Herrn der Macht: Meine Reise verlief nur in mir selbst

Jesus

Für die Christen ist Jesus der einzige Sohn Gottes, der auf die Erde kam und den Tod für die Sünden der Menschen erlitt. Das vorherrschende Prinzip seiner Lehre ist die Liebe. Im Islam zählt Jesus zu den Propheten.

„Selig sind die Armen im Geiste, denn ihrer ist das Himmelreich."

Matthäus 5, 3

„Wahrlich, ich sage euch: Wer das Himmelreich nicht empfängt wie ein kleines Kind, der wird nicht hineinkommen."

Markus 10, 15

„Darum werden wir nicht müde; sondern wenn auch unser äußerer Mensch verfällt, so wird doch der innere von Tag zu Tag erneuert."

2. Korinther 4, 16

„Ich und mein Vater sind Eins."

Johannes 10, 30

Das Thomas-Evangelium, ein gnostischer Text, der 1945 in der Nähe des Toten Meeres gefunden wurde, betont die non-dualistischen Aspekte der Lehre von Jesus und vor allem die Vorstellung, dass die Erlösung das Ergebnis einer individuellen Suche ist. Viele seiner 114 Aussagen ähneln denen in den vier Evangelien der Bibel.

Jesus sagte: „Das Königreich des Vaters gleicht einem Manne, der einen Mächtigen töten will. Daheim zog er das Schwert und hieb es in die Wand, um sich zu vergewissern, dass seine Hand stark genug sein würde. Dann tötete er den Mächtigen."

Logion 98

Jesus sagte: „Wenn ihr das hervorbringt in euch, wird das, was ihr habt, euch retten. Wenn ihr das nicht habt in euch, wird das, was ihr nicht habt in euch, euch töten."

Logion 70

Jesus sagte: „Spaltet ein Holz, ich bin da. Hebt den Stein auf, und ihr werdet mich dort finden."

Logion 77

Jesus sagte: „Wenn ihr die Zwei zu Einem macht, werdet ihr Söhne des Menschen werden; und wenn ihr sagt: Berg, hebe dich weg, wird er sich wegheben."

Logion 106

Jesus sagte: „Elend ist der Leib, der an einem Leibe hängt. Und elend ist die Seele, die an diesen beiden hängt."

Logion 87

Jesus sagte: „Wer sucht, soll nicht aufhören zu suchen, bis er findet. Und wenn er findet, wird er bestürzt sein. Und wenn er bestürzt ist, wird er erstaunt sein. Und er wird König sein über das All."

Logion 2

Für weitere Lektüre: Das Thomas-Evangelium

Carl Gustav Jung

(1875-1961) C.G. Jung war zunächst ein enger Mitarbeiter Sigmund Freuds, entfernte sich aber schon früh von ihm und entwickelte seine eigene Lehre, die Komplextheorie. Er formulierte eine Reihe neuer Konzepte wie etwa das kollektive Unbewusste, die Archetypen oder die Synchronizität. Für ihn kann der Mensch nur dann erfüllt leben, wenn er ein Verständnis von seinem Unbewussten hat. Sein Ansatz steht dem Hinduismus und Buddhismus nahe. Später suchte er in den gnostischen Schriften nach einer Bestätigung seiner Thesen.

„Nichts ist erreicht, solange das Individuum in seinem ureigenen Wesen nicht transformiert ist."

„Die ‚Wirklichkeit der Seele' ist meine Arbeitshypothese, und meine Haupttätigkeit besteht darin, nicht offenkundiges Tatsachenmaterial zu sammeln, zu beschreiben und zu erklären."

Für weitere Lektüre: C.G. Jung: Erinnerungen, Träume, Gedanken

Kabbala

Die Kabbala (hebräisch „das Überlieferte") ist ein heiliger, magischer und metaphysischer Weg, der die grundlegendsten Erkenntnisse der jüdischen Mystik enthält. Sie beschreibt eine Reihe von Sphären und Achsen, die die Aufnahme des Lichts aus der oberen Welt über die mittlere in die untere Welt bewirken, in der wir uns befinden. Diese Achsen und Sphären sind im Baum des Lebens dargestellt, der die obere, mittlere und untere Welt miteinander verbindet.

Für weitere Lektüre: Der Sohar: Das heilige Buch der Kabbala

Koran

Der Koran regelt jeden Aspekt des Lebens eines Muslims. Er besteht aus 114 Suren mit 6236 Versen, die von den Gläubigen regelmäßig rezitiert werden.

„Wer irgendein Geschöpf Allah zur Seite setzt,
dem verzeiht Allah nicht; andere Sünden aber
außer dieser verzeiht er wohl, wem Er will;
denn wer ein Geschöpf Allah zur Seite setzt,
der hat eine schwere Sünde ersonnen."

Sure 4:48

„Im Namen Allahs, des Allbarmherzigen!
Sprich: ‚Allah ist der alleinige,
einzige und ewige Gott (der Unwandelbare).
Er zeugt nicht und ist nicht gezeugt.
Und kein Wesen ist Ihm gleich.'"

Sure 112

(Die Aussage von Sure 112 ist so grundlegend, dass der Prophet Mohammed der Überlieferung zufolge gesagt haben soll, dass sie allein schon ein Drittel des Korans wert sei.)

Jiddu Krishnamurti

(1895-1986) Ein spiritueller Lehrer, der diese Rolle jedoch ebenso wie alle Religionen ablehnte, die er als Hindernis für die Erkenntnis betrachtete. Er war der Ansicht, dass die Menschheit trotz des technischen Fortschritts gewalttätig und barbarisch geblieben ist und dass Entwicklung nur durch eigene Arbeit erreicht werden kann. Er forderte seine Zuhörer auf, zu Suchenden zu werden.

„Auf der ganzen Welt gibt es nur zwei Arten von Menschen: solche, die wissen, und solche, die nicht wissen. Nur dieses Wissen zählt."

„Um das Ego zu verstehen, bedarf es einer enormen Intelligenz, Wachsamkeit und geschickter Beobachtung – dieses Beobachten darf weder aufhören noch nachlassen."

„Die Wirklichkeit, die Wahrheit, kann nicht erkannt werden. Damit Wahrheit entstehen kann, müssen Glaube, Erfahrung, Wissen, die Suche nach Tugend – was nicht dasselbe ist wie Tugendhaftigkeit – verschwinden.“

„Um den Geist von all seinen Konditionierungen zu befreien, muss man eine umfassende Vision davon haben, und dies in Abwesenheit von Gedanken. Das ist kein Mysterium. Probieren Sie es aus und sehen Sie selbst.“

„Jede Anhäufung, sei es von Wissen oder Erfahrung, jede Form von Idealen, alle Projektionen des Geistes, jede bewusste Praxis, die darauf abzielt, den Geist im Hinblick darauf, was er sein sollte oder nicht sein sollte, zu reformieren – all dies behindert unsere Fähigkeit, zu forschen und zu entdecken.“

Für weitere Lektüre: Jiddu Krishnamurti: Einbruch in die Freiheit

Lal Ded

(1320-1392) Lal Ded stammte vermutlich aus Kaschmir. Ihre Gedichte spiegeln die Intensität ihrer mystischen Erfahrung und spirituellen Wandlung wider. Sie rät zu einer leidenschaftlichen Suche, die von einem intuitiven Bewusstsein des Einsseins und der göttlichen Liebe getrieben wird. In der muslimischen Welt gilt sie als Heilige, die zum Islam konvertiert ist.

„Wissender, sei unwissend. Sehender, sei blind. Hörender, sei taub, sei allen Dingen gegenüber unempfänglich. Was auch immer die Leute dir sagen, antworte nur dem, was ist. Das musst du üben, um die Wirklichkeit zu erkennen.“

„Wer die anderen und sich selbst als gleich ansieht, für den Tag und Nacht gleich und dessen Gedanken frei von Dualität sind, der und nur der hat den Herrn der Götter gesehen.“

„Ich habe das Göttliche und sein ursprüngliches Wesen gesehen. Nichts existiert, weder ich noch du noch die Entfaltung des Universums.“

„Wenn ihr die Einheit wirklich versteht, seid ihr nirgendwo mehr, denn durch die Einheit wurde ich zu Nichts reduziert.“

„Auf der Suche nach dem Selbst habe ich mich ermüdet. Denn niemand, der gesucht hat, hat jemals die geheime Wissenschaft jenseits des Denkens gefunden. In dem Moment, als ich aufhörte zu suchen, führte mich die Liebe."

„Dort, konzentriert und in einen einzigen Gedanken vertieft, nahm ich Zuflucht zum Himmel und zum Weg des Lichts."

Für weitere Lektüre: I, Lalla: The Poems of Lal Ded (englisch)

Laotse

(570-490 v. Chr.) Auch Lao Tzu oder Lao Tzou genannt. Er ist der Autor des Tao Te King, was so viel bedeutet wie „Buch des Pfades und der Tugend". „Tao" bezeichnet das ursprüngliche, nicht-aktive Prinzip, „Te" ist die spirituelle und magische Energie, die es entfaltet. Das Tao selbst lässt sich nicht beschreiben.

„Das Tao ist leer, aber grenzenlos."

„Das Tao handelt nicht, doch alles geschieht durch es."

„Das Tao ist die gemeinsame Quelle aller Dinge."

„Die höchste Tugend ignoriert die Tugend, weshalb sie immer tugendhaft ist. Die sekundäre Tugend kultiviert die Tugend, weshalb sie nicht tugendhaft ist. Die höchste Tugend handelt nicht und hat keinen Grund zum Handeln."

„Von allen Seiten in Licht getaucht, kann man unwissend sein, Leben schenken und es unterhalten; herstellen, ohne nach Gewinn zu streben; handeln ohne auf den Preis zu achten; führen, ohne zu versklaven."

Für weitere Lektüre: Laotse: Tao Te King

Liezi

(450-375 v. Chr.) Auch Liä Dsi oder Lieh-Tzu oder Liä-Tse genannt. Er gehört zusammen mit Laotse und Chang Tzu zu den Gründervätern des Taoismus. Sein „Klassiker der vollkommenen Leere" ist einer der grundlegenden Texte des Taoismus.

„In ihm gibt es weder Wissen noch Macht, und doch ist er allwissend und allmächtig."

„Die Form ist etwas, das notwendigerweise ein Ende hat, und deshalb werden Himmel und Erde eines Tages aufhören und mit uns aufhören. Wird das das endgültige Ende sein? Das wissen wir nicht. Aber es gibt für das Tao kein Ende, da es von Natur aus keinen Anfang hat. Es gibt auch keine äußersten Grenzen, da die Essenz des Tao über alle Dauer hinausgeht."

„Jemand fragte den Philosophen Liezi: ‚Warum schätzt du die Leere so sehr?' Liezi antwortete: ‚Die Leere ist nicht an Wertschätzung interessiert. Wenn man ohne Namen sein will, gibt es nichts Besseres als das Schweigen, als die Leere. Durch das Schweigen und die Leere kehren wir in unsere wahre Heimat zurück.'"

„Der Unterschied zwischen innen und außen ist abgestumpft. Es gab keinen Unterschied mehr zwischen den Empfindungen in Augen und Ohren, Nase und Mund. Alle Sinne verschmolzen zu einem einzigen. Mein Geist wurde fixiert, mein Körper befreit."

„Die Dinge werden aus dem Formlosen geboren und enden dort, wo es für sie keine Umwandlung mehr gibt. Wie könnte derjenige, der diesen Zustand erreicht und versteht, noch auf Dinge fixiert sein? Indem er eine Haltung bewahrt, die allen Emotionen gegenüber gleichgültig ist, sucht er Schutz in der unendlichen Dauer. Er handelt dort, wo die Dinge beginnen und enden."

Für weitere Lektüre: Liezi: Das wahre Buch vom quellenden Urgrund

Lin-Chi

(?- 866) Auch Linji genannt. Er war ein Meister des Ch'an und Gründer der bedeutenden Schule, die seinen Namen trägt (Rinzai in Japan). Lin-Chi war für seine schroffe Lehrmethode bekannt.

„Weil ihr kein Vertrauen in euch selbst habt, hetzt ihr alle hinter allem her, was äußerlich ist, lasst euch von zehntausend Objekten ablenken und erlangt deshalb keine Unabhängigkeit. Lernt, diesen suchenden Geist zu beruhigen, der euch von Gedanke zu Gedanke laufen lässt, und ihr werdet euch nicht mehr von einem Buddha unterscheiden."

„Wer die Abwesenheit von Haltepunkten versteht, braucht keine Buddhaschaft zu erlangen."

„Wenn du das Heilige liebst und gleichzeitig das Profane hasst, wirst du im Ozean von Geburt und Tod treiben und versinken."

„Erst wenn der Gedanke geboren wird, werden die vielen Dinge geboren. Wenn der Gedanke zerstört wird, werden auch die vielen Dinge zerstört."

Für weitere Lektüre: Linji Yulu (Rinzai Roku): Worte eines Zen-Meisters

Marc Aurel

(121-181) Römischer Kaiser und stoischer Philosoph, unter dessen Herrschaft das Reich florierte. Nach ihm erfordert das Leben ständige Wachsamkeit, gründliche Beobachtung, Selbstbeherrschung und Beachtung der Naturgesetze mit dem Ziel, eine vollständige Verwandlung und das Wachstum der Seele in Freude zu erreichen.

„Verhalte dich nicht so, als hättest du noch Tausende von Jahren vor dir. Der Tod naht. Solange du noch am Leben bist, solange es noch in deiner Macht steht, wandle dich zu einem rechtschaffenen Menschen."

Buch 4, Vers 17

„Lasse dich nicht vom Strudel mitreißen. Wähle zwischen den verschiedenen Bewegungen deines Herzens diejenige, die am besten zur Gerechtigkeit passt. Und bleibe inmitten deiner verschiedenen Vorstellungen bei dem, was du dir klar vorgenommen hast."

Buch 4, Vers 22

„Wie leicht ist es, jede Vorstellung, die nicht passt oder die die Seele stört, ganz und gar zurückzudrängen und augenblicklich zu völliger Gelassenheit zurückzukehren."

Buch 5, Vers 2

„Es gibt weder das Böse für diejenigen, die sich wandeln, noch das Gute für diejenigen, die am Ende dieser Wandlung überleben."

Buch 4, Vers 42

„Worum geht es? Um das, was du dich bei jeder Gelegenheit fragen musst. Und was du dich fragen musst, ist Folgendes: In welchem Zustand befindet sich der Teil von mir, der ganz richtig der Führer genannt wird? Was für eine Seele habe ich jetzt? Ist es die Seele eines Kindes, eines jungen Mannes, einer schwachen Frau, eines Tyrannen, eines Lasttiers, eines wilden Tieres?"

Buch 5, Vers 1

(Das Konzept der Subpersönlichkeiten und die Praxis der Introspektion sind in diesem Vers enthalten.)

Für weitere Lektüre: Marc Aurel: Selbstbetrachtungen

Niffari

(?-965) Muhammad Ibn'Abdi al-Jabbar Al-Niffari aus Mesopotamien war ein Zeitgenosse von Al-Hallaj. Alle Aufzeichnungen über ihn waren mehrere Jahrhunderte lang verschollen, sodass man wenig von ihm weiß. In seiner metaphysischen Poesie geht es vor allem darum, sich aller Aspekte zu entledigen, um mit dem Einssein zu verschmelzen. Niffari berichtet auch vom Anstieg des Bewusstseins durch taktile Empfindungen, die er das Schimmern der Haut nennt.

„Er sagte zu mir: ‚Ich zeige mich keinem Auge, keinem Herzen, ohne sie zu zerstören.'"

„Er hielt mich an, als ich das ‚Schimmern der Haut' fühlte, und sagte zu mir: ‚Das ist eine der Wirkungen meines Blicks, es ist die Tür zu meiner Gegenwart.' Er sagte zu mir: ‚Es ist eine Tatsache meiner Autorität und keiner anderen. Es ist eine Tatsache der Autorität, dass ich auf dich zugekommen bin, und nicht der Autorität, dass du auf mich zugekommen bist.' Er sagte zu mir: ‚Es ist ein Zeichen meiner Erinnerung an dich und nicht deiner Erinnerung an mich. Es ist mein Zeichen und mein Beweis. Daran miss jede Leidenschaft und jede Verbindung. Wenn sie aktiv bleibt, ist sie die Wahrheit. Wenn sie nicht aktiv bleibt, ist sie eine Lüge.' Er sagt zu mir: ‚Es ist meine Waage. Verlasse dich auf sie. Sie ist mein Kompass. Beurteile damit, wo du dich befindest. Sie ist das Zeichen der Gewissheit und der Vollendung.'"

„Er sagt zu mir: ‚Wenn du mich siehst, sind Verschleierung und Entschleierung dasselbe.' Er sagt zu mir: ‚Unwissenheit ist die Verschleierung der Vision, und Wissen ist die Verschleierung der Vision. Derjenige, der weiß, ist in der Dualität.'"

„Er hielt mich in der Nacht an und sagte zu mir: ,Wenn die Nacht zu dir kommt, bleib in meinen Händen. Ergreife die Unwissenheit. Verjage von mir das Wissen von Himmel und Erde. Wenn du das tust, wirst du mich herabkommen sehen.'"

Für weitere Lektüre: A. J. Arberry: The Mawaqif and Mukhatabat of Muhammad Ibn'Abdi Al-Jabbar Al-Niffari with other fragments – The Book of Standings (englisch)

Nisargadatta Maharaj

(1897-1981) Er war ein einfacher Ladenbesitzer in Mumbai, der in seinem Haus auch Schüler unterrichtete. Seine Lehren nach dem Advaita Vedanta wurden in dem Bestseller „Ich bin" zusammengefasst. – Als Nisargadatta Maharaj eines Tages seinen Meister aufsuchte, sagte dieser zu ihm: „Du bist nicht das, was du zu sein glaubst. Finde heraus, was du bist. Beobachte deine Wahrnehmung von ,Ich bin' und entdecke dein wahres Selbst." Dazu Maharaj: „Und so tat ich, was er mir gesagt hatte. Ich widmete meine ganze freie Zeit der stillen Selbstbeobachtung und brauchte nicht länger als drei Jahre, um meine wahre Natur zu verwirklichen."

„Betrachte deine Gedanken wie den Straßenverkehr. Menschen kommen und gehen. Nimm sie wahr, ohne zu reagieren. Es ist anfangs nicht leicht, aber mit etwas Übung wirst du feststellen, dass dein Geist auf mehreren verschiedenen Ebenen gleichzeitig arbeiten kann und du dir aller Ebenen bewusst werden kannst. Nur wenn du dich auf eine bestimmte Ebene konzentrierst, lässt sich deine Aufmerksamkeit einfangen, und die anderen Ebenen werden verdunkelt. Aber selbst dann funktionieren diese anderen Ebenen weiter, wenn auch außerhalb deines Bewusstseins."

„Du machst nur einen großen Fehler: Du verwechselst das Innere mit dem Äußeren und umgekehrt. Du glaubst, dass das, was in dir ist, außerhalb von dir ist, und dass das, was außerhalb von dir ist, in dir ist. Denken und Empfindungen sind äußerlich, aber du glaubst, dass sie eng mit dir verbunden sind."

„Du glaubst, dass die Welt objektiv ist, während sie nur eine Projektion deiner Psyche ist. Das ist die grundlegende mentale Verwirrung.

Du musst dich in Wirklichkeit als etwas Äußerliches ansehen. Es gibt keinen anderen Weg."

„Was ist eigentlich Befreiung? Es ist das Wissen, dass man jenseits von Geburt und Tod ist. Indem man vergisst, wer man ist, und sich als sterbliches Wesen versteht, schafft man sich so viel Elend. Du solltest wirklich aus diesem schlechten Traum aufwachen."

„Du bist ständig auf der Suche nach Vergnügen und versuchst, Leid zu vermeiden, immer im Streben nach Frieden und Glück. Kannst du nicht sehen, dass es die Suche nach Glück ist, die dich unglücklich macht?"

„Jeder ist glücklich, am Leben zu sein, aber nur wenige erfahren seine wirkliche Fülle. Das wirst du erkennen können, wenn du im Geist bei ‚Ich bin, ich weiß, ich liebe' bleibst, zusammen mit dem Wunsch, diesen Worten auf den Grund zu gehen."

„Sehnsüchte sind nicht mehr als Wellen im Geist. Ich fühle mich weder in irgendeiner Weise motiviert, sie zu befriedigen, noch habe ich Lust, sie auszuleben. Frei von Wünschen zu sein bedeutet, dass der Drang, sie zu befriedigen, nicht vorhanden ist."

Für weitere Lektüre: Nisargadatta Maharaj: Ich bin (3 Bände)

Plato

(428-347 v. Chr.) Plato war ein Schüler des Sokrates. In seinem Höhlengleichnis zeigt er, wie wir unsere illusorischen Identifikationen fallen lassen und uns wieder mit dem Licht des vollen Bewusstseins verbinden können: Mehrere Gefangene sind in einer Höhle angekettet; ein Feuer hinter ihnen wirft ihre Schatten auf die Wände der Höhle. In weiter Entfernung hinter dem Feuer scheint das Tageslicht, das für die Gefangenen jedoch kaum sichtbar ist, weshalb sie die Höhle als ihre einzige Realität betrachten. Einem der Gefangenen gelingt es, sich von seinen Ketten zu befreien und wieder ins Tageslicht zu treten.

„Der Weise spricht, weil er etwas zu sagen hat, der Narr, weil er etwas sagen will."

„Man muss klare Gedanken anwenden, um zur absoluten Wahrheit zu gelangen."
„Die Realität ist sowohl vielfältig als auch einheitlich, ihre Erscheinungen sind in Wirklichkeit immer eins."

„Die Zeit ist das sich stets bewegende Bild der Stille der Ewigkeit."

„Das wahre Kennzeichen des Philosophen ist das Staunen."

„Wahre Philosophen üben das Sterben und unter den Menschen haben sie die geringste Angst vor dem Sterben."

Für weitere Lektüre: Plato: Symposion

Plotin

(205-270) Römischer Philosoph und Mystiker. Er lehrt, dass es eine Einheit gibt, die jenseits von Sein und Nichtsein vollständig transzendent und die Quelle des Universums ist. In ihr gibt es keine Teilung, keine Vielheit, keine Veränderung. Plotin stellt die Analogie zur Sonne her, von der Licht ausstrahlt, ohne dass es in irgendeiner Weise weniger wird. Der mystische Aspekt seiner Lehren äußert sich darin, dass er von Enstase statt von Ekstase spricht, um die Auswirkungen seiner Vereinigung mit dem Einen zu beschreiben.

„Nur durch den Einen existieren alle Wesen."

„Wir müssen den Intellekt als Führer benutzen, um uns in das Eine zu versenken."

„Um als Einheit zu dem Einen zu fliehen."

„Einzig Vision und nicht Lehre kann dich mit dem Einen in Kontakt bringen."

„Suche es nicht als Objekt, sondern als Gegenwart."

„Die universelle Gegenwart des Einen müsst ihr im Inneren suchen."

„Bringe deine Mitte mit der Mitte aller Dinge in Übereinstimmung."

Für weitere Lektüre: Plotin: Seele - Geist - Eines: Enneade IV 9, V 4, V 1, V 6 und V 3

Marguerite Porète

(1250-1310) Marguerite Porète war Mitglied der Beginen, einer Laienschwesternschaft, und lebte in Nordfrankreich. Ihre spirituelle Lehre umfasste einen Dialog zwischen Liebe und Vernunft. Ihr Buch „Der Spiegel der einfachen Seelen" wurde verboten; sie wurde vor Gericht gestellt und 1310 in Paris verbrannt.

„Dieses Wissen ist so klar, dass es sich selbst in Gott verneint sieht und es Gott in sich verneint sieht."

„Wer alles gibt, der hat alles oder er hat sonst nichts."

„Das Wissen um meine Nichtigkeit hat mir Alles gegeben."

„Denken nützt hier nichts, auch weder Handeln noch Sprechen. Die Liebe bringt mich zu großen Höhen. Das Denken hilft mir hier nichts mehr."

Für weitere Lektüre: Marguerite Porète: Der Spiegel der einfachen Seelen

Rabbi Nachman von Bratzlaw

(1772-1810) Enkel des Baal-Shem Tov, des Begründers des Chassidismus. Rabbi Nachman gab dem chassidischen Judentum neue Impulse, indem er die esoterischen Geheimnisse der Kabbala mit dem Studium der Thora verband. Er unterstützte Tausende von Schülern bei ihrer spirituellen Praxis und bot ihnen auch Lösungen für alltägliche Probleme an.

„Du bist dort, wo deine Gedanken sind. Sorge dafür, dass deine Gedanken dort sind, wo du sein möchtest."

„Die höchste Form des Friedens ist die, die Gegensätze ausgleicht."

„Der Weg des spirituellen Wachstums bringt ein ständiges Auf und Ab mit sich. Sei versichert, dass du nach und nach lernen wirst, dass der absteigende Weg nichts anderes ist als die Vorbereitung auf den aufsteigenden."

„Widme dich dem Guten, und das Böse wird von selbst abfallen."

„Das Licht des Unendlichen hat keine Form. Es nimmt die Umrisse desjenigen an, der es empfängt."

Für weitere Lektüre: Die Geschichten des Rabbi Nachman

Rabi'a von Basra

(713-801) Sie wurde als Sklavin verkauft und erhielt die Freiheit von ihrem Herrn zurück, der sie beim Beten inmitten eines Lichtscheins erblickt hatte. Mystische Liebe und die Vereinigung mit Gott sind die Themen, über die sie schreibt. Lange vor den Sufis setzte sie sich für die völlige Einswerdung mit dem Göttlichen ein.

„Was bleibt in dieser Einheit noch von dir und mir? Und wie kann es so etwas wie Mann oder Frau geben?"

„Es geht darum, eine höhere Stufe zu erreichen als die, auf der wir uns gerade befinden."

„Es ist weder möglich, mit den Augen die verschiedenen Stationen des Weges zu unterscheiden, der zu Gott führt, noch ist es der Sprache möglich, Ihn zu erreichen. Aber wecke dein Herz. Wenn dein Herz erwacht, dann wirst du den Weg mit eigenen Augen sehen, und es wird dir leicht fallen, das Ziel zu erreichen."

„Ich komme in den Himmel, um Feuer in das Paradies zu werfen und Wasser auf die Hölle zu gießen. Dann bleibt keines von beiden übrig und es wird das erscheinen, was das Ziel ist. Dann werden die Menschen Gott ohne Hoffnung und Furcht ansehen und ihn auf diese Weise anbeten. Denn wenn es die Hoffnung auf das Paradies oder die Angst vor der Hölle nicht mehr gäbe – würden sie dann nicht das Wahre mit noch größerer Leidenschaft lieben?"

Für weitere Lektüre: Rabi'a von Basra: „Oh mein Herr, Du genügst mir"

Ramana Maharshi

(1879-1950) Sein Erwachen geschah völlig unerwartet im Alter von 16 Jahren, während er sich bei einer intensiven Introspektion mit dem eigenen Tod beschäftigte; anschließend lebte er einige Jahre bedürfnislos in tiefer Versenkung in einer Höhle. Von seiner Ausstrahlung angezogen, errichteten ihm Jünger einen Ashram, in dem er den Rest seines Lebens verbrachte. Seine Lehre beruht auf dem Advaita Vedanta. Er empfahl den Besuchern des Ashrams, den Ursprung des „Ich" so lange zurückzuverfolgen, bis das Ich seine wahre Natur erkennt.

„Das Prinzip, auf dem der Intellekt beruht, kann vom Intellekt nicht verstanden werden."

„Es gibt kein größeres Mysterium als dieses: Wir sind die Wirklichkeit und suchen die Wirklichkeit zu erlangen."

„Der Mensch hält sich für begrenzt und darin liegt die Quelle all seiner Schwierigkeiten."

„Tatsachen sind nur für den real, der sie sieht. Schmerz und Vergnügen sind nicht an Tatsachen gebunden, sondern entspringen mentalen Konzepten."

„Du hast dich selbst veräußerlicht, weshalb du dich selbst vergessen hast. Tauche tief in dich ein, und du wirst wissen, dass du das Selbst bist."

„Mit dem reinen Selbst darf man nichts assoziieren."

„Es gibt keine Schöpfung, keine Zerstörung, kein Schicksal, keine Wahl, keinen Weg, keine Erleuchtung. Das ist die höchste Wahrheit."

Für weitere Lektüre: David Godman: Sei, was du bist! Die wichtigsten Lehren des großen indischen Weisen

Djelalledin Rumi

(1207-1273) Rumi, einer der größten mystischen Dichter der Sufis, studierte zuerst in Damaskus bei Ibn Arabi, dann bei Shams-i-Tabrisi. Er widmete sich der Meditation und dem Tanz und gründete den

Mevlevi-Orden der wirbelnden Derwische. In seinem berühmten Werk, dem Masnawi, beschreibt er die Odyssee der Seele, bei der das Ego sterben muss, damit sie ewig in Gott leben kann.

„Ich war Schnee. Du hast mich geschmolzen. Der Boden hat mich getrunken. Nebel des Geistes, ich steige auf zur Sonne."

„In der Nacht meines Herzens grub ich einen schmalen Pfad und das Licht sprang hervor, ein unendliches Land des Lichts."

„Glücklich der Augenblick, in dem du sitzt – du und ich, verschieden in Form und Antlitz, aber mit derselben Seele."

„Gott hat das Nicht-Existierende als das großartige Existierende erscheinen lassen, und er hat das Existierende als das Nicht-Existierende erscheinen lassen."

„Von dem Moment an, als du die Welt der Existenz betratest, wurde eine Leiter vor dich gestellt, um dir die Flucht zu ermöglichen. Zuerst warst du Mineral, dann wurdest du Pflanze, dann Tier. Wie konntest du nicht verstehen? Dann wurdest du Mensch mit den Gaben des Verstehens, der Vernunft und des Glaubens. Bedenke, welche Vollkommenheit dieser aus Staub entstandene Körper besitzt. Wenn du die Form des Menschen überwunden hast, wirst du zweifellos ein Engel werden. Wenn du die Erde hinter dir lässt, wird dein Heim der Himmel sein. Du musst über die Engelsgestalt hinausgehen. Tauche ein in den Ozean, sodass dein Tropfen ein Meer werden kann."

Für weitere Lektüre: Annemarie Schimmel: Rumi – Ich bin Wind und du bist Feuer

Shankara

(788-820) Ein erwachter Lehrer, der die Renaissance des Hinduismus einleitete. Als höchstes Prinzip nannte er Brahman, das Absolute, von dem alle Götter Teil-Manifestationen sind. Er bereiste ganz Indien, lehrte Advaita Vedanta und gründete einen religiösen Orden, der bis heute besteht.

„Sein mit Nichtsein zu verwechseln ist die Ursache für die Versklavung des Menschen. Von diesem Missverständnis, einem Kind der Unwissenheit, rühren die Katastrophen von Geburt und Tod her –weil der Mensch glaubt, er sei dieser grobe Körper, dessen Tage gezählt sind. Er identifiziert sich mit ihm und haftet sich dabei ebenso eng an den Körper wie die Raupe an den Kokon."

„Das Erwachen geschieht, sobald es dem Schüler sicher gelingt, den Unterschied zwischen Selbst und Nicht-Selbst zu erfassen. Du solltest dich deshalb darin üben, die individuelle Seele und das ewige Selbst zu erkennen!"

„Verunreinigtes Wasser nimmt seine ursprüngliche Klarheit wieder an, sobald die in ihm schwimmende Materie beseitigt ist. Der Atman offenbart sich in seiner ganzen Pracht, sobald man das beseitigt hat, was ihn scheinbar beschmutzt hat."

„Wenn das Irreale zu existieren aufhört, erkennt man, dass die individuelle Seele tatsächlich das Ewige Selbst ist. Man hat daher die Pflicht, das Ewige Selbst von allen Zusätzen wie dem Gefühl des Ego und so weiter zu befreien."

Für weitere Lektüre: Shankara: Sieben Kleinode geistiger Erkenntnis

Shantideva

(8. Jh.) Ein Königssohn, der auf den Thron verzichtete und als Mönch durch ganz Indien reiste. Er rettete Tausende von Menschen vor dem Hungertod, indem er die Menge der verfügbaren Nahrung vervielfachte sowie zahlreiche andere Wunder vollbrachte. Seine Schrift „Der Weg des Lebens zur Erleuchtung" ist ein Bericht über sein spirituelles Erwachen.

„Derjenige, der das Gesetz befolgen will, muss seinen Geist sorgsam hüten. Das Gesetz zu befolgen ist dem unmöglich, der seinen sprunghaften Geist nicht im Zaum hält."

„Wenn die Aufmerksamkeit an der Tür des Geistes steht, um ihn zu bewachen, kommt die Wachsamkeit, und selbst wenn sie sich einmal zurückzieht, kehrt sie wieder."

„Zuerst sollte ich den Zustand meines Geistes überprüfen, und wenn ich sehe, dass er nicht in Ordnung ist, sollte ich so unbeweglich bleiben wie ein Holzstumpf."

„Wenn Realität oder Nicht-Realität sich dem Geist nicht mehr aufdrängen, wird er, in Abwesenheit möglicher Handlungen und frei von allen Konzepten, zur Ruhe kommen."

Für weitere Lektüre: Shantideva: Leitfaden für die Lebensweise eines Bodhisattvas

Sufismus

Der Sufismus entstand im 11. Jahrhundert als Reaktion auf die traditionellen islamischen Vorstellungen und ist ein Weg der Erkenntnis hin zur Befreiung und Öffnung gegenüber dem Göttlichen. Bei den Sufis wird der Mensch als im Exil lebend betrachtet; sein Leben hängt davon ab, ob er dieses Exil erkennt und in sich selbst die Mittel findet, um zu seiner wahren Natur zurückzukehren. Für sich selbst zu sterben heißt „fana" (Auslöschung).

„Durch die Liebe Allahs'" (Rabi'a von Basra)

„Durch die Vereinigung mit Allah wegen der grundlegenden Identität des Menschen mit Ihm: ‚Ich bin Gott.'" (Al-Hallaj)

„Durch einen non-dualistischen Ansatz, der zu einem geeinten Bewusstsein führt." (Ibn Arabi)

„Durch Abstraktion, bei der das frühere Konzept durch das nachfolgende ausgelöscht wird." (Niffari)

„Die Essenz des Sufismus besteht darin, dass Gott dich dazu bringt, für dich selbst zu sterben, um dich in Ihm auferstehen zu lassen." (Al-Dschunaid)

Für weitere Lektüre: A. Schimmel: Sufismus: Eine Einführung in die islamische Mystik

Sutras

Sutras, wörtlich „Schnur“ oder „Band“ oder „Erzählfaden“, sind die Unterweisungen des Buddha. Sie wurden von seinen Schülern transkribiert und bestehen meistens aus kurzen, prägnanten Sätzen.

Das Diamant-Sutra und das Herz-Sutra sind zwei der vierzig Sutras, die zusammen die Prajnaparamita („Die Vollkommenheit der Weisheit“) bilden. Diese Sutras werden in den Ländern rund um den Himalaya und in der chinesisch-japanischen Welt häufig rezitiert und bei der Meditation zum Verständnis der Leere verwendet.

Diamant-Sutra

„Da die absolute Realität kein Objekt des Bewusstseins ist, ist sie nicht in Reichweite des gewöhnlichen Bewusstseins.“

„Ein Bodhisattva sollte einen Geist pflegen, der frei ist von allen Fixierungen – einen Geist, der durch nichts erstarrt, der sich nicht auf irgendeine Form, irgendwelche Klänge, irgendeinen Geruch, irgendeinen Geschmack oder geistige Phänomene stützt.“

Für weitere Lektüre: Thich Nhat Hanh: Das Diamantsutra – Der Diamant, der die Illusion durchschneidet

Herz-Sutra

„Alle Dinge sind in Wahrheit leer. Nichts entsteht und nichts vergeht. Nichts ist unrein, nichts ist rein. Nichts vermehrt sich und nichts verringert sich.“

„Weil es nichts zu erreichen gibt, stützt sich der Bodhisattva auf transzendentes Wissen und verweilt dort. Frei von Hindernissen gibt es keine Angst, denn jenseits von jeglicher verzerrten Sicht verweilt der Bodhisattva im Nirvana.“

Für weitere Lektüre: Dalai Lama: Der buddhistische Weg zum Glück – Das Herz-Sutra

Johannes Tauler

(1300-1361) Er war Dominikanermönch, Seelsorger und Prediger sowie ein Zeitgenosse von Meister Eckhart, dem er in Straßburg während seiner Ausbildung begegnete.

„Du bist zerstreut, voller Bilder, und Gott füllt dein Herz nicht völlig aus. In Wahrheit liegt das Hindernis weder in deinen äußeren Bestrebungen noch in irgendetwas anderem, sondern nur in dir selbst."

„Wenn du von Gott aufgeschlossen und verdaut werden willst, musst du dir selbst sterben und den alten Menschen loswerden, denn wenn die Nahrung zur Natur des Menschen werden soll, muss sie notwendigerweise ihre eigene Natur verlieren."

„Sei dir sicher: Wenn du die Vollkommenheit erreichen willst, musst du alles loswerden, was nicht Gott ist."

„Das Eine in Allem und Alles in dem Einen zu kennen – welch wunderbare Erfindung! Nur diejenigen, die diesen Punkt erreicht haben, wissen genau, was wahre Freude ist."

„Überzeuge dich vor allem davon, dass du nichts bist. Denn es ist unser Anspruch, etwas zu sein, der Gott daran hindert, Sein großes Werk in uns zu vollbringen."

„Wenn du dich selbst vollständig lässt, wird Gott vollständig eintreten. Je mehr du hinausgehst, desto mehr geht Er hinein, nicht mehr und nicht weniger."

„Wie edel, wie rein auch immer Bilder sein mögen – sie sind nur die Leinwand für das konturlose Bild, das Gott ist."

Für weitere Lektüre: Johannes Tauler: Predigten

Eckhart Tolle

(1948-) Zeitgenössischer spiritueller Lehrer, der von seinem Erwachen als dem Tod des Ego spricht. Durch sein Buch „Jetzt! Die Kraft der Gegenwart" hat er Millionen Lesern ein Verständnis von der Non-Dualität vermittelt. Er bezeichnet das Ego als „Schmerzkörper".

„Denken ist nur ein kleiner Aspekt des Bewusstseins. Denken kann ohne Bewusstsein nicht existieren, aber Bewusstsein braucht kein Denken."

„Wenn du anfängst, dich zu desidentifizieren, und zum Beobachter wirst, wird der Schmerzkörper noch eine Weile weiterwirken und versuchen, dich auszutricksen, damit du dich wieder mit ihm identifizierst."

„Bleibe präsent, bleibe bewusst. Sei der stets aufmerksame Wächter deines inneren Raums."

„Die Identifikation mit dem Verstand gibt ihm mehr Energie; die Beobachtung des Verstandes entzieht ihm Energie. Die Identifikation mit dem Verstand erschafft mehr Zeit; die Beobachtung des Verstandes öffnet die Dimension der Zeitlosigkeit."

Für weitere Lektüre: Eckhart Tolle: Jetzt! Die Kraft der Gegenwart

Upanishaden

Die indischen Upanishaden sind metaphysische Abhandlungen und werden als Teil der göttlichen Offenbarung (Shruti) betrachtet. Als Ganzes bilden sie das Vedanta, das den Höhepunkt der Veden darstellt. Sie sind das Herz des klassischen Hinduismus und werden häufig als Lehrstunden zwischen Lehrer und Schüler dargestellt. Shankara (siehe dort) schrieb dazu einen Kommentar.

Isha-Upanishad

Die Isha-Upanischad entstand zwischen 800 und 500 v. Chr.

„In tiefe Dunkelheit fallen jene, die dem Immanenten folgen. In noch tiefere Dunkelheit fallen jene, die dem Transzendenten folgen."

„Die Wirklichkeit ist anders als für diejenigen, die dem Handeln folgen, und anders als für diejenigen, die dem Wissen folgen. Das haben wir von den Weisen gehört, die uns diese Wahrheit erklärt haben."

„Wer sowohl das Transzendente als auch das Immanente kennt, überwindet mit dem Immanenten den Tod und erreicht mit dem Transzendenten die Unsterblichkeit."

Kena-Upanishad

„Wir erlangen Unsterblichkeit, wenn wir sie bei jeder Wahrnehmung erkennen. Wir erlangen das Selbst durch Stärke. Wir erlangen Erkenntnis durch Unsterblichkeit."

„Wissen in der Welt zu besitzen ist Wahrheit. Auf der Erde kein Wissen zu besitzen ist ein immenser Verlust. Die Weisen wenden Urteilskraft an. Sie verlassen diese Welt und werden unsterblich."

Katha-Upanishad

„Erwache! Erhebe dich! Strebe nach dem Höchsten und sei im Licht! Die Weisen sagen, der Weg ist schmal und schwer zu beschreiten – schmal wie eine Rasierklinge."

„Was jenseits von Klang und Form ist, ohne Berührung und Geschmack und Duft, ist ewig, unveränderlich und ohne Anfang und Ende, ohne Vernunft. Wenn sich dieses Bewusstsein manifestiert, wird der Mensch aus dem Rachen des Todes befreit."

Vedanta

Unter den verschiedenen Denkschulen des Hinduismus ist Vedanta diejenige, die am engsten mit der indischen Religion verbunden ist. Advaita Vedanta ist ihre Hauptrichtung.

Im Vedanta existieren materielle oder mentale Phänomene nur relativ, bezogen auf die ultimative Realität, die reines Bewusstsein ist. Dieses Bewusstsein ist sowohl unzerstörbar als auch autonom. Wenn ein Individuum ein Phänomen von seinem Standpunkt aus wahrnimmt, unterstützt das Phänomen sein Ego. Wenn dagegen ein Phänomen vom Standpunkt der ultimativen Realität aus wahrgenommen wird, verschwindet die relative Realität des Phänomens ebenso wie das Ego, das von dieser Wahrnehmung bestärkt wird. Das klassische Beispiel im Vedanta ist das Bild von der Schlange und dem Seil: In einem dämmrigen Raum sieht ein Mensch eine Schlange. Angst, Panik und der Impuls zu flüchten packen ihn. Plötzlich wird ihm klar, dass das, was er für eine Schlange hielt, nur ein Seil ist. Die mentale Projektion, die sein Ego genährt hat, kollabiert, und sofern der Mensch dafür reif ist, kollabiert auch sein Ego.

Vijnana Bhairava

Das Vijnana Bhairava, kommentiert von dem Mystiker und Philosophen Abhinavagupta (10.-11. Jh.), ist einer der ältesten und wichtigsten Tantra-Texte des kaschmirischen Shivaismus. Es lehrt die mystische Erkenntnis (Vijnana) des Göttlichen (Bhairava) in 112 Meditationen, die von der Konzentration auf den Atem bis hin zu alltäglichen oder ungewöhnlichen Erlebnissen reichen und alle Dimensionen der menschlichen und spirituellen Erfahrungen mit einschließen. Das Vijnana Bhairava betont das vollständige Ausleben der Sinne, das heißt, es gibt keinen Widerspruch zwischen dem Mystischen und dem Weltlichen, und jeder Gedanke und jedes Gefühl, wenn es bis zu seinem Ursprung verfolgt wird, kann zur Einheit, zum Göttlichen führen.

„Man soll über die Leere vor und nach dem Aussprechen jedes Lautes meditieren, dann wird man durch (ebendiese) Leere leer (von Vorstellungen und Gedanken) und erlangt die Form der Leere."

Vers 40

„Die Erkenntnis erhellt alles und das Selbst offenbart sich durch alles. Da sie das gleiche Wesen haben, soll man die Erkenntnis und das Erkannte als eins betrachten."

Vers 137

„Meditation (dhyana) ist eine unerschütterliche Einsicht ohne Gestalt und ohne Grundlage. Sie hat nichts zu tun mit einer Vorstellung (von der Gottheit) mit Körper, Organen, Gesicht und Händen.

Vers 146

Für weitere Lektüre: Bettina Bäumer: Vijnana Bhairava: Das göttliche Bewusstsein – 112 Weisen der mystischen Erfahrung im Shivaismus

Vimalakirti

(6.-5. Jh. v. Chr.) Ein Zeitgenosse Buddhas, dessen Lehren sich auf die grundlegende Freiheit des Menschen und die Grenzen der Formenwelt sowie die Leere beziehen. Sein Sutra „Von der Unvorstellbaren Befreiung" wurde erstmals im 3. Jh. ins Chinesische übersetzt.

„Das, was Erwachen genannt wird, ist nicht etwas, das physisch oder spirituell ergriffen werden kann."

„Erwachen kann nicht analysiert werden, weil es nicht der geringsten Konditionierung unterworfen ist."

„Erwachen ist Nicht-Handeln, da es keinen Bezug zum Denken hat."

„Erwachen ist non-dual, weil es den Geist und die Dinge transzendiert."

„Erwachen nimmt keinen Raum ein, denn es ist nicht materiell und hat keine Form."

„Erwachen kann nicht ergriffen werden, denn es hat nichts mit Objekten zu tun."

„Erwachen ist ein Selbstzweck, denn dann befindet man sich auf dem Gipfel des Realen."

Für weitere Lektüre: Monika Dräger: Vimalakirti – Das Sutra von der Unvorstellbaren Befreiung

Wei Wu Wei

(1895-1986) Wei Wu Wei, mit richtigem Namen Terence Gray, war ein moderner Ch'an-Lehrer irischer Herkunft. Er reiste nach Indien, wo er von Ramana Maharshi beeinflusst wurde, und entwickelte eine auf den Ch'an-Lehrern basierende Lehre, in der er Konzepte bis an ihre abstrakten Grenzen treibt, wodurch der Leser seine Haltepunkte verliert. Seine letzten Lebensjahre verbrachte er in Monaco.

„Warum bist du unglücklich?
Weil 99,9 Prozent
Von allem, was du denkst
Und was du tust,
Sich um dich dreht –
Und da ist niemand."

„Wenn der Träumer erwacht, ist er absolute Abwesenheit."

„Vergnügen und Schmerz zu transzendieren wird nicht durch das Eintauchen in das eine oder das andere erreicht, sondern durch die Erfahrung der Nicht-Existenz des einen wie des anderen."

„Es gibt keinen objektiven Prozess, der zum Erwachen führen kann, denn Erwachen bedeutet, aus einem Traum zu erwachen, und der Traum ist insofern ein Prozess der Objektivierung, als Objektivieren bedeutet, weiterzuträumen. Das Erwachen besteht darin, diesen Prozess abrupt zu beenden, indem man aufhört, in die falsche Richtung zu schauen."

„So wie das Auge sich selbst nicht sehen kann, so kann die Wahrheit sich nicht ausdrücken: Weil sie nicht dual ist, kann sie auch nicht in die Dualität als Objekt eines Subjekts übertragen werden."

„Der geeinte Verstand hat keine Gedanken, denn Gedanken kommen aus dem geteilten Verstand."

„Die Wahrheit manifestiert sich, wenn man weiß, dass man weder ‚ist' noch ‚nicht ist'. Um sie kennen zu lernen, muss man nicht sehen, sondern aufhören zu sehen, denn wo keine Vision ist, da ist sie."

Für weitere Lektüre: Wei Wu Wei: Die Essenz der Lehre: Der negative Weg

Ken Wilber

(1949-) Ein amerikanischer Philosoph, der eine brillante metaphysische Synthese ausgearbeitet hat, die er die „Integrale Theorie" nennt. Er betrachtet die letzte Wirklichkeit als non-dual und bezeichnet Formen, die sich in der Zeit entwickeln, grundsätzlich als leer.

„Die großen und seltenen Mystiker der Vergangenheit – von Buddha bis Christus, von Al-Hallaj bis Lady Tsogyal, von Hui Neng bis Hildegard – waren in der Tat ihrer Zeit voraus und sind es heute noch. Sie sind also keine Menschen der Vergangenheit, sondern der Zukunft."

„Die Evolution vollzieht sich in der Welt von Zeit, Raum und Form, während die ursprüngliche Natur des Geistes letztlich zeit- und formlos ist und der Evolution vorausgeht, aber nicht anders ist als diese. Wir finden den Geist oder die Leere nicht, indem wir irgendeinen evolutionären Zielpunkt in der Zeit erreichen, sondern indem wir den Kreislauf von Zeit und Evolution ganz und gar verlassen."

Für weitere Lektüre: Ken Wilber: Integrale Spiritualität – Spirituelle Intelligenz rettet die Welt

Ein Brief des Lesers an sich selbst

Mein liebes Kind,

seit den Blaualgen hast du einen langen Weg zurückgelegt – als Pflanze, Tier, Mensch – und nie aufgehört, dich weiterzuentwickeln. Dein ewiges Bewusstsein hat sich in eine Vielzahl von Hüllen gekleidet. Seit undenklichen Zeiten warte ich auf dich, denn du bist nichts anderes als ich. Die Illusion, die dich umgibt, darf uns ab jetzt nicht mehr trennen. Du musst dich nun auf die Reise begeben und bereit sein, diesen Planeten zu verlassen. Von außen kann ich dir nicht helfen, denn wo ich bin, sind Inneres und Äußeres Eins. Damit wir einander finden können, musst du die Wahrheit entdecken, denn nur sie kann dich retten. Ich kann sie dir nicht geben, denn sie ist meine Substanz und ich kann mich nicht teilen. Aber ich kann dir sagen, wo du sie finden kannst. Lange Zeit hast du sie außerhalb deiner selbst gesucht, sei es in den Tiefen der Materie, indem du Teilchenbeschleuniger erfunden hast, oder an den Rändern des Weltraums, indem du Teleskope in die Umlaufbahn geschickt hast. Dort wirst du die Wahrheit nicht finden. Sie ist nicht außerhalb von dir, sondern liegt im Innersten deines Wesens. Alles, was du tun musst, ist, mich leidenschaftlich zu wollen und dem Weg derer zu folgen, die mich bereits gefunden haben – dann werden wir bald wieder vereint sein.

Dein Bewusstsein,
das möchte, dass du diese Welt lebend verlässt

GLOSSAR

Angst / Furcht

Angst ist eine instinktive Reaktion, wenn dem Körper eine reale physische Gefahr droht. Furcht ist eine imaginäre Angst, etwa vor der Zukunft, einer möglichen Krankheit, dem Verlust des Partners oder der Arbeit.

Bewusstes Ich / Zeuge

Der Teil von uns, der bewusst Sinneswahrnehmungen bündelt und dabei den mentalen Film der Gedanken und Gefühle ablaufen lässt, ohne zu urteilen oder sich einzumischen. Das bewusste Ich oder der Zeuge ist das Ergebnis von gelungenem Distanzieren.

Bewusstsein

Das Bewusstsein, das wir kennen, wird von Identifikationen bestimmt und ist ein reflexhafter mentaler Zustand, der Subjekt und Objekt miteinander verknüpft und sich durch Haltepunkte aufrechterhält. Descartes hat dies mit seiner Aussage „Cogito, ergo sum" („Ich denke, also bin ich") perfekt zusammengefasst. Das Ziel der Arbeit an sich selbst besteht darin, von einem fragmentierten Bewusstsein, das über Identifikationen funktioniert, zu einem geeinten Bewusstsein zu gelangen.

Denken / Verstand/ Geist (Mind)

Im englischen Sprachgebrauch hat das Wort „mind" je nach Zusammenhang viele unterschiedliche Bedeutungen, unter anderem Verstand, Denken, Gedächtnis, Gedanke, Geist, Intellekt etc., und umfasst alles bewusste Geschehen. In der englischen Ausgabe dieses Buches kommt es sehr häufig vor und wurde für die deutsche Version meist mit Denken oder Verstand übersetzt, seltener auch als Geist. (A. d. Ü.)

Desidentifizieren

Desidentifizieren, das dritte der vier D, bedeutet Loslassen und geschieht, wenn das Distanzieren fest etabliert ist und die unterdrückten Schichten mit Hilfe des Durchdringens weit genug freigelegt worden sind. Von nun an beginnt das gerichtete Ich des Suchers, aktiv zu werden: Das Programm der unbewussten Fehlentscheidungen wird abgebaut und man bewegt sich stattdessen in Richtung erfolgversprechenderer Entscheidungen. In diesem Stadium beginnt die Kristallisation des psychischen Körpers, der Seele, in einem inneren Raum, der innerhalb des alten Emotionalkörpers entstanden ist.

Differenzieren

Die Fähigkeit, sich selbst mit Fragen herauszufordern, die damit zusammenhängen, was man wirklich ist – die ultimative Realität, das Absolute, unsere wahre Natur – und was man nicht ist: unsere Identifikationen, die unser psychologisches Wesen, die Persönlichkeit, ausmachen. Differenzieren ist das letzte der vier D und bildet das Herzstück des metaphysischen Hinterfragens.

Distanzieren

Distanzieren ist das erste der vier D und bezeichnet die Fähigkeit, die eigenen Gedanken und Gefühle zu beobachten, ohne zu urteilen oder Schlussfolgerungen zu ziehen.

Durchdringen

Durchdringen ist das zweite der vier D und bedeutet den hinterfragenden, introspektiven Prozess, mit dem wir unsere unbewussten Mechanismen erforschen, sodass sie allmählich bewusst werden und ihre Macht verlieren.

Ego

Das Ego setzt sich aus allem zusammen, womit wir uns bewusst und unbewusst identifiziert haben. Es ist unsere psychologische Identität und der Panzer, der unser verletzliches Kind schützt, weshalb das Ego alles tun wird, um an seinen Identifikationen festzuhalten. Das Ziel des Ego ist es, endlos zu wachsen. Es ist eine Nicht-Wesenheit, eine Illusion, die sich mit Hilfe der Subjekt-Objekt-Dynamik aufrechterhält.

Emotionalkörper

Er äußert sich durch körperliche Empfindungen, zum Beispiel in der Kehle, im Solarplexus oder im Magen. Man kann ihn auch daran erkennen, dass er in bestimmten Situationen auftaucht, etwa wenn es darum geht, eine Trennung zu vermeiden, um keine körperlichen

Schmerzen zu erleiden. Aus dem Abbau des Emotionalkörpers entsteht der Raum für die Kristallisation der Seele.

Erwachen

Das Erwachen ist ein umfassender neuronaler Kurzschluss, der im richtigen Moment durch die richtige Frage ausgelöst wird, wodurch wiederum unsere psychologische Identität, das Ego, ausgelöscht wird. Es bewirkt das Ende des Mechanismus, der die Subjekt-Objekt-Dynamik erzeugt. Als Folge davon entsteht das Gefühl des Einsseins mit allem.

Furcht

siehe Angst

Gerichtetes Ich

Der Teil von uns, der die Kontrolle behält, wenn andere Anteile in uns auftauchen und versuchen, unsere Wahrnehmung einer Situation zu verändern. Alle wichtigen positiven Eigenschaften wie Ethos, Integrität oder Ehrlichkeit entspringen einem gerichteten Ich. Der Erfolg der Arbeit an sich selbst hängt von der Existenz eines stabilen gerichteten Ich ab, das unser Leben organisiert.

Haltepunkte

Als Haltepunkt dient alles, womit wir uns identifizieren – sei es mit unseren Sinnen, unseren Gedanken oder unseren Gefühlen. Das Erwachen geschieht, wenn wir alle Haltepunkte auf einmal verlieren. Das Bild, das die Haltepunkte am besten illustriert, ist der griechische Mythos von der vielköpfigen Hydra: Wenn nicht ihre sämtlichen Köpfe mit einem Schlag abgetrennt werden, wachsen sie immer wieder nach.

Köder

Siehe Verlockungen

Metaphysisches Hinterfragen

Der Vorgang, bei dem wir uns mit existenziellen Fragen herausfordern, auf die es keine einfachen Antworten gibt, und die beste Methode, um das Entstehen neuer neuronaler Verbindungen zu fördern.

Non-Dualität / Non-Dualismus

Definition des Realen, Absoluten, Gottes, des Lebens jenseits von Identifikation. Non-Dualismus oder Non-Dualität (wörtlich „nicht-zwei") ist unsere wahre Natur, die durch die Subjekt-Objekt-Dynamik verschleiert wird, wodurch wiederum unsere scheinbare Identität erschaffen und aufrechterhalten wird.

Psychischer Körper / Seele

Der Teil von uns, der sich unabhängig vom physischen Körper seiner selbst bewusst ist und sich im physischen Körper kristallisiert. Das Verweilen in Stille und der Abbau der psychologischen Schichten, die den Schatten ausmachen, sind die Methoden, mit deren Hilfe die Seele entwickelt werden kann. Der psychische Körper kann nur dann entstehen, wenn man die eigenen Vorstellungen im Griff hat.

Schatten

Der Schatten umfasst alles, was im Unbewussten liegt, wozu auch die Mechanismen von Schuld und Angst gehören, die uns bestimmen. Die psychologische Arbeit des Distanzierens und Durchdringens besteht darin, den Schatten abzubauen und dadurch ein gerichtetes Ich zu erschaffen, das dem Schatten weniger stark unterworfen ist.

Scheitel

Konzentriert man die Aufmerksamkeit auf den Scheitel des Kopfes oder auf den Hinterkopf, während man in Stille verweilt, kann man diese Bereiche deutlicher spüren. Dieses Gefühl ist zunächst eine Folge des Distanzierens; in späteren Stadien wird es vom psychischen Körper, der Seele, als Tor genutzt, wie man es oft auch auf taoistischen und buddhistischen Gemälden klar erkennen kann.

Schuld / Schuldgefühle

Schuld ist das Konzept, das die Auswirkungen der Identifikation mit der Urangst, die eine Folge des Geburtsschmerzes ist, am besten beschreibt. Unsere psychologische Identität gründet sich auf diese Energie, auf diese Identifikation. Schuldgefühle verursachen auch im späteren Leben immer wieder Leid und Misserfolge, um sich dadurch aufrechtzuerhalten.

Seele

siehe Psychischer Körper

Subpersönlichkeiten

Sich wiederholende Mechanismen, die Wahrnehmungen, Gedanken und Emotionen stimmig miteinander verbinden und auf diese Weise immer gleiche Verhaltensmuster fördern. Zum Beispiel löst ein Blick, ein Geruch, ein Verlangen einen bestimmten Gedanken aus, auf den dann wieder automatisch ein anderer folgt. Biologisch gesehen halten sich dieselben neuronalen Verbindungen von allein aufrecht, noch ehe sie den Hypothalamus erreichen. Dort entstehen Proteine, die die Zellen so verändern, dass sie den gleichen Fluss von Emotionen auslösen. Wir sind süchtig nach den Mechanismen, aus denen wir bestehen. Das Konzept der Subpersönlichkeiten ist auch ein wichtiger Bestandteil der so genannten Psychosynthese.

Sucher

Er ist der Teil unserer selbst, der aus dem Wunsch nach Entwicklung und dem Verständnis der Mechanismen entsteht, die uns beherrschen. Die vier wesentlichen Eigenschaften für seinen Erfolg sind Bewusstsein, Disziplin, Mut und intellektuelle Aufrichtigkeit.

Unbewusstes

Die erste Aufgabe des Unbewussten besteht darin, das verletzliche Kind zu schützen. Ähnlich wie eine Festung, die durch aufeinander folgende Verteidigungsmauern geschützt wird, besteht es aus mehreren Schichten, wobei jede Schicht die darunter liegende abschirmt: verdrängte Wut schützt verdrängte Angst, die wiederum verdrängte Schuld schützt. An sich zu arbeiten bedeutet, sich der Verteidigungsmechanismen des Unbewussten bewusst zu werden und sie abzubauen.

Verletzliches Kind

Der Schock der Geburt verwandelt den Säugling in das verletzliche Kind. Diese Verletzlichkeit muss um jeden Preis geschützt werden; aus dieser Notwendigkeit heraus erwachsen unsere Haltepunkte, unsere Identifikationen, die in der Folge unsere persönliche Identität bilden.

Verlockungen / Köder

Verlockungen oder Köder sind Identifikationen oft irrationaler Art, die das Ego erzeugt, um das Bewusstsein zu blockieren und seine Haltepunkte zu schützen, wenn diese bedroht werden. Sie sind Schlüsselelemente im Verteidigungssystem des Ego und unterteilen sich in vier Kategorien von Verhaltensmustern: erstens, man identifiziert sich mit seinen Gedanken und urteilt, rechtfertigt oder schlussfolgert; zweitens, man identifiziert sich mit einem Gefühl, das in der jeweiligen Situation völlig unangemessen ist; drittens, man erzeugt einen mentalen Nebel, der die intellektuelle Genauigkeit schwächt oder das Gedächtnis ausschaltet und infolgedessen die introspektiven Fähigkeiten blockiert; viertens, man löst eine mystische Erfahrung aus, sei es eine göttliche oder teuflische Vision, meist in Verbindung mit dem eigenen Glaubenssystem, um die Subjekt-Objekt-Dynamik als letzte Verteidigungsbastion aufrechtzuerhalten.

Verweilen in Stille

Die Praxis des Schweigens wird von allen spirituellen Traditionen sehr empfohlen und hat die Abwesenheit von Gedanken zum Ziel. Wenn man drei Sinnesfelder zu einem zusammenbringt, praktiziert man bereits Stille und öffnet sich so für die Entwicklung des psychischen Körpers, der Seele. Das Verweilen in Stille verbessert auch die intuitiven Fähigkeiten.

Wahl des geringsten Übels

Die Wahl des geringsten Übels ist das Programm, mit dem wir unsere Entscheidungen treffen. Es ist ein Kompromiss, der im Unbewussten entsteht, um ein Gleichgewicht zwischen zwei entgegengesetzten Programmen herzustellen: Die Aufgabe des einen Programms ist es, unsere Identifikationen nie loszulassen – unsere Basis also, die mit Angst und Schuld verbunden ist; die Funktion des anderen Programms besteht darin, immer das Angenehme zu suchen und das Unangenehme zu meiden. Die Wahl des geringsten Übels ist die Wurzel der sich wiederholenden Szenarien, die unser Leben durchziehen.

Zeuge

siehe Bewusstes Ich

BIBLIOGRAPHIE

Essenzielle Lektüre

Das Lesen spiritueller Texte ist ein wichtiger Teil der Arbeit an sich selbst. Dabei geht es jedoch nicht darum, ein ausgefeiltes theoretisches Verständnis von der Realität zu entwickeln oder zu einem Spezialisten für mystische Schriften zu werden, sondern die höheren Ebenen des Bewusstseins zu erfahren und letztlich zu erwachen.

Beschränken Sie sich am besten auf ein paar Bücher, die Sie dann möglichst gründlich durcharbeiten – aber nicht, um damit Ihr Glaubenssystem zu stärken, sondern um Ihr Hinterfragen zu schärfen.

Noch eine letzte Anregung: Wenn Sie einen Text schwer verständlich finden, halten Sie sich nicht zu lange damit auf. In sechs Monaten oder einem Jahr wird Ihnen dann das Buch, das Ihnen jetzt noch nicht zugänglich ist, vielleicht seine Geheimnisse enthüllen.

Angelus Silesius

Cherubinischer Wandersmann; Reclam-Verlag

Ashtavakra Gita

Ashtavakra-Gita: Die Lehre von der Nicht-Zweiheit; Verlag tredition

Geheimnis der Goldenen Blüte

Thomas Cleary: The Secret of the Golden Flower: The Classic Chinese Book of Life (englisch); HarperOne (empfehlenswert)

Thomas Cleary: Das Geheimnis der Goldenen Blüte: Das klassische Meditationshandbuch des Taoismus (deutsch); Aurinia-Verlag

Huang Po

Der Geist des Zen: Die legendären Aussprüche und Ansprachen des Huang-Po; O.W. Barth Verlag

Aldous Huxley

Die ewige Philosophie: Eine Anthologie und Interpretation großer mystischer Texte aus drei Jahrtausenden; Hans-Nietsch-Verlag

Nisargadatta Maharaj

Maharaj, Sri Nisargadatta Maharaj: I am That – Talks with Sri Nisargadatta Maharaj (englisch); Chetana Pvt.Ltd; Revised Edition (empfehlenswert)

Nisargadatta Maharaj: Ich bin (Teil 1-3); Verlag Kamphausen Media GmbH

Ramesh Balsekar: Pointers – Wegweisende Gespräche mit Sri Nisargadatta Maharaj; J. Kamphausen Verlag

Thomas-Evangelium

C. Greiner (Übers.); Genius-Verlag

Tweedie, Irina

Der Weg durchs Feuer; Heyne Verlag

Wei Wu Wei

Detlev Bölter:
~ Das offenbare Geheimnis
~ Fingerzeige zum Mond: Reflexionen eines Pilgers auf dem Weg
~ Warum Lazarus lachte: Das Wesentliche der Lehren aus Zen, Advaita und Tantra
~ Die einfache Erkenntnis: Über die Abwesenheit der Gegensätze
~ Die Essenz der Lehre: Der negative Weg
~ Der zehnte Mann: Der große Spaß (der Lazarus zum Lachen brachte)
~ Nachrufe
~ Weisheit jenseits der Welt: ... wie sie die Eule dem Kaninchen verkündete

Alle Titel von Wei Wu Wei bei amazon media/kindle

Empfehlenswerte Lektüre

Abhinavagupta

Bettina Bäumer: Vijnana Bhairava – Das göttliche Bewußtsein; Verlag der Weltreligionen im Insel Verlag

Bettina Bäumer: Wege ins Licht: Texte des tantrischen Sivaismus aus Kaschmir

Anandamayi Ma

Leben und Weisheit der Glückseligen Mutter Anandamayi Ma; Edition Maitri Ch. D. Chang

Avadhuta Gita

Avadhuta Gita – Gesang eines Erleuchteten; Verlag Bruno Martin

Bhagavad Gita

Bhagavadgita: Der Gesang Gottes. Eine zeitgemäße Version für westliche Leser; Goldmann Verlag

Böhme, Jakob

Aurora oder Morgenröte im Aufgang; e-artnow Verlag

Buddhismus

Thich Nhat Hanh: Das Herz von Buddhas Lehre: Leiden verwandeln – die Praxis des glücklichen Lebens; Verlag Herder

Ch'an / Zen

Philip Kapleau: Die drei Pfeiler des Zen: Lehre – Übung – Erleuchtung; O.W. Barth Verlag

Dalai Lama

Die Regeln des Glücks: Ein Handbuch zum Leben; Verlag Herder

Deepak Chopra

Du bist das Universum: Entdecke dein kosmisches Selbst; Heyne Verlag

Al-Dschunaid

A.H. Abdel: Life, personality and writings of Al Junaid; Gibb Memorial Trust (englisch)

(Zitate) A. Schimmel: Mystische Dimensionen des Islam – Die Geschichte des Sufismus; Insel Verlag

Meister Eckhart

Deutsche Predigten und Traktate; Diogenes Verlag

Dietmar Mieth: Meister Eckhart – Einheit mit Gott – Die bedeutendsten Schriften zur Mystik; Patmos Verlag

Freud, Sigmund

Trauer und Melancholie; CreateSpace Independent Publishing Platform

Gurdjieff, Georges I.

P.D. Ouspensky: Auf der Suche nach dem Wunderbaren – Die Lehre des großen Meisters G.I. Gurdjieff; O.W. Barth Verlag

P.D. Ouspensky: In Search of the Miraculous: The Definitive Exploration of G. I. Gurdjieff's Mystical Thought and Universal View; Mariner Books (englisch)

P.D. Ouspensky: Der Vierte Weg: Anleitung zur Entfaltung des wahren menschlichen Potentials nach G. I. Gurdjieff; advaitaMedia

Hadewijch von Antwerpen

Das Buch der Visionen; frommann-holzboog Verlag

Al-Hallaj

A. Schimmel: Halladsch – Oh Leute, rettet mich vor Gott; Chalice Verlag

The Tawasin of Mansur Al-hallaj; Createspace (englisch)

Herz-Sutra

Robert Haduch: Form ist… Leere …ist Form: Das Herz-Sutra; Zentrum für Zen-Buddhismus

Hsin Hsin Ming

Dennis Waller: Hsin Hsin Ming: Inscription on Faith in Purity of Mind; CreateSpace Independent Publishing Platform (englisch)

Ibn Arabi

Stephen Hirtenstein: Der grenzenlos Barmherzige: Das spirituelle Leben und Denken des Ibn Arabi; Chalice Verlag

Jesus

Emil Bock: Das Neue Testament; Verlag Urachhaus

Jung, Carl Gustav

Archetypen: Urbilder und Wirkkräfte des Kollektiven Unbewussten; Patmos Verlag

Die Beziehungen zwischen dem Ich und dem Unbewussten; Patmos Verlag

Erinnerungen, Träume, Gedanken; Patmos Verlag

Kabbala

Lehrbuch der Mystischen Kabbala: Strukturprinzipien des Göttlichen; CreateSpace Independent Publishing Platform

W. G. Gray: The Ladder of Lights; Red Wheel / Weiser (englisch)

Krishnamurti, Jiddu

Einbruch in die Freiheit; Lotos Verlag

Das Notizbuch; Fischer Taschenbuch Verlag

Über Leben und Sterben: Reflexionen über die Letzten Dinge; Fischer Taschenbuch Verlag

Vollkommene Freiheit: Das große Krishnamurti-Buch; Fischer Taschenbuch Verlag

Lal Ded

I, Lalla: The Poems Of Lal Ded; Penguin Random House (englisch)

Laotse (Lao Tzu)

Richard Wilhelm: Tao Te King: Das Buch vom Sinn und Leben; Anaconda Verlag

Liezi (Lieh-Tzu, Liä Dsi)

Richard Wilhelm: Liezi – Das wahre Buch vom quellenden Urgrund; Edition Holzinger

Lin-Chi

Sokei-an Shigetsu Sasaki / Daikan Jörg Westerbarkey: Drei-Hundert-Meilen Tiger – Aufzeichnungen von Lin-Chi; tredition Verlag

Marc Aurel

Selbstbetrachtungen; Anaconda Verlag

Masters, Robert Augustus

Spiritual Bypassing: When Spirituality Disconnects Us from What Really Matters; North Atlantic Book (englisch)

Mohammed

Max Henning: Der Koran: Vollständige Ausgabe; Nicol Verlag

Niffari

A. J. Arberry: The Mawaqif and Mukhatabat of Muhammad Ibn 'Abdi Al-Jabbar Al-Niffari with other fragments – The Book of Standings (englisch)

Plato

Thomas Paulsen: Symposion; Reclam Verlag

Von der Unsterblichkeit der Seele; Nicol Verlag

Plotin

Enneaden: Seele – Geist – Eines; F. Meiner-Verlag

Plotin: Ausgewählte Schriften; Reclam Verlag

Porète, Marguerite

Der Spiegel der einfachen Seelen: Mystik der Freiheit; marix Verlag

Rabbi Nachman

Gebet: Sprich mit Gott wie mit deinem besten Freund; Crotona Verlag

Der leere Stuhl; Crotona Verlag

M. Buber: Die Geschichten des Rabbi Nachman

Rabi'a von Basra

Rabi'a al-Adawiyya: Life & Poems; CreateSpace Independent Publishing Platform (englisch)

Jessica Monte: The Legendary Life and Poetry of Islam's First Woman Sufi Saint Rabia al-Adawiyya; Independently published (englisch)

Ramana Maharshi

David Godman: Sei, was du bist! Die wichtigsten Lehren des großen indischen Weisen; O.W. Barth Verlag

Bhagavan Sri Ramana Maharshi: Nan Yar: Wer bin ich?; Open Sky Press Ltd.

Rumi

A. Schimmel: Rumi – Ich bin Wind und du bist Feuer: Leben und Werk des großen Mystikers; Chalice Verlag

Dschalal ad-Din Rumi: Masnawi – Gesamtausgabe Band I und II; Chalice Verlag

Shankara

Sieben Kleinode geistiger Erkenntnis; Schwab Verlag

Das Kronjuwel der Unterscheidung; Schwab Verlag

Shantideva

Leitfaden für die Lebensweise eines Bodhisattvas; Tharpa-Verlag

Bodhicaryavatara With Commentary; Dechen Foundation (englisch)

Tauler, Johannes

Von der wahren Armut des Geistes oder der höchsten Vollkommenheit des Menschen; Books on Demand

Tolle, Eckart

Jetzt! Die Kraft der Gegenwart; Kamphausen Media

Upanishaden (Isha-, Kena-, Katha-Upanishaden)

Juan Mascaro: The Upanishads; Penguin Classics (englisch)

Vimalakirti

Monika Dräger: Vimalakirti: Das Sutra von der unvorstellbaren Befreiung; Books on Demand

Aphorismen

„Wer bin ich?“ ist der Schlüssel, der die Tür zum Erfolg öffnet.

Der Körper will immer weiterbestehen, das Ego will seine Identifikationen nicht loslassen. Die Seele will sich entwickeln. Unsere wahre Natur will nichts – sie ist einfach.

So wie ein Gedanke nicht denken kann, kann eine Wahrnehmung nicht wahrnehmen. Alles, was Sie wissen, gehört zur Natur des Wahrgenommenen. Kann das Wahrgenommene wahrnehmen?

Wenn Ihre wahre Natur sich selbst offenbart, erkennen Sie, dass Sie schon immer alles gewesen sind.

Ihre wahre Natur ist unerreichbar. Solange Sie Unterschiede wahrnehmen, ist Ihnen fremd, was Sie wirklich sind.

Gnade ist eine Wirkung ohne Ursache.

Indem Sie das Morgen loswerden, wird die Angst weniger. Indem Sie die Angst schwächen, schwächen Sie Ihren inneren Tyrannen.

Was verdrängt wird, kommt immer wieder zurück, um uns zu attackieren.

Sie müssen sehen, was Sie in sich selbst nicht sehen wollen.

Um Ihr Herz zu öffnen, müssen Sie Ihre Ängste bezwingen.

Liebe ist ein Geschenk des eigenen Selbst, das durch Selbstvergessenheit entsteht.

Eine wirklich entwickelte Seele weiß, dass das, was ist, niemals wird, und dass das, was wird, niemals ist. Deshalb lässt sie das Werden los, um vom Sein absorbiert zu werden.

Der wahre Wert des Menschen beruht auf seiner Entscheidung, über seine Bedingtheit hinauszugehen, die immer das Ergebnis seines Glaubenssystems ist.

Was Sie Gott nennen, ist nichts anderes als das Leben, das sich in völliger Abwesenheit von Konditionierung selbst erfährt.

Das Ego, das Individuum, die psychologische Entität ist nichts anderes als das Verteidigungssystem Ihres verletzlichen Kindes.

Das Erwachen ist wie der Tod nur das Ende der mentalen Gewohnheiten, und das Ende der mentalen Gewohnheiten ist wie das Ende eines Traums.

Unsere psychologische Struktur besteht aus mehreren Schichten. In diesen Schichten zu graben ist der Kern der Arbeit an sich selbst.

Die Identifikationen zu verstehen führt zur Desidentifikation. Der Raum, der sich dadurch auftut, ist die Wiege der Seele.

Ein Diktator ist für ein Volk das, was das Ego für Sie ist, daher: Stürzen Sie den Tyrannen!

Das Bewusstsein entscheidet, das Unbewusste führt aus. Sie brauchen nur beide miteinander in Einklang zu bringen.

Erfolgversprechende Entscheidungen werden nicht vom Intellekt, sondern durch Empfindungen erkannt.

Website

http://www.AlainForget.com

www.ingramcontent.com/pod-product-compliance
Lightning Source LLC
La Vergne TN
LVHW012046160826
845678LV00014B/2722

* 9 7 8 2 4 9 3 6 1 2 0 8 3 *